中国文化经纬

# 中国人生礼俗

乔继堂 著

中国书籍出版社
China Book Press

图书在版编目(CIP)数据

中国人生礼俗 / 乔继堂著. —— 北京：中国书籍出版社, 2021.1
（中国文化经纬 / 王守常主编）
ISBN 978-7-5068-8266-8

Ⅰ.①中… Ⅱ.①乔… Ⅲ.①礼仪—风俗习惯—中国 Ⅳ.①K892.26

中国版本图书馆CIP数据核字（2020）第265831号

## 中国人生礼俗

乔继堂 著

| 责任编辑 | 牛　超　卢安然 |
|---|---|
| 责任印制 | 孙马飞　马　芝 |
| 封面设计 | 东方美迪 |
| 出版发行 | 中国书籍出版社 |
| 地　　址 | 北京市丰台区三路居路97号（邮编：100073） |
| 电　　话 | （010）52257143（总编室）　（010）52257140（发行部） |
| 电子邮箱 | eo@chinabp.com.cn |
| 经　　销 | 全国新华书店 |
| 印　　刷 | 三河市顺兴印务有限公司 |
| 开　　本 | 635毫米×970毫米　1/16 |
| 字　　数 | 255千字 |
| 印　　张 | 19.25 |
| 版　　次 | 2021年1月第1版　2021年1月第1次印刷 |
| 书　　号 | ISBN 978-7-5068-8266-8 |
| 定　　价 | 54.00元 |

版权所有　翻印必究

# 《中国文化经纬》系列丛书编委会

**顾问** 汤一介　杨　辛　李学勤　庞　朴
　　　　王　尧　余敦康　孙长江　乐黛云

**主编** 王守常

**编委**（按姓氏笔画为序）

　　　　王　平　王小甫　王守常　邓小楠
　　　　乐黛云　江　力　刘　东　许抗生
　　　　朱良志　孙尚扬　李中华　陈平原
　　　　陈　来　林梅村　徐天进　魏常海

# 总　序

二十世纪三十年代，陈寅恪先生在冯友兰《中国哲学史》下册的《审查报告》中说："窃疑中国自今日以后，即使能忠实输入北美或东欧之思想，其结局当亦等于玄奘唯识之学，在吾国思想史上既不能居最高之地位，且亦终归于歇绝者。其真能于思想上自成系统，有所创获者，必须一方面吸收输入外来之学说，一方面不忘本来民族之地位。此二种相反而适相成之态度，乃道教之真精神，新儒家之旧途径，而二千年吾民族与他民族思想接触史之所昭示者也。"今天读陈先生的话，感慨良多。先生所言之义：佛教传入中国，其教义与中国思想观念制度无一不相冲突。然印度佛教在近千年的传播过程中不断调适，亦经国人改造接受，终成中国之佛教。这足以告知我们外来思想与中国本土思想能够融合、始相反终相成之原因，在于"必须一方面吸收输入外来之学说，一方面不忘本来民族之地位"。这就是我们经常讲的,当下中国文化必须"返本开新"。如有其例外者,则是"忠实输入不改本来面目者,若玄奘唯识之学,虽震荡一时之人心,而卒归于消沉歇绝"。

我以为近代中国落后于西方,不应简单视为文化落后,而是二千多年的农业文明在十八世纪已经无法比肩欧洲工业文明之生产效率与市场资源的合理配置,由此社会政治、国家管理制度也纰漏丛生。由是而观当下之中国,体制改革刻不容缓,而从五四时代以来的文化批判也需深刻反思。启蒙运动对传统文化的批评固然有时代需求,未经理性拷问的传统文化无法随时代而重生。但"五四运动"的先贤们也犯了"理性科学的傲慢",他们认为旧的都是糟粕,新的都是精华,以二元对立的思考将传统与现代对峙而观,无视传统文化在代际之间促成了代与代的连续性与同一性,从而形成了一个社会再创造自己的文化基因。美国学者席尔思写了一部书《论传统》,他说:传统是围绕人类的不同活动领域而形成的代代相传的行为方式,是一种对社会行为具有规范作用和道德感召力的文化力量,同时也是人

# 总序

类在历史长河中的创造性想象的沉淀。因而一个社会不可能完全排除其传统，不可能一切从头开始或完全取而代之以新的传统，而只能在旧传统的基础上对其进行创造性的改造。此言至矣！传统与现代不应仅在时间序列上划分，在文化传承上可理解为"传统"是江河之源，而"现代"则是江河之流。"现代"对"传统"的理性诠释，使"传统"在"现代"得以重生。由此，以"同情的敬意"理解自己民族的文化传统是当下中国的应有之义，任何历史文化的虚无主义都要彻底摒弃。从"五四"先行者到今天的一些名士，他们对传统文化进行激烈批判，却也无法摆脱传统文化对自己的思维方式和价值观念的影响。这样的事实岂可漠视。

这套《中国文化经纬》丛书是在1993年刊行的《神州文化集成》丛书的基础上重新选目、修订而成。自那时到今天，持续多年的"文化热"、"国学热"，昭示着国人对自己民族文化的认同还处在进行时。文化决定了一个民族的性格，民族性格决定了一个民族的命运。中国文化书院成立至今已有30年了，书院同仁矢志不移地秉承着"让世界文化走进中国,让中国文化走向世界"之宗旨,不负时代的责任与担当。此次与中国书籍出版社合作出版这套丛书,期盼能在民族文化的自觉、自信、自强上有新的贡献。

王守常

2014 年 12 月 8 日

于北京大学治贝子园

# 目 录

总　序…………………………………………………… 1

第一章　绪论…………………………………………… 1
　一、人生如竹………………………………………… 2
　二、礼仪的人生史…………………………………… 3
　三、你必须"通过"………………………………… 6
　四、人生礼仪概说…………………………………… 9
　五、中国人的人生礼仪………………………………15

第二章　生命的呼唤……………………………………19
　一、奏响在婚礼上的人生序曲………………………20
　二、名目繁多的求子习俗……………………………25
　三、受孕的习俗与传说………………………………38
　四、十月怀胎…………………………………………46

第三章　生命的礼赞……………………………………55
　一、一朝分娩…………………………………………56
　二、诞生礼仪…………………………………………68
　三、命名纵横谈………………………………………79

四、拜认干亲与寄名神佛 …………………………… 95

第四章　文化化过程 …………………………………… 101
　　一、成为文化的人 …………………………………… 101
　　二、传统家教 ………………………………………… 105
　　三、成年礼仪 ………………………………………… 118

第五章　走向独立 ……………………………………… 127
　　一、三十而立 ………………………………………… 127
　　二、婚姻奇风异俗录 ………………………………… 134
　　三、婚礼进行曲 ……………………………………… 154
　　四、婚礼仪俗剪辑 …………………………………… 168
　　五、家 ………………………………………………… 183

第六章　人间重晚晴 …………………………………… 196
　　一、老年的人生 ……………………………………… 196
　　二、寿诞礼仪 ………………………………………… 202
　　三、岁月与乡土的眷恋 ……………………………… 210
　　四、敬老传统与老年文化 …………………………… 218

第七章　生死两相依 …………………………………… 225
　　一、死的意义 ………………………………………… 225
　　二、从家园到墓地 …………………………………… 233
　　三、生死之际 ………………………………………… 250

# 目　录

第八章　无尽的人生 ································ 261
　　一、生命短暂，人生不朽 ······················· 261
　　二、绵绵不尽的情思 ··························· 263
　　三、个人·家庭·社会 ························· 278

结语：认识我们热爱和遵从习俗的民族 ················ 285

后　　记 ········································ 288

出版后记 ········································ 290

# 第一章　绪论

数千年前，忒拜城附近悬崖上的狮身人面怪兽斯芬克斯，不停地让过路人猜同一个谜：什么东西早晨四条腿走路，中午两条腿走路，晚上三条腿走路？

同样在文明古远的东方，妈妈和宝宝"破闷儿"，"三疙瘩砖，垒了个庙，里头住的个白老道"（荞麦）之后，新出的谜或许就是：什么东西小时候爬着走，大了站着走，老了弯腰走？

谁都知道，这谜不过是人类自我认知的"伎俩"。然而，人们编织这样的谜，许多人都未能解开这谜，这说明人类自我认识的欠缺以及再认识的必要。

历史地看，人类认识自己的"长征"永无止境，总是有尚未解开的谜，总是有需要进一步猜解的谜。

已知的人类史，是人类认识自己的历史；未来的人类史，仍将是人类认识自己的历史。

因而，认识人类，认识一群一群的人，认识一个一个的人，过去、现在、将来，总是一件艰苦但又令人愉快的工作。

从生物学的角度演示人类进化的历程，从心理学的角度理解群体、个体的心理机制，从民俗学的角度剖析一国、一民族人们的民族性格的形成，无论纵观总览还是条分缕析，都有它各自的意义。

这里，我们沿着礼仪风俗的小路，前行。

## 一、人生如竹

诚如一位日本学者所言：人生如竹。每个人孕育、诞生、成长、死亡的每一个阶段，甚至每一岁，都是一个"竹节"。每一阶段、每一岁的承接转换，仿如竹茎的节口，都需通过独特的礼仪标示出来，并在人身之上、人心之中留下一定的表征。这样，人的一生就成为由许多竹节组成的整棵竹子，连缀成一幅有点有线的图式。

无论在哪一民族的文化之中，人的一生都要分节的，只是分节多少不同、条件各别而已。最简单的，分作幼儿与成人两个阶段；复杂一些的，则可能分作十几个阶段，诸如胎儿、婴儿、幼儿、少年、青年、壮年、中年、老年、暮年等等。这一点，在原始时期和现代人类那里可以见到，在古代文明与现代社会也可以见到。

有分节，自然就有节口。因而，无论在哪一民族的文化之中，也都有标志人生分节的节口，这节口就是形形色色的人生礼仪。在不同的民族文化中，这些人生礼仪与人生分节的多少相应，或多或少，不尽相同。简单分作幼儿与成年两个阶段的，有诞生、成人、死亡三个关节；而分作十几个阶段的，就要有十几个关节，甚至更多。在部落民族里他们举行"割礼"，标志人们步入成年人的行列；他们人为地刺破少女的处女膜，以赋予她恋爱、婚姻的权利，如此等等。同样，这些礼仪也存在于当代人的日常生活和象征生活领域，一年一度的生日体现出一个人的不断成长、成熟；义务教育结束时的毕业典礼标志着一个人将走向社会，大学毕业典礼则赋予他胜任较高层次工作的能力；婚姻则赋予他（她）做妻子或丈夫、父亲或母亲的权利。

生活在工业文明的现代人，尽管摆脱了原始人和原始部落的某种蒙昧和野蛮，但毫无疑问，我们也承袭了古代文明的许多东西，我们的集体意识中还有传统价值观、伦理观、人生观以及逻辑思维方式。因而，有时候，我们由表及里地接受了传统的人生礼仪；有时候，我们旧瓶装新酒，赋予旧形式以新的内容。

不管我们狡黠地拿古人的旧瓶子装新酒，还是小孩"过家家"般一本正经地跟着古人亦步亦趋，我们都会发现自己的人生被数不清的礼仪包围着：我们只知道饿了哭、饱了玩、累了睡的时候，父母亲朋让我们抓什么周、戴什么锁；我们自主独立以后，自己又不得不去破什么厄、庆什么寿；在母亲肚里还没有看到这个世界的时候，有人祝什么吉、催什么生，蹬腿咽气再看不到世人的时候，又有人送什么衣、奠什么酒……我们的人生，简直是礼仪的人生！

## 二、礼仪的人生史

在遥远的神话传说时代，巨人盘古生前开天辟地，死后尸体化生，从此有了圆天方地，有了灿烂的阳光、皎洁的月华、闪烁的星辰，有了山峦峡谷、江河湖海、树木花草、飞禽走兽……

就在这片洪荒初辟的天地之间，也许正是在那片神秘、蕴藉生机的黄土地上吧，人首蛇身的神女女娲开始了神圣的工作：引来三江五湖水，取来四方八面土，和泥捏着黄土人，一个又一个，一个又一个——实在太累了，便操起藤条在泥浆里来回搅动，溅出的泥点也便成了一个一个的人……

在我们中华民族的神话传说中，我们民族的祖先以及他们生活于其间的那片土地，就是这样诞生的！

尽管达尔文构拟过生物进化的图式，尽管恩格斯阐述了从猿到人的转变过程，尽管无数的科普作家著书立说、一次次地告诉我们"人类的由来"，但是，翻开人类文明的史册，我们还是可以轻易地发现，不同文化系统中的人们，从来没有忘记在自己的神话传说中精心地描绘人类发生、发展的图景。这些神奇、优美的画卷，与科学的生命史、人类史共存，数千年来引动了千百代人的奇思遐想，留给后人绵绵不尽的情思。

我们不能对古人的这份劳绩、这宗创造无动于衷，我们不能忽视这神奇优美的画卷。它不仅在人类认识自己的大舞台上扮演了一个幼稚、滑稽的角色，它也为人类认识自身竖立了一块与科学的人类史并立的碑石，那平坦如砥的碑石上刻有一行大字——"观念的人类史"。

我们并非在说科学的人类史不算人类认识的产物，不过，科学人类史是"科学的"，是"发现"，它本于"事实"，又经过"逻辑"的验证。观念人类史则不同，它是"想象的"，是"创造"，它本于人类的"观念"，经受的是"前逻辑"的洗礼。科学的人类史是全人类智慧的结晶，而观念人类史则是民族文化的产物，具有鲜明的民族特色：每一个民族都对人类的由来、发展做出自己独特的解释、表述，每一个民族都固执地坚持自己的解释、表述，互不调和。

不同民族、不同文化在观念中描绘的这些人类发生、发展的图景——观念的人类史，并不仅仅作为科学人类史的对立面而存在，它的影响、意义较此远为广大。可以说，这种观念形态的东西确实透过神话传说的迷雾，跨越历史的长河，影响着民族传统文化的特质，影响着现实人生。美国文化人类学家露丝·本尼迪克特曾经指出，基督教的西欧文化是一种罪恶感文化，罪恶感潜藏在人们的伦理观、价值观、人生观之中。这种罪恶感是一种无需外力影响的自省、自觉意识，它导引着人们的价值取向、行为去就。而这种罪恶感正来源于观念形态中人类的原罪——亚当和夏娃之偷食禁果。

不独西欧文化如此，印度文化、中国文化、印第安文化、阿

# 第一章　绪论

拉伯文化等，莫不如是。

我们的祖先不仅在神话传说中描绘了人类群体发生、发展的宏大画卷，还在观念信仰和礼仪规制领域，构思了个人孕育、诞生、成长、死亡的戏剧化图式。如果说前者是有关人类整体生命的观念史的话，那么就可以说，后者是有关人类个体生命的观念史，可以称作"观念的人生史"。

佛教文化构拟了自己的观念人生史，因果报应、轮回转世是这部人生史的逻辑基础。佛教认为，人类个体的一生分作三个阶段，这就是所谓"三生"（亦称"三际""三世"），即过去（前世、前生、前际）、现在（现世、今生、中际）、未来（来世、来生、后际）。一个人的现实人生——今生，是与另外两个阶段紧相关联的，人们大多是前世有所过失，今生来了冤孽，因而要含辛茹苦，以求赎罪、济渡；否则来世就要被打入地狱，或者当牛做马。除上述这种隔世之报外，还有"现世现报"，它更使人们时时谨慎、惕惕于心，丝毫不敢懈怠，时刻不忘却恶、扬善、积德，从而也使这部观念的人生史更为充实，更加富有真实性、影响力。

不独佛教文化，几乎每一个民族、每一种文化都编织了自己的观念的人生史。

不过，几乎每一部观念人生史，都要比人的肉体生命史更长。它们仅有一个时段的吻合，而肉体生命生前、逝后，都有"人生"发展、延续。超越肉体生命的那一部分人生，仿如佛教的前生和来生，存在于一个民族、一种文化的意识信念、礼仪规制之中。也就是说，整部观念的人生史，是由观念信仰、礼仪规制编织、支撑的。

观念人类史是民族的、文化的，观念人生史也是如此。个体的生命史是个人的，每个人都有自己独特的个体生命史——由带有某种遗传密码的精子和卵子孕育，在某一特定的时辰诞生，又在某一特定的场合灭亡。一个又一个的个体生命史，都是不确定

5

的、排他的。观念的人生史则不同，它是包容的、恒定的，某一民族中每个人的观念人生史，都开始于同一时间、结束于同一阶段，每个人都以同样的方式诞生、成长、死亡；此一人的观念人生史与彼一人的观念人生史两相吻合、交互包容，每一民族、每一文化中所有人的观念人生史都是确定的、一致的。

观念的人生史，就是观念、信仰中的"人生之竹"。这棵人生之竹被许多节口划分成许多竹节，如前所述，这些节口就是诸多的人生礼仪。观念的人生史，正是由形形色色、五彩缤纷的人生礼仪体现出来的。原始民族、部落民族如此，文明人、现代人更其如此。我们生来就必然要被授以民族文化早已编织好的人生蓝图（观念的人生史），我们生来就必然要被包围在人生礼仪的汪洋大海之中。我们的人生，是礼仪的人生；我们的人生史，是礼仪的人生史。

## 三、你必须"通过"

既然人生之竹有许多节口，既然观念人生史的蓝图上有许多十字路口，既然礼仪人生史的街头不时地闪烁着红绿灯，那么，要成长壮大，要在既定的群体中生存，要完成自己的人生旅程，你必须"通过"。

当你孕育成熟、躁动于母腹，就要来到这个世界的时候，亲朋送来了催生礼，家人开箱开柜，甚至打开里外三层的家门、院门、城门，帮助你"通过"；当你弱小的身体在襁褓中度过一周年的时候，父母抱你去寺庙，把你托付给神佛，以使魂魄不全的你"通过"多灾多难的幼儿期；当你渐渐长成的时候，家长郑重地为你加冠命字，由此你"通过"一个人生的节口而进入成年期；通过婚礼，你取得为夫（妻）、为父（母）的资格；"通过"毕业典礼，你拿到大学毕业证书，取得社会通用的资格凭据；"通过"宣誓，你加入某一团体、党派；"通过"就职典礼，你登上××"宝座"，享有法律法规赋予的权力。

反之，假如你没有行割礼，你会觉得自己不是个男人，在与女性的交往中畏首畏尾、无所适从；假如你没有庆×十大寿，你会不自觉地感到总会有什么不幸降临,总会迈不过哪个"槛"去；假如临终时没人在你的袖筒里装几撂打狗饼和几叠买路钱，你会被狗挡道，你会被拦在奈河桥边，不能顺利地去到另一个世界；假如不通过神圣的宣誓，你就不能加入某个神秘团体；假如你没有结婚，没有举行婚礼，在住房分配的体制里，你就分不到房子，就只能在集体宿舍住下去。

你必须"通过"，而帮助你"通过"的"手续"，正是五花八门的人生礼仪。

人是社会的动物、文化的动物，从生到死、乃至生前死后，一直都处在连续不断的文化化过程中。这连续不断的文化化过程，又可以相对地分成几个、十几个乃至数十个阶段，人生礼仪就是考察这些阶段文化化状况的手续。而在人生的各个不同阶段里，接受与其地位、职责相关的价值观念和行为准则的文化习惯过程，就是所谓"文化化"（或称"社会化"）。

一般理论认为，整体的文化化过程，大体可分割为三个阶段。[①]文化化的第一个阶段即第一次文化化，是婴儿期到儿童期的育儿和家教。在这个阶段，人们接受了形成日后人格的生理习惯和社会习惯，被赋予动机结构的基础。伴随这一阶段文化化过程的人生礼仪，有断乳的礼仪，加入"孩子组"的礼仪，古代文明的童蒙礼，现代文明的入学礼，各种各样的命名礼、寄名礼，等等。这一阶段的文化化研究，是所谓"文化与人格研究"的中心课题，

---

① [日]祖父江孝男等：《文化人类学事典》"文化化"，乔继堂等译，陕西人民出版社1992年版，第193-194页。

也是学者们倾注了相当精力的一个领域。

文化化的第二阶段即第二次文化化，是青春期走向成熟的各种角色准备和训练。它与前一阶段相比，有着更为定型的模式。这一阶段的人生礼仪不仅相当丰富，而且大多是较为严格的。这些人生礼仪主要是各种各样的入会式、成人式以及婚礼。入会式是加入年龄集团或秘密结社的仪式，多见于当代部落民族；此外，进入企业集团、工作单位的就职仪式，也可以视为入会式。成人式的存在则更为普遍、多样，冠礼、笄礼、割礼、纹身、拔牙或染牙、初潮礼、角力比赛等等，都是成人式的不同表现；各类学校的毕业典礼，也有成人式的某种意味。婚礼为重大人生礼仪，其本身就是纷繁复杂、丰富多彩的。通过这些礼仪，个人被家族、社会集团乃至国家接纳为正式成员，获得家庭、社会的多重角色，树立起比较确定的人生观、价值观、伦理观。这一阶段文化化研究的课题，主要是年龄集团、秘密结社的结构和功能，加入这些集团的仪式——成人式、入会式，以及婚姻习俗；近来，随着教育人类学的发展，研究视野也拓展到了近代学校教育的领域。

文化化的第三个阶段即第三次文化化，指成年后的学习。在传统社会里，人的文化化基本上是由两个阶段完成的，第三次文化化并不显著，也并不那么重要。不过，在那里，第三次文化化还是有的。随结婚而来的养育下一代的知识、技巧需要学习，这恐怕是普遍存在于任何一个民族的。在中国的家庭制度中，永久性的扩大家庭（三世、四世、五世同堂）之外，也有新婚子媳与父母一起生活一段时间、然后另立门户的情形，从结婚到分家这一阶段，新婚夫妇要完成持家本领的学习，这无疑是第三次文化化的内容。分家析产以及各种寿诞礼仪，是伴随第三次文化化的传统礼仪。而在现代社会，生活、工作都变得纷繁复杂、变动不居，人们必须做各种新角色、尤其是职业角色的准备和训练，"终生教育"已经成为响亮的口号。由此，新的人生礼仪也就有了产生的可能,甚至已经产生。

显然,从时间上来说,上述文化化全过程只与我们所说的"观念人生史""礼仪人生史"的中间部分吻合,因此,人生礼仪也就并不仅仅是个人文化化的手续。人生礼仪同样存在于个人肉体生命生前和逝后的一个阶段,这一阶段也还要办各种各样的"手续"以获得"通过",尽管不便于称它为文化化手续。这些手续并非由当事人自己出面,而是由别人代办的。其实,文化化过程中的一些手续也是别人代办的,这不仅是因为当事人没有能力办这些手续,还在于几乎所有的人生礼仪都是集群的、社会的,在于某一个民族、某一种文化的礼仪人生史是恒定的、包容的。

总之,不管是亲自去办,还是别人代办,手续总归要办的,否则,你将不能"通过"。

## 四、人生礼仪概说

世界上任何一个民族、任何一种文化,都有自己的一套独特的人生礼仪,人生礼仪是普遍存在的一种民俗文化现象。由于自身的特点,人生礼仪成为文化人类学、民俗学、社会学、乃至心理学、教育学等许多学科共同关注的课题。社会学推寻它在人的社会化过程中的作用,试图由此找到一些社会整合的线索;文化人类学视之为文化化的机制,阐释它塑造民族性的功能;民俗学研究这种礼仪风俗的形成、发展、现状,描述它的未来;心理学探讨人生礼仪形成、存在的心理机制,及其对人格的模塑;教育学则力图找到它在社会教育中的位置,并尝试利用它为现代教育服务。

现在,各个学科、各种角度的理论研究、应用研究,都取得了一定的成果。不过,迄今为止,对人生礼仪本身进行充分研究并取得突出成果的学者并不多见,其佼佼者首推人类学家阿诺

## 中国人生礼俗

德·凡·热纳[①]。

在凡·热纳那里,人生礼仪被称作"通过礼仪"。在他之后,"转移礼仪""推移礼仪"等概念也曾被使用。凡·热纳关于人生礼仪研究成果的系统、全面的表述,见于他1909年面世的专著《通过礼仪》(Les Rites de Passage)。在这部著作里,作者基于众多人生礼仪的民族志资料的分析、研究,概括了人生礼仪的概念,确定了它的性质,阐述了它的特点,指出了其存在的原理和价值。

凡·热纳认为,人生礼仪就是个人从一种社会地位向另一种社会地位转移时所举行的礼仪,多见于诞生、成年、结婚、死亡等人生重要转折关口。这些礼仪保证个人顺利通过关口,从而在所属集团内获得身份的变化和新的权利、义务,故而谓之"通过礼仪"。

通过礼仪的内部,可以进一步分割为三个阶段,每一种完整的通过礼仪都是由这三个阶段组成的。其实,这三个阶段也可以视为通过礼仪的三个子类。依时间排列,这三个阶段是:分离的礼仪(rites de separation),过渡的礼仪(rites de marge),统合的礼仪(rites de dagregation)。分离的礼仪是象征个人与过去状态分离开来的礼仪,如出行、别居的礼仪。在澳大利亚卡拉吉利人的成年式中,年轻人因离开集体外出而洒下礼仪性的离别之泪;在非洲赞比亚恩坦布人首领的即位式中,在即位典礼举行的数日之前,该首领就要节制和妻子的交往。过渡礼仪显示的是一种既不在原有状态、也不在新状态的过渡的、无限定的边缘(marge一词即有"边缘"之意)状态。比如在恩坦布人那里,这种礼仪中没有语言,全部表现为身体的动作。这种无言之行象征了作为

---

[①] 阿诺德·凡·热纳(Arnold van Gennep,1873-1957),旧译"范冈内普"等。他父亲是法国人、母亲是荷兰人,生于德国、长于法国,故祖父江孝男等《文化人类学事典》谓之"出生于德国的荷兰裔民族学家"。

"境界礼仪"的无限定状态。此外,还可以观察到显示过渡的不安定的行为,诸如男扮女装、女扮男装的中性化,辱骂神灵的价值转换,象征胎儿化的复归原始的行为。第三阶段的统合礼仪,是经过分离礼仪和过渡礼仪的个人进入新状态、重新被社会接纳的礼仪。比如在外出一段时间后回到集体中来,停柩一段时间将死者埋入坟墓,等等。①

凡·热纳指出,通过礼仪存在于一定的生理、心理基础之上,其意义在于保障"通过",既保护当事人顺利地从此一状态转入彼一状态,也保护当事人所在集团稳定、持续地发展。

凡·热纳有关通过礼仪的理论,奠定了人生礼仪研究的基础。不过,他的理论也还是有所局限的,同时,由于时代的限制,他也不可能对现代社会、尤其是工业文明中的人生礼仪给予研究。在凡·热纳之后,许多民俗学家、人类学家、社会学家,都曾着手对其理论加以修正、补充,提出了不少建设性的意见。所有这些,都为我们今天的研究打下了坚实的基础。

如前所述,人生礼仪普遍存在于每一民族、每一文化之中,它不仅是原始的、传统的,也是文明的、现代的。今天,尽管一些传统的人生礼仪已经失去旧日的光彩,甚至被弃之如敝屣;尽管人生礼仪旧有的连续体系被打破,变得支离破碎,但是,它们仍然萦绕着我们的人生。与此同时,除了完全继承旧有礼仪或者旧瓶装新酒,新的人生礼仪还在不断地创造出来,诸如入学典礼、毕业典礼、考试、答辩,以及同学会、校友会、同乡会的加入礼,等等。旧的、新的、半新不旧的礼仪,连缀成了新时代人生礼仪的连续体系。由此可以说,人生礼仪是广泛存在于人类个体人生各个阶段的各种各样的礼仪规制。

---

① [日]祖父江孝男等:《文化人类学事典》"通过礼仪",乔继堂等译,陕西人民出版社1992年版,第195-196页。

传统人生礼仪的两大基石，是生理状况和民俗信仰。毫无疑问，人生礼仪最原始的动因是人体的生理状况，包括与动物的区别，新陈代谢，生老病死，性的成熟，死亡的迫近，如此等等。如果没有这些人体的生理变化、差异，很难想象人生礼仪的诞生和存在。

正是由于人体本身不断变化，存在着时空差异，而这些差异、变化又经常作用于个体、群体的心理、生活等诸多方面，人们才对此加以注意，并且逐渐总结出一套规律。然而，古人不可能借助科学来对此加以解释，前逻辑思维、万物有灵论等尚处于统治地位，他们只能借此来解释那些差异和变化，并创造许多活动来标志这些差异和变化，解决因差异和变化引起的个人问题和社会问题。于是，人生礼仪诞生了。

现代人禀赋科学的、逻辑的思维，在我们的脑海中，传统的民俗信仰似乎渐渐褪去了光泽。然而，现代人可以割断与传统连接的脐带，却继承了世代而来的遗传密码。况且，我们每个人的一生，又在冥冥中重复着整个人类的历程，都要经过类似于人类"童年"的童年。在我们的身上，或多或少地还留着原始心性的影子。因此，我们或实质性地继承传统人生礼仪，或象征性地继承这种礼仪。

我们的现代社会，又是那样的常流不驻、变动不居；而我们每一个人，也总是处于社会差异和变化之中。我们入学、毕业、就业、失业，升迁、沉沦，参军、结婚成家……这种种社会差异和变化很需要标示出来，现代人生礼仪的产生也就成为必要，乃至必须。于是，我们模仿古人，加之本来就潜藏着的那些原始心性，我们创造了形形色色、五彩缤纷的仪式。由此，年深日久，人类在社会组织、整合、评价等过程中，逐渐形成了一种不同于民俗信仰的"社会信念"，这种社会信念指导我们，必然地把个人的社会差异和变化标志出来，迫使我们在面对这些变化和差异时，

# 第一章　绪论

不得不仪式性地"通过"。这样,现代人生礼仪就有了四块基石,两块旧的——人的生理状况和民俗信仰,两块新的——人的社会差异、变化和社会信念。

从形成的基础可知,人生礼仪都是与个人的时空变化紧密联系的。维克多·特纳(Victor Turner)曾经指出,岁时礼仪建立在年年反复的可逆时间概念基础上,而人生礼仪则以不可逆的时间为背景,旨在说明不可逆的经过。随着人生孕育、诞生、成熟、死亡等不可逆时间顺序进行,这是人生礼仪的特点之一。

其次,人生礼仪有标志"通过"的特点。宗教礼仪旨在达成人与神的沟通;祭祀礼仪旨在达成生者与死者的沟通;巫术礼仪旨在使巫术职能者进入某种状态,从而处理现实生活中的问题。这些礼仪的举行,都与时间的连续性毫无关系,不具备通过的性质。岁时礼仪是与时间连续性有关的礼仪,但它的时间是周而复始、连续反复的,年年在同一个时间点举行同样的礼仪,显示出叠加、累积的情形,具有"强化"而非"通过"的性质。查普尔(E.D.Chapple)和库恩(C.S.Coon)称岁时礼仪为"强化礼仪",由此而与"通过礼仪"区别开来。只有人生礼仪才具有"通过"的性质,才具有以不可逆时间为背景标志"通过"的特点。这也是凡·热纳称之为"通过礼仪"的原因所在。

时间对人生礼仪来说是一个极其重要的因素,而"通过"除了隐含着时间背景外,还暗示出考验、测试等因素,因此,礼仪本身就有一个"过程",有时间的推移转换。这样,完整的人生礼仪就包括了三个阶段(步骤),也就是凡·热纳所谓分离的礼仪、过渡的礼仪、统合的礼仪。这种阶段性,也可以说是人生礼仪的一个特点。

人生礼仪是与人的一生相始终的,而每一民族、每一种文化中,个人的人生史又是观念的人生史,就时间而言,它是前超后越于肉体生命史的。因此有的时候;人生礼仪与当事人自身的肉体生命存在或现实行为脱离，是由别人进行的。丧葬礼仪就是如此。在当事人肉体生命结束之后所举行的一系列礼仪中，已经不再有肉体的生命，不再有活生生的现实行为，有的只是尸体和灵魂，以及存在于信仰、观念中的个人行为。丧葬礼仪就建筑在这种非现实行为和灵魂存在的基础上。当事人诞生前所举行的那些礼仪，也是如此。以超越肉体生命和现实生活的人为礼仪主体，这也可以说是人生礼仪的特点之一。

人们苦心孤诣地设计、严肃谨慎地遵行诸多人生礼仪，不是没有价值考虑的；否则，现代人恐怕不会再去创造新的人生礼仪了。关于人生礼仪存在的价值，凡·热纳的观点是保障安全通过；埃利亚代（M.Eliade）则认为是实现自然人向宗教人的理想接近。对解说传统人生礼仪来说，这两种观点是颇为中肯的，但面对现代社会的人生礼仪，就不免有些捉襟见肘。现代人生礼仪中的一部分，固然与他们所说吻合，另一部分则毫不相干。不过，现代的人生礼仪也并非仅仅具有象征性的意义，它也具有一些实质性作用：对个人，它从心理等许多角度作用于其成长、成熟；对社会，它又有调节因个人身份变化导致的社会关系失衡和社会纷争的功能。

至此，我们可以做一简略的概括：人生礼仪是随着个人人生不可逆时间的各个阶段顺序举行的连续性礼仪，它建立在个体的生理状况以及社会差异和变化、民俗信仰、社会信念等多重基础之上，具有调控社会平衡、保障个人社会适应并促使其文化化等多方面功能，且普遍存在于不同民族文化之中。

## 五、中国人的人生礼仪

中国文化是具有古典传统的文化，在我们的文化中，既有传统的丰厚积淀，也有全新的创造，表现在人生礼仪领域也是如此。

中国传统的人生礼仪纷繁复杂、丰富多彩，独具特色。从古代典籍可知，在两千多年以前，我们的人生礼仪就已经具有了比较完整的连续体系。两千多年来，人生礼仪与其他种类的礼仪一样，经历了漫长的传承、变异过程，不断丰富、完善。其间，外来文化（比如佛教）的影响，国内各族文化的交流，都给中原本土的人生礼仪涂上了缤纷的色彩。历史的久远、版图的辽阔，不仅使我国的人生礼仪丰富多彩，也使它复杂多歧，形成了既有主干、又有枝权的态势。而在先秦时代就已经奠定根基的实用理性、现世哲学、人本思想以及庞杂的纲常伦理体系，使人们极端重视现实人生及其延续，注重各种各样肯定现实人生及其延续的礼仪，编织了一部壮阔的观念人生史、礼仪人生史。

与世界上其他许多民族一样，中华民族也有自己的人文始祖。在民众运用神话传说创造的人文始祖的谱系中，有教民结网捕鱼的伏羲，有首创文字的仓颉，有亲尝百草、发明医药的神农；自然，礼仪规制也有其始作俑者，那就是制礼作乐的周公。不过，见载于史籍的人文始祖的创造活动，大多片言只语、语焉不详；周公之制礼作乐，亦复如此。

不过，古人留传给我们的三部礼书即"三礼"——《周礼》《仪礼》《礼记》，使我们得以窥见上古之世的礼仪规制，其中就有属于人生礼仪的冠、婚、丧、祭等。"三礼"记述的古代人生礼仪的主要精神、社会意义以及具体仪式，足以使我们确信当时的人生礼仪已经相当发达、完善。礼书之外，《诗经》也对三代甚至更早时代的人生礼仪有所反映，揭示了某些礼仪所表现的更为原始的精神和意义，而且更具有民间性。先秦之后，各代典章制度都有关于人生礼仪的记述、规定，有的甚至极其详尽、繁杂。相比较而言，活在民众生活中的人生礼仪，则相对简便易行、有血有肉。传统的人生礼仪，正是由朝野这两股合力而推向前进的。

中国人生礼仪大体形成后，经历了漫长的传承、变异过程。就人生礼仪的内部而言，其中一部分不断丰富、完善，流传至今；有的被历史淘汰，逐渐消亡；有的保留了旧有的形式，置换了内容，表达了新的情感意念；此外，新的仪式也不断创造出来，表现旧有的内容和民众新的愿望。

纵观整个传统人生礼仪的发展历史，可以发现几个显著的特点：第一，信仰因素的淡化。原初的人生礼仪，大多具有浓厚的原始信仰意味。随着时间的推移，这种意味逐渐褪去，人们举行人生礼仪，只是为了寄托美好的人生愿望，尽管这些礼仪中仍不乏迷信、巫术的成分。第二，删繁就简的趋向。古代"三礼"中的某些人生礼仪，十分完备，但又有失繁杂、颇难通行，因而烦琐、复杂的仪制逐渐被扬弃，人生礼仪变得通俗易懂、简便易行。

上述这两个特点，概括起来说，就是"世俗化"。民众文化具有极强的消化和统合能力，在这种如网如锉的文化面前，任何特立独行的因素都将消弭其特点，变得"随和"起来。中国人普遍缺乏宗教意识，有的只是民间信仰，人们对待神灵很是随便，在这里，神灵鬼怪与其说是虔诚尊奉的对象，莫若说是为人役使的仆从。民众只关注现实人生及其延续，任何信仰、礼仪等都必须为之服务。人生礼仪既然是有关人生的礼仪规制，其世俗化的趋向便在所难免。

同样，外来文化的因素也逃脱不了世俗的命运。毫无疑问，外来文化（诸如佛教等）对中国传统人生礼仪有过明显的影响。佛教因果报应、轮回转世的思想，较为强烈地影响了国人的人生观；其他如吉祥观念、佛教众神、仪轨法器等，也都影响了我们的人生礼仪。但是，进入传统人生礼仪中的所有这

# 第一章 绪论

些，大多已经不复本来面目，而被纳入国人的观念、信仰、礼仪体系之中，涂上了浓重的世俗色彩。隔世而报对注重现实人生的国人来说有些遥远，于是人们依据同样的原理创造了现世现报；僧尼红杏出墙，染指尘世，接受官宦人家或小民百姓的孩子们寄名，认了干亲；观音娘娘普渡众生的宏愿似乎仅仅剩下了"初心"，保佑怀孕生子却成了必须履行的"使命"；"八宝"法器之一的盘长，变成了子孙绵延、香火不断的象征。

此外，人生礼仪发展过程中国内各民族、各地区的交流、融会也是不容忽视的，因此，不仅形成了全国一统的人生礼仪主导体系，也形成了一些几乎全国一致的具体仪式（如三朝、闹洞房等等），丰富、完善了中国的人生礼仪。

历史发展到近代，随着西方文化的冲击和新文化的勃兴，中国人生礼仪也有所变革，陈旧的礼仪部分扬弃，西方可资借鉴的仪式偶有引进。其后，随着现代文明的进程，新的人生礼仪不断产生，由此而形成了既有传统、又有创新的现代人生礼仪体系。

中国人生礼仪体系的内容异常丰富。就横断面而言，每一重大人生礼仪都伴随着众多的仪俗，显现出丰富的内涵。比如婚礼，古礼有"六礼"，民间则存在许多变异形式，单在六礼之一的"亲迎"礼，就有迎娶、上轿、泼水、下轿、跨鞍、憋性子、撒谷豆、传席、拜天地、同牢、合卺、结发、坐帐、撒帐、闹洞房等无数的花样；所寄寓的意义，除了祝愿当事的新婚夫妇同心如一、琴瑟调和、美满幸福、白头偕老，还表达了祈求早生贵子、绵延香火的家族情怀。"泼水"表示女儿如泼出去的水，变成了另一个家族的成员；"憋性子"则希望过门的媳妇脾气和顺，上顺公婆、下睦姑叔、中敬丈夫。此外，同一内容在不同民族、不同地区又有不同的变异形式，使我国的人生礼仪多彩多姿、蔚成大观。

就纵向时间而言，人生礼仪不仅覆盖了整个生命过程，并且超越这一过程,前后推移,形成了一个很长的连续性体系。从父母婚礼上的祝吉求子起,举凡孕育、诞生、满月、周晬、命名、发蒙、圆锁、成人、婚嫁、寿诞、死丧,以及死后的入庙、祭祀等,当事人的每个人生关口都伴随有人生礼仪,人生礼仪稠密地布满了人生旅程。

最有特色的是,中国的宗法观念和人生观,促使人生礼仪的延续发展到了极端。如前所述,国人极其注重现实人生的延续,这延续包括三个方面,即肉体生命的延续、家族世系的绵延、名声的留存。因而在肉体生命结束以后,其人犹在;而宗法观念则把个人置于一个群体(家族)的连续链条之中,后辈儿孙往往视死如生,不死其亲。这样,一个人的"社会生命"就会延续相当长的时间,与之相伴的人生礼仪也就绵延不断,延续数十年、数百年乃至数千年。

由此看来,人生礼仪是贯穿于现实生活和信仰生活两个领域的,而中国人生礼仪在信仰生活领域延续的时间更为久长。对这种"礼仪的人生史"加以图示,将十分有趣,又可收显豁易晓之功。如果把个体与其所在家族结合起来考察,如果将人生礼仪与民族文化结合起来考察,较之于封闭圆周式图示,也许用延展直线式的图示,更能恰切体现中国人的观念的、礼仪的人生史。

```
                          生命过程
                    ┌─────────────────┐
    ────────→    生        成年        死      ────────→
   生命的呼唤  │ 文化化过程 │ 走向独立 │ 生死两相依   无尽的人生
   ─ ─ ─ ─ ─ ─ ┼ ─ ─ ─ ─ ─ ┼ ─ ─ ─ ─ ─ ┼ ─ ─ ─ ─ ─ ─ ─ ─ ─ ─
   祝吉求子    诞生礼    成年礼、婚礼    丧葬礼      祭祀
   男性纵式链条 ──────────────────────── 名、男性纵式链条
                          人生史
```

# 第二章　生命的呼唤

　　从生理学的角度来看，人的一生是与肉体生命过程相始终的，出生是人生的开始，死亡是人生的结束。然而，在观念信仰中，人的一生似乎并非与肉体生命相始终，人生的历史要长于肉体生命的过程，甚至可以"永垂不朽""万寿无疆"。这样的人生史，并非自然生命史，而是观念的人生史；人生礼仪的存在，就是以这种观念人生史为基础的。

　　在社会生活中，不死其亲、视死犹生的例子屡见不鲜，在相应的礼仪中，当事人的人生仍旧延续着。与此同时，超前的情形也是常见的。比如，有些地区的嫁妆中，就有外祖母备办给外孙子的衣物，可见外孙已经存在于观念之中。各种求子习俗中求得的"子"（泥娃娃、石块等）和亲朋送来的"子"（地瓜、麒麟桥上的砖块等），则是信仰领域里"生命"的存在。不孕妇女到僧庙尼庵求子，抱个有名有姓的泥娃娃回家，一日三餐供给饮食，生子之后也不损坏。泥娃娃与肉娃娃，生命相通，后者是前者的延续，前者是后者的先导。总之，观念、信仰中的人生史超越肉体生命过程，很早就开始了。

　　那么，中国人的一生从哪里开始呢？

## 一、奏响在婚礼上的人生序曲

在黄土高原，艳阳高照、风和日丽的春日，你或许可以遇到这样一幅景象：喜气洋洋唢呐声声入耳廓，寻声望去，却半天不见人影，只是乐器的奏响、人马的喧闹、鞭炮的"噼啪"之声由远而近。再一定睛，只见黄土高坡上迤逦走来一队花红柳绿的人马，打头的一骑高头大马上，是胸戴红花的英俊后生；接着是一副骡驮喜轿，披红挂彩，光耀夺目；后边跟着的是娶亲、送亲的红男绿女，鼓乐班子的师傅。

迎亲的队伍到了男家，接着拜人、坐席、闹喜房。等到闹喜房的人们走后，婆婆用衣襟兜着红枣、花生和"儿女馒头"来到喜房，隔着门槛往新媳妇怀里倒去。当新郎新娘将这些东西撒在炕上时，婆婆望着满炕乱滚的红枣、花生、馒头，兴高采烈地唱起了传统的祝福歌：

对对馒头对对枣，娃儿女子满炕跑。
养小子，要好的，穿长衫，戴顶子。
养女子，要巧的，莲花牡丹剪得好……

婚礼—撒帐，这标志着又一对黄土高原的青年人结成了百年之好，而他们的孩子也就从这个时候起在信仰、象征领域迈开了人生的第一步。

在我国，从东到西，从南到北，任何地方的传统婚礼上，都少不了这类祈求子孙绵延、世代繁盛的节目，诸如传席，诸如撒帐。此时此刻，人们充分发挥聪明才智，显示出极大的创造力：或者运用语言的谐音，表示祝吉祈福、早生贵子的迫切心情；或者利用事物的类似，象征世代相传、万世不已的崇高愿望。那真切的心情，那虔诚的态度，那谨严的仪式，不能不在人的意识中留下深深的印记。

## 1. 撒帐祈子

撒帐是乡土中国普遍流行的婚礼习俗。新郎、新娘进入洞房时,总要有一阵如雨的果品等撒向新娘怀中,撒向合欢床上,乃至撒向洞房的每一个角落。

相传撒帐习俗始于汉代。宋人《戊辰杂钞》云:"撒帐始于汉武帝。李夫人初至,帝迎入帐中共坐,饮合卺酒。预告宫人,遥撒五色同心花果,帝与夫人衣裙盛之,云得果多,得子多也。"由此可知,原始的撒帐仪式,就明显具有"祝吉求子"意义。后世的撒帐仪式虽有变异,但主题仍然与其初始如出一辙。

汉武帝时代的撒帐仪式中,撒帐者是"宫人";此外的撒帐者,有新娘,宋人孟元老《东京梦华录》谓"女以金钱彩果撒掷,谓之'撒帐'"(北宋汴梁);有礼官,同时代人吴自牧《梦粱录》谓"礼官以金银盘盛金银钱、彩钱、杂果撒帐次"(南宋临安)。后世撒帐仪式的撒帐者,多要经过选择。其中常见的,是福寿双全、能说会道的妇女。在云南一些地方,撒帐由预先请到的福寿双全老人进行:当新郎新娘双双步入洞房、并排坐在床上的时候,这位老人边念吉祥语,边把"五子"撒向床帐等处。

俗话说"新婚三日无大小。"儿媳与公婆的关系,向来是若非紧张、也定严肃。但婚礼时节则可从权,因而也就有前述婆婆参与撒帐的情形。在传统观念中,生育从来都是妇女的事情,能否生育、生儿生女,似乎全在妻子。因此,由婆婆撒帐也便顺理成章。婆婆已经完成儿女一代的延续,便将象征早生、多生、花生、贵生的寄意物品撒向新人床帐,把传宗接代的使命交给儿媳,由她来担负这一神圣的职责。有些地方,则是公公把香烟撒在洞房的炕上,以示香火不断。

不管撒帐者是谁,撒帐仪式的主题始终不变,即传宗接代、延续香火。因此，接力棒总是由老人传给年轻人，或者由福寿双全者传给"新人"。

从字面上来理解，"撒帐"的指向是帐，原初的撒帐仪式也正是如此。不过，这在传承过程中产生某些变异，一方面向宽泛的方向发展，撒向洞房四处；另一方面向狭窄的方向发展，撒向新娘怀中。毫无疑问，二者都与撒帐的主题密切联系，尤其是后者，典型地表现了人们求子的迫切心情。可不，新娘子的怀中正是孕育新生命的地方，是抒发传宗接代、延续香火情思最恰切的地方。也正因如此，人们往往在这里大做文章——

在山东沂水农村，男家敲锣打鼓迎来了穿红着绿的新娘。洞房里，当新娘脱去外面的红袄时，一连串的红枣、栗子、花生和钱币从怀中抖落出来，滚满一床。礼仪的设计者不仅利用了枣、栗、花生的谐音，祝福早立子、花搭生，而且巧妙运用象征手法，表示新娘怀中给男家带来了兴旺的人丁和无尽的钱财。

在陕西民勤县，人们用大头萝卜和圆乎乎的馍馍来象征胖乎乎娃娃。新婚第二天的清晨，小叔子早早就来敲新房的门了："新嫂新嫂快开门，给你送个大头娃娃来。"新娘子刚把门打开，就有两个大个儿萝卜"嗖嗖"抛入怀中。不一会儿，婆婆也走过来，朝新媳妇怀中扔两个馍馍，边扔边念叨："隔门撂馍馍，明年抱孙孙。"

从上述习俗可知，撒帐除了"撒"，还有"抖落""抛扔"，实际上则异曲同工、殊途同归，都算是撒帐的变异形式。在河北等地，寄寓深情厚意的物品是摆放在洞房炕桌上的，有核桃、红枣、花生、栗子，祝福新婚夫妇和睦到老、早生贵子。

撒帐所用的物品，是撒帐仪式的关键因素，是表现祝吉求子主题必不可少的道具。汉武帝时撒帐所用的，是五色同心花果；后世撒帐所用的物品，则形形色色、五花八门。其中许多物品，在日常生活原本极为普通，并无神异之处。但经过谐音取意、类

第二章　生命的呼唤

比象征的有意识加工，它们具有了奇妙独特的含义，艺术地抒发了人们的情怀，寄托了人们的愿望。这里，将诸多寄意物品略举数种，以窥其貌：

红枣——枣谐"早"音，取"早生"之意。此外，枣树多实，象征多子。

栗子谐音"立子""利子"，取"生子""立子""利子"的意思。它与红枣一起，寄寓"早立子"的愿望。俗谚有云："一把栗子一把枣，小的跟着大的跑"；"一把栗子一把枣，明年生个大胖小"。

桂圆——桂谐"贵"音，取"尊贵"之意。它与枣、栗子一起，蕴含"早生贵子"的寓意。

花生——谐音取意，表示男女花搭着生和儿女双全的意思。

香烟——既有谐音取意，又有类比象征，表达"香火绵延不断"的心愿。

石榴——石榴多子，有"千房同膜，千子如一"之誉，象征多子。

此外，萝卜、馍馍、扁食（饺子）等，都是类比象征物。

云南撒帐习俗中的"五子"，指松子、瓜子、莲子、白果子、枣子。这些物品都谐"子"音，而且都是果实，可做种子繁殖，"五"又有多的意思。因而，"五子"蕴含着子孙众多、绵延不绝的寓意。此外，古来有"五男二女"，故有"五子"之称，以及"五子登科"等祝吉之语。

## 2. 传席传代

传统婚礼上，有些地区还曾经流行过一种奇特的婚礼习俗：隐情到家，新娘从轿里出来，展现在眼前的是一条别致的道路——条条米袋次第排去，直排到堂屋或洞房门口，宛如穿越溪流的踏

23

## 中国人生礼俗

步桥,新娘便是沿着这条口袋排成的小路,袅娜多姿地步向洞房的。有的地方还在米袋上盖上色彩绚丽的毯子,铺出一条锦绣道路。这,就是婚礼上的传席仪式。

传席习俗也是古已有之,唐代就比较普遍了。白居易《和春深》诗这样写道:

何处春深好,春深嫁女家。……
青衣传毡褥,锦绣一条斜。

从诗中可知,当时所传的是毡褥,类似毯子,并无米袋。"转"和"传",实质无二,就是只用两三块毡褥,辗转传递而前。

并不多见的文献记载,几乎没有对原初传席仪式的寓意给予解释,一般只是简单的描述。元陶宗仪《南村辍耕录》这样写道:"今人家娶妇,舆轿迎至大门,则传席以入,弗令履地。"为何"弗令履地",则没有进一步的说明。不过,"弗令履地"似乎是整个婚礼过程中谨慎遵奉的一条原则:迎亲的花轿抬至女家,是新娘的兄长把她从闺房抱进轿里;到了男家,是新郎把她从轿里抱进喜堂;拜过堂后,又是传席进入洞房。这些,或许都基于同样的原理;但经过发展的传席仪式,其祝吉求子的意义明白无疑。

清金埴《不下带编》卷二云:"今杭俗用米袋承毡,名曰'传袋',又曰'袋袋相传',以'袋'隐'代'。"胡朴安《中华全国风俗志》也记述了江浙一带的传席风俗:"新妇进门,以布袋铺地,展转更换,令步其上,谓之传袋,犹言'传代'也。"[1] "出轿时,用米袋直铺至花烛前,新娘脚踏米袋,曰'步步高''代代好'。"[2]

---

[1] 胡朴安:《中华全国风俗志》卷三《江苏·溧淮间婚嫁风俗》,上海文艺出版社1988年影印版。下引此书,均此版本,不再一一注出。
[2] 胡朴安:《中华全国风俗志》卷四《浙江·海宁风俗记》。

无论"传代"还是"代代相传""代代好",方向是一致的,即祝愿多子多孙、世代不绝。

唐时的"传毡褥",已有后世"传代"之意;联系上文"紫排襦上雉,黄帖鬓边花。转烛初移障,鸣环欲上车",营造气氛亦是主旨。但民众对寓意淡薄的仪式从不满足,因而也总是对旧有仪式进行积极加工,使其原有的结构稍有改变,实现了功能的转换,从而巧妙地表现了自己的情感意愿。中国的广大民众从来都没有停止过这种在礼仪领域的积极努力,至今仍然乐此不疲。对此,近代风俗诗人谢吉叔作了艺术概括:

箫鼓声中笑语哗,
两行红粉迓香车。
锦裯层迭偏铺袋,
为祝绵绵瓞与瓜。

## 二、名目繁多的求子习俗

促成传统中国"多子多福"观念的原因是多方面的,但深究起来,经济形态——园艺式农业——是其根源。在这种经济形态下,家庭的富足完全依赖于劳动力的多少,而解决的唯一办法就是多生多育。因此,多子多福观念的形成便毫不奇怪了。

《礼记·昏义》曰:"昏礼者,将合二姓之好,上以事宗庙,而下以继后世也。"婚礼上的祝吉求子仪式,揭开了上事宗庙、下继后世的序幕;随之,遵循同样的主题,人们紧锣密鼓、热闹非凡地在礼仪领域里，扮演了一幕又一幕的象征戏剧——这就是名目繁多的求子习俗。

一般来说，旧时的新婚夫妇一年之内就可得子。人们囿于"早生儿早得济""多生儿多得福"的观念，根本不会考虑避孕、节育，在小夫妻的千恩百爱、云雨绸缪之中，便匆匆播下了绵延后代的种子。新妇得喜（怀孕）之后，丈夫、公婆、姑嫂自然是一番体贴、照顾，也不免处心积虑、求神问卜，占验男女、贵贱。

要是一年多了还未"得喜"，主人便着急起来；而那些乏嗣的人家和长期不孕的妇女，则更如热锅上的蚂蚁。古语有云："不孝有三，无后为大。"对传统国人来说，绝了门子、断了香火，简直就是比天还大的事情，自然，人们在这方面花的心思也就多些。于是，千奇百怪求子习俗便应运而生，成为传统中国信仰风俗百色板上浓墨重彩的一块。

作为内容丰富、特色鲜明的民俗事象，可以说求子习俗形成了我国传统礼俗的一个子系统。诚然，求子习俗的意向大多是单一的，那就是求得早怀孕、早得子，以接代传宗、延续香火。然而，这种意向的表现方式却丰富多彩，充分显示出系统的层次性和透视效果。

### 1. 自己动手

但凡想得到某种事物，首要的方法就是依靠自己的努力赚取、赢得。就像神魔形象按照人和动物的模样描绘出来那样，求子习俗的基本手法也未能摆脱日常生活中有劳有得的因果法则，只不过求子的行为带有浓重的巫术色彩而已。因此，要想求致子嗣，首先要"自己动手"。

如前所述，求子的节目早在婚礼上就热热闹闹地开始扮演了。婚礼上除了传席、撒帐，还有一些祝吉求子的小插曲，如剪几帧石榴、葫芦窗花，贴几副麒麟送子、连生贵子的版画；或者吊双

## 第二章 生命的呼唤

筷子，既取其成双成对的特点，祝福新婚夫妇相亲相爱、比翼齐飞，又谐音取意，讨"快（生）子"的吉兆；或者想方设法讨个"口彩"，要么煮个半生不熟的"汤心鸡蛋"给新娘吃，赚她怯生生地说个"生"字出来，要么端一碗也是半生不熟的"儿女扁食"去，也讨个"生"字出来；有的干脆把"孩子"和新娘一起迎来——福建崇武岛旧俗，送亲队伍配有两名"挂花"，用这披挂鲜花的儿童象征神明送来的孩子，祝福新人早日"挂花"，生儿育女。

婚礼之外，自己动手的求子仪俗也相当普遍。这些仪俗大多有些"讲究"，比如特定的时间、特定的地点、特定的行为等，由此而导致"境界"（情景）的转换，从而依靠巫术手段达到目的。在此，略举数端如下。

摸秋，即中秋之夜到果园瓜圃，偷摸秋实，以祈生子。据清潘宗鼎《金陵岁时记》载："金陵俗，中秋月夜妇女有'摸秋'之戏。尝往茉莉园，以得瓜豆宜男。"清光绪《六合县志》对该县此俗也有记载："乡村愚妇，有（中秋）夜分私取园瓜，谓之'摸秋'，以兆生子。"与摸秋类似的习俗也有不少，比如：旧时北京，妇女在上元夜摸正阳门上的铜钉，以求添丁生男；南京妇女则是中秋夜摸长乐渡玄帝庙上的铁老鸦杆，用意相同。据传，龙生九子，第九子为赑屃，生性好驮重物，常见背负石碑，民间妇女常摸其头，以求感孕生子。

拴押、领抱，也是积极主动的求子行为。在北方许多地区，碧霞宫、子孙堂、奶奶庙的神案上，一般都置有泥娃娃。这些泥娃娃一如年画里的娃娃，全然按照传统打扮、修饰，穿着红兜肚，留着刘海，挂着项圈，而且个个都露着"小鸡儿"。拴押、领抱者来到这里，烧香祷告，施舍钱物，然后挑一个泥娃娃带回家里，一日三餐供饭奉食。碰巧生了孩子，还要去庙里庵里还愿，泥娃娃或者砌到墙里，或者好生照看，不得损坏。有趣的是，山东聊城妇女从送生娘娘那里拴来的，并非整个的泥娃娃，而只是娃娃的"小鸡儿"——不孕妇女用红绳套住选中的泥娃娃的脖子,然后掐下小鸡儿,带回家去吃掉,娃娃也就拴了来①。

当人们把祖先、前辈的功德、阴骘与子嗣结合起来考虑的时候,求子便又有了新招式,那就是乐施好助、行善积德。因此,乏嗣的人家,或者出钱、出物、出力支助公益事业,或者到庙庵去布施,或者周济贫困,或者焚香许愿。

在民间信仰里,语言总是具有无穷的力量,符咒从来都是有力的武器。求子习俗中,有许多也建立在信仰语言力量的基础之上,前述讨口彩、谐音取意都是如此。此外,古人由于对生殖原理的懵然以及先民受孕传说(如简狄吞燕卵而孕)的影响,以为"口"在某种程度上有助于受孕。这种观念长期积淀,势必给民众心理以影响,于是创造了一些与"口"有关的求子仪式,并谨慎遵行。在山东黄县,每逢正月初一早晨,长期不孕的妇女都要藏在屋门后吃一个煮鸡蛋,以求怀孕。对此习俗,文献也有记载:安徽芜湖人认为,恰逢三月初三的清明为真清明,这一天,乏嗣人家整煮南瓜,正午出锅,放在案上,夫妻并坐,同时举箸,尽量多吃,俗以为"必然得子"②。

### 2. 拜倒在神佛脚下

在中国传统观念中,姻缘天定,生育、生男生女也是由神佛神明主宰的。这样,为了子嗣,除了"自己动手",人们自然而然要拜倒在神佛脚下,甚至与普通的和尚、尼姑打起交道来。

据《礼记·月令》记载,我国古代就有后妃祈子的礼仪。每当仲春二月燕子飞来的时候,后妃便要到郊外去祈祷祭奠,祈求子嗣。汉代以后,祈子礼仪的时间定在春分,将奉的神为姜嫄、

---

① 山曼等:《山东民俗》,山东友谊书社1988年版,第174页。
② 胡朴安:《中华全国风俗志》下篇卷五《安徽·芜湖风俗小记》。

## 第二章 生命的呼唤

简狄。姜嫄和简狄都是我们民族的女始祖,据传,姜嫄踏了巨人的脚印怀孕而生后稷,简狄吞了燕子之卵怀孕而生契,把她们作为庇佑子孙绵延的神灵祭奉,很是自然。不过,这两位女始祖毕竟太过高古,不好亲近。于是,民众在生活中找到了、创造了新的子嗣神。

本来,灶王爷是掌管灶火的神明,但因关系人们的饮食温饱,又颇可亲近,便成了"一家之主"。灶王爷每年腊月二十三四要上到天庭向玉皇大帝汇报工作,于是,人们除了叮嘱他"上天言好事,回宫降吉祥"外,也央求他下界时,"马尾巴上带个胖小子来"。

人们不仅寻找生活中那些熟悉的神灵,赋予其新的神性,也创造新的神灵,赋予一定的神性,来平衡自己的心理,满足自己的愿望。可以说,民间诸神中的送子观音,就是这样"再创造"出来的。

送子观音的供奉,全国各地可谓极其普遍。尽管有的供奉于金碧辉煌的佛殿,花烛明艳、香烟袅袅,有的安置在穷乡僻壤的小石龛里,烟熏火燎而面目全非;尽管有时尊称"观音",有时唤作"奶奶""娘娘""婆婆",但她总是一年四季受人事奉,有着享不尽的人间香火。送子观音与仪态庄严的观音菩萨(正观音像)大不相同,她怀抱婴儿,慈祥和蔼。她手下还有一位"送生哥哥",男仆模样,肩背装满泥娃娃的布褡裢,听候观音的差遣送孩子给人。观音身后的一副楹联,极尽其妙地道出了人神关系、求子原理:

我本一片婆心,送这个孩儿给你;
尔必百般善事,要留些阴骘与他。

从姜嫄、简狄到灶王爷、送子观音,不难寻索人们为了自己的意愿而迷信、创造神明的轨迹。

除了直接求神拜佛，出于强烈的求子愿望，人们也与接近神佛的出家人沟通，以求得到帮助。在中国，这种与僧尼、道士有关的人生礼俗，并不仅见于求子习俗，孩子出生后的寄名神佛如此，人死后的道场法事也是如此。这里，举一个与僧尼交通以求子嗣的具体例子：在山东滕州，不孕妇女到尼姑庵施舍礼钱，与尼姑结为干亲，由尼姑用红带子拴块石头，或者拴个泥娃娃，并给起个乳名，交给求子者揣到怀里，一路呼名字而归，子便算求到了。

### 3. 麒麟送子

中国民间诸神中，有送子观音、送生奶奶、送子财神等，都是主宰生育、送子给人的神明，受人供奉、享人香火。此外，民间还流传着麒麟送子等许多灵异故事。有意思的是，在民间，不仅神灵可以送子，普通人也能送子。这样，从神佛、到灵异、到普通人，形成了求子习俗中的送子系列。

普通人"送子"，一般是送给亲友的。倘若有成婚多年没有生育，或者老来无子的，亲戚朋友知道他们盼子心切，都乐意帮忙。所送不过是特定的象征物，但却有一些规矩，也要有一番热闹的送迎仪式。湖南衡阳在中秋晚上送子，送的是冬瓜。这瓜是几天前在菜园子里"偷"来的，并用彩色颜料绘成面具，用衣服裹成人形，由年长命好的老人抱着，爆竹噼啪地送去。送到家里时，把冬瓜放在床上，用被子盖住，老人念诵祝吉词："种瓜得瓜，种豆得豆。"据说，不孕妇女吃了冬瓜就能怀孕。江苏淮安在元宵节之后到二月二之前这些天送子，送的是小红灯，或者从特定地方取来的砖块。"灯"与"丁"音近，取添丁生男之意；砖块代表"璋"，祝福得"弄璋之喜"。送子的时候也要"锣鼓喧腾，乐声大作"，送去的灯或砖要"悬于望子者床中"。迎到孩子的人家，要设宴款待亲友乡邻；得子之后，还要重礼答谢送子人[①]。

有时候，送子者并非主动行为，而是受无子人家所托。还有一种情形，是不相识的人送子给人。这些人或是要饭的乞丐，或是游方的僧道，或是一般的过路之人。他们来无根去无由，出行入息、饮食眠卧都自由自在，不同于常人。在日本，这神人被称作"异人"，人们认为这些人或来自洞天福地，或去往鬼窟魔道，能给人带来吉祥，也能带来凶咎。因此，人们谨慎、礼貌地款待、侍奉他们，以图趋吉避凶，这种行为称作"异人欢待"。在我国民间，这种观念也是有的，特别是在礼仪活动中，人们往往对这种人敬畏有加、谨慎款待，从不敢狎亵怠慢。正是基于这样的观念，人们也就相信他们的所作所为更加灵异，百般求致。在山东滕州，常有并不相识的老婆婆给生了孩子的人家道喜，讨得第一个红鸡蛋。据说，这第一个鸡蛋最是灵异，送给不孕妇女，不仅能使她得喜，而且还能生个男孩。

既然神异之人的行为更加灵验，那么，神仙灵怪亲自送子就更加吉祥了。在民俗信仰中，神仙灵怪不仅确确实实能给人送子，而且所送之子必将大富大贵。传统年画有"天仙送子图"，讲的就是这类故事。据《魏书·帝纪》记载，圣武帝（北魏追尊的第十四位始祖）当初曾经亲临稼穑，耕作于山泽之间，一天，忽见一辆华贵的车子从天而降，车里坐着一位美貌的妇人，自称天女，受天帝之命来与圣武帝交媾的。日落时分，天女要回天上去，约定一年之后在此相会。一年以后，圣武帝来到这里，果然与天女复又相会。天女把所生男孩交给圣武帝，说："这是你的孩子。"这孩子后来做了皇帝。相传"天仙送子图"就是根据这则故事绘制的，比喻"娶妻如天仙，生子更尊贵。"

---

[①] 胡朴安：《中华全国风俗志》下篇卷三《江苏·淮安风俗志》。

在民间，更为流行的是"麒麟送子"的传说。相传孔子将生的那天晚上，有麟吐玉书的吉兆，玉书上写"水精之子孙，衰周而素王"（王嘉《拾遗记》等），说他有帝王之德而未居其位。到了汉代，未央宫中有"麒麟阁"，上绘功臣肖像，用来表示卓越的功勋和最高的荣誉。两者结合，从汉代起，民间就有了"麒麟儿""麟子"等美称。南北朝时，人们疼爱聪慧仁厚的孩子，常直呼为"吾家麒麟"。杜甫《徐卿二子歌》有句云："君不见徐卿二子生绝奇，感应吉梦相追随。孔子释氏亲抱送，并是天上麒麟儿。"这诗句，把"麒麟送子"等故事、习俗概括无遗。此外，民间还有"麒麟送子图"，多为木版画，上刻对联："天上麒麟儿，地上状元郎。"

指望真正的天仙或麒麟送子，有些不切实际。可民众自有民众的办法，于是"麒麟送子"也就成了"现实"。据载，在近代的湖南长沙，耍龙灯的到了求子人家，加送"封仪"礼物之后，便围绕不孕妇女舞龙一圈，然后将龙身缩短，上边骑个小孩，在堂前绕行一周，就算是麒麟送子。大概，缩短身的龙象征的就是麒麟吧，有人感叹为诗道：

妇女围龙可受胎，痴心求子亦奇哉。
真龙不及纸龙好，能作麒麟送子来。①

感叹归感叹，称奇归称奇，民众就是相信这仪式的效力，因为老祖爷爷们就是这样做的。

### 4."盗亦有道"

礼仪某种程度上是个"神圣"的领域，是与日常生活的

---

① 参见胡朴安《中华全国风俗志》下篇卷六《湖南·长沙新年记俗诗》。

## 第二章 生命的呼唤

"世俗"相对的领地。礼仪构建的原则之一,是与日常对立,一味地超凡绝尘、出奇制胜,尽管最终仍然不过是照猫画虎、依葫芦画瓢。缘此,有些礼仪行为往往与日常伦理背道而驰,大谬不然。在日常生活中,尽管孔乙己声称"窃书不算偷",但也免不了屁股挨板子;而在礼仪领域就不同了,偷的人不以为耻、专事此道,被偷的人睁一只眼、闭一只眼,甚而以被偷为乐,以为做了善事、积了阴德——真所谓"盗亦有道"了。

在江苏青浦,没有子嗣的妇女要到祖师堂去,在送子观音面前烧香祷告,并且暗中把观音的绣花鞋偷去一只,据说如此便可怀孕;只是生了孩子,要寄送给观音菩萨做干儿子。同是江苏,兴化有"偷桩"习俗,也是一种求子仪式。桩本来是渔家系船所用,人们认为新年夜偷桩回去,必定生子,极为灵验。民间礼仪在意的,只是其中的象征意味,点到为止,不喜坐实;要不,偌大一个观音,能眼睁睁让人把自己绣花鞋子窃走而无动于衷?

为了求致子嗣,人们不只偷,也抢。云南某些地区有"抢火把儿子"的习俗,当年生了儿子的人家,高举火把去巡田、嬉乐,婚后无子者看到,都会围上去争夺,并以抢到火把象征香火不断,必生贵子。[1] 江苏一些地区,也有类似风俗:俗传二月二为土地爷诞辰,这天,土地庙前总挂有红灯一串,婚久不育的人家都争先恐后地去抢夺,抢得红灯一串挂在家中,则获生子喜兆。[2]

为了求致子嗣,人们不只偷、抢,还有更为激烈的举动——"鞭笞求子"。在福建闽侯,这种习俗称作"拍喜":"乡民娶妇,至次年正月十五,亲邻持竹杖,觅新妇打之,谓之'拍喜'。随拍随问:'新娘有喜未?'应曰'有',则挟竹杖往他家。设畏羞或倔强不答,则连打连问以逼之,必使答应而后已。妇呼号痛

---

[1] 丘桓兴《中国民俗采英录·云南篇》,湖南人民出版社1987年版。
[2] 《扬州风土记略》卷上,《乡土报》1987年第3期。

苦，至于身无完肤，不恤也。如未经受胎，则此后届期，仍不能免；生子后，方脱此厄。故每当元宵节，举乡奔走若狂，竹杖纵横，与火把灯球相挤。"①

类似的"鞭笞习俗"，在江苏泰兴的某些农村，晚近仍可见到：每年正月十五清晨，村里新婚两年未孕的媳妇，要被村人拖出大门，绕着粪坑前拉后推地跑，边跑边用扫帚、木棍、竹条抽打，只要不打脸就行，往往把小媳妇打得浑身青紫。直到丈夫看不下去了，把香烟、糖果散给众人，人家才罢手。如果次年仍未怀孕，还要加倍抽打。

"鞭笞求子"的习俗，当源于妇女不孕乃因邪祟附身作怪的俗信，人们认为只有鞭笞棒打，驱除邪祟，才能怀孕生子；同时，人们也把不孕与生殖器官联系，认为不孕乃因妇女生殖系统出了问题，只有鞭打妇女身体（尤其是臀部与外生殖器）才能恢复这种系统的功能。此外，"棒打出孝子"与"棒打出小子"谐音，也对"鞭笞求子"习俗的形成起了一定作用。

偷、抢、鞭笞，分明是强盗行径，但民众取为求子的手段，照行不误。这种行为固然建立在一定俗信的基础上，反映了民众的蒙昧、落后，但同时也反映出他们祈求子嗣的强烈愿望，折射出传统中国"多子多福""无子不孝"的观念是何等顽固。

### 5. 生殖崇拜

求子习俗大多建立在原始信仰、民俗信仰的基础之上，其中起重要作用的，当然少不了生殖崇拜。

生殖崇拜指有关性器官和性行为的信仰和礼仪行为，是人类的早期信仰之一。早期人类不能对自身的繁衍以及动物的繁殖和植物的生长做出科学的解释，认为神圣的力量在主宰这一切。于是，

---

① 胡朴安：《中华全国风俗志》下篇卷五《福建·闽侯之拍喜俗》。

他们将万物的生殖神秘化,由此而对性器官、性行为产生了崇奉、敬仰的宗教感情,并且设置许多礼仪来表达这种感情,取媚于主宰生殖的超自然力量,以达到自己的目的。

在云南纳西族、普米族那里,也曾流行建基于生殖崇拜的求子习俗。这种仪式的主要崇拜对象是"久木鲁",意为"生孩子的石头""男性石头人"。"久木鲁"顶端有一凹坑,坑里积满了水。此外,"久木鲁"近处有山洞,洞中有水池。来此求子的妇女,必须由丈夫和结婚时的伴娘陪同,还要由巫师主持求子仪式。具体步骤是:

一、由巫师在洞内平台上架三块石头,烧一堆火。求子妇女和丈夫面向东方,跪于火堆前,不断向"久木鲁"叩头。与此同时,巫师口念祝词:

*天让你生孩子;地让你生孩子。左边的人祝你生孩子;右边的人祝你生孩子。摩梭人愿你生孩子;西番人也愿你生孩子。在神的保佑下,今后你会身体健康,生儿育女。*

二、求子的妇女和伴娘到山洞中的水池里洗澡。一般坐在池里洗,从头到脚洗一遍。人们以为经过洗浴,除去身上的污秽,方能生育子女。

三、求子妇女来到"久木鲁"前,从巫师那里接过细竹管,插入"久木鲁"上的水坑里,反复吮吸三次。[①]

### 6. 交感巫术

生儿育女与生殖器官、性行为密切相关,为求致子嗣,人们

---

[①] 严汝娴、宋兆麟:《永宁纳西族的母系制》,云南人民出版社1983年,第205—206页。

不能不打出生殖崇拜的大旗。不过，无论是生殖崇拜还是求子仪式，都带有明显的巫术成分，巫术是其信仰、信念基础的一个部分，更是达到目的的手段和工具。

所谓巫术，是对自然、人类社会、人类思维之间相通关系以及超自然力量存在的一种信念，是获得这种沟通、驾驭超自然力量以达某种目的的手段或工具。巫术首先是一种信念，这种信念认定"在自然界一个事件总是必然地和不可避免地接着另一事件发生""它确信自然现象严整有序和前后一致。巫师从不怀疑同样的起因总会导致同样的结果，也不怀疑在完成正常的巫术仪式并伴之以适当的法术之后必将获得预想的效果，除非他的法术确实被另一位巫师更强有力的法术所阻挠或者打破"[1]。其实，巫术何止认为自然界是秩序化的，它也坚信自然界、人类社会、人类思维都是秩序化的，互相交通，互有因果。同时，巫术又是一种手段或工具，是建立在上述信念基础上的手段和工具。这一点，从汉语"巫术"一词的"术"字上可以清楚体认。巫师就是利用这种手段或工具，为人们排忧解难或嫁祸于人的。信念与手段（或工具）构成了巫术的双重特性。

从本质上来说，巫术是非科学的、非宗教的。英国人类学家弗雷泽曾经指出：人类经历了巫术—宗教—科学三个发展阶段，就此而把巫术与科学和宗教区别开来。毫无疑问，巫术与科学沾不上边，但与宗教却并不那么泾渭分明。巫术不像宗教那样信仰神灵，更没有世制度性宗教那样详赡的教义、完备的教规、严密的教会组织等，但宗教中显然存在着巫术的因素，尤其是在原始宗教中；而且巫术也并未在宗教出现以后就全然隐退，而是与宗教并行，存在于人们的生活中，甚至存在于科学相当发展了的人

---

[1] [英]詹姆斯·乔治·弗雷泽：《金枝》（上），徐育新等译，中国民间文艺出版社1987年版，第75页。

类生活中。

弗雷泽根据自然、社会、人类思维互相交通、互有因果的信念，给巫术加以"交感"的前缀，谓之"交感巫术"，进而分作两类，分别剖析其原理和功能。他指出：

> 如果我们分析巫术赖以建立的思想原则，便会发现它们可归结为两个方面：第一是"同类相生"或果必同因；第二是"物体一经互相接触，在中断实体接触后还会继续远距离地互相作用"。前者可称之为"相似律"，后者可称作"接触律"或"染触律"。巫师根据第一原则即"相似律"引申出，他能够仅仅通过模仿就实现任何他想做的事；从第二个原则出发，他断定，他能通过一个物体来对一个人施加影响，只需该物体曾被那人接触过，不论该物体是否为该人身体之一部分。基于相似律的法术叫"顺势巫术"或"模拟巫术"。基于接触律或染触律的法术叫"接触巫术"。[①]

在《金枝》这部名著里，弗雷泽列举了世界各地的许多事例来说明、论证其巫术理论，其中有不少为人生礼仪。事实上，将弗氏理论与前述中国求子习俗联系起来看，可知求子习俗大多建立在巫术信念、原理的基础上，是巫术手段的具体运用。求子习俗中的拴押、领抱、麒麟送子以及多吃雄性动物肉食等，是模拟巫术的体现，孕妇穿戴丈夫的衣冠以求生男亦是如此；而摸秋、送子中的送南瓜或砖石块，则可看作接触巫术的体现，孕妇吞食观音庙里泥娃娃的"小鸡儿"以求生男亦是如此。

---

① [英]詹姆斯·乔治·弗雷泽：《金枝》（上），徐育新等译，中国民间文艺出版社1987年版，第9页。

## 三、受孕的习俗与传说

### 1. 怀孕得喜

传统观念认为,生儿育女是家庭和亲族的一大喜事,因此,妇女怀孕称作"得喜""有喜"。确实,新妇怀孕对个人、家族、亲族乃至更大的社会集团来说,都是可喜的事情。

对新妇来说,怀孕不仅意味着自己很快就会成为母亲,将把人间最伟大的爱——母爱奉献给人间;也意味着她在夫家的地位将进一步提升,因为倘若不孕不育,等来的将是冷遇;若是生了儿子,她的终身也就有了依靠。对新郎来说,他将不仅获得为人之父的骄傲,也将获得为人之子的完全资格,生了女儿,可以让她承欢于父母膝下;生了儿子,则从此无需顾虑"大不孝"的帽子,稳定自己在家中的地位。对家族来说,新妇怀孕意味着香火的延续将得到保证,家族的谱系将得以续写。总之,在传统社会里,新妇怀孕从来就是了不起的大事情;即使在现代中国,也几乎仍然如此。

从我国最早的几部礼书以及先秦史籍中可知,那时的结婚年龄并不算早,男女都在二十多岁。可是,后来的情形却发生了极大的变化,在"早生儿早得济""早生子早得福"等观念的影响下,婚龄大大提前,以至于女孩甚至十三四岁就结婚、生育,十六七岁结婚则更加普遍。结婚之后,新妇大多在一年之内就怀孕生子。即便在《婚姻法》规定严格婚龄,并提倡晚婚晚育的形势下,早婚早育仍旧屡见不鲜。

既然新妇怀孕是家族、亲族的一大喜事,因此,用一定的礼仪予以庆贺,就是自然而然的了。不过,一般来说,庆贺新妇得喜的礼仪,只限于家庭和近亲参与。在家庭里,或许要举行一次家宴,来庆贺这桩喜事,而礼仪行为却更多指向孕妇及其丈夫。男宾们携来贺仪,向孕妇的丈夫道喜,祝贺他后继有人、世代昌盛,女客们——孩子的外祖母、姨姨、姑姑等,也拿了鸡蛋、红糖乃至小衣、小帽、小鞋子来,祝福孕妇安康顺遂、早生麟子。

在传统中国,新妇过门以后总是俯首帖耳,谦卑恭顺,上事公婆,中敬丈夫,下睦姑叔,无一刻不留心,无一事不谨慎。直到怀孕,她或许才可稍稍扬眉吐气,自此,公婆、丈夫、姑嫂的体贴、关怀也都冲她而来。看来,怀孕在妇女来说真可谓"喜事",但深深的悲剧也就隐藏在这喜的背后。

**2. 五彩缤纷的受孕传说**

毫无疑问,妇女受孕是男女交媾、精子与卵子结合的结果,此外别无他途。现代科学用"体外授精"等手段替代男女交媾,也仍然是精子与卵子的结合导致新生命的诞生。对此,古人老早就有所认识。但是,无论中外,各民族的古代典籍中都载有与男女交媾毫无关系的受孕传说,传说中的受孕事件光怪陆离、神秘莫测,描绘了一幅五彩缤纷的习俗长卷。

西方神话和宗教文献里中,有许多关于神和宗教人物孕育的传说。中世纪的一些神学家认为,圣母玛利亚是通过自己的耳朵受孕而生耶稣的,因为《圣经》说:"太初有语,语与上帝同在,语就是上帝。""语成了肉身,住在我们中间。"(《约翰福音》第一章)希腊神话的瑞亚也是未与男性合作就怀孕的。瑞亚是灶神的一个女祭司,她在马耳斯的圣水里洗澡怀了孕,生下了双胞胎瑞穆斯和罗穆卢斯。

美洲也有许多类似的传说。北美阿拉斯加的希特林人,说他们的神耶尔是母亲莫名其妙地怀到肚子里的,她吞下一颗卵石,因而怀了孕。墨西哥的战神霍依兹劳波契特利是处女所生,这个虔诚的处女有一天去神殿,看见一团羽毛在她眼前飘动,她拿了这团羽毛,放在胸前,不久就发现自己怀孕了。

东方各民族也不乏此类传说。印度的《梨俱吠陀》说,因陀罗神是一头从未交配过的小母牛奇迹般地生下来的；佛教创始人乔答摩（释迦牟尼之姓）有"白象入胎"之说，亦非父母交媾而所生。

我们中国的此类传说，也很是不少，主人公不仅有神话中的神、传说时代的人物，也包括历史人物；这类故事不仅见于神话、传说，也见于以事实为生命的史籍之中；而且神秘受孕的形态极其丰富，形成了几个系列。

一是履迹而孕。一般为妇女踩踏神灵（多为巨人）脚印而怀孕。《史记》载：周人的始祖后稷叫弃，他的母亲叫姜嫄。一次，姜嫄到郊外，看到巨人的足迹，便踩了上去，由此而怀孕生弃。在《史记》之前，《诗·大雅·生民》也曾咏及此事："厥初生民，时维姜嫄。生民如何？克禋克祀，以弗无子。履帝武敏歆，攸介攸止，载震载夙。载生载育，时维后稷。"用现在的话来说，就是：

是谁生下第一代周人，
姜嫄就是那位母亲。
且说周人怎样降生？
有一天姜嫄行禋祭，
因为无儿求上帝。
他踩着上帝的脚拇指印，心里欢喜。
就在那里停下来休息。
她怀孕了，不敢大意。
后来生了孩子，那就是后稷。[1]

除后稷外，太昊帝伏羲也是母亲踏巨人足迹而孕育的。

二是吞物而孕。最著名的例子，自然是简狄吞燕卵而生商朝始祖契。《竹书记年》载：燕子飞来的春分时节，简狄跟着丈夫

---

[1] 余冠英：《诗经选》，人民文学出版社1979年版。

到郊外祭祀，当她和妹妹在玄丘之水洗澡的时候，见燕子衔卵而坠，燕卵五彩缤纷，极其好看，二人争抢，简狄先得而吞，后来剖胸生契。此外，夏禹的母亲是吞薏苡（多年生草本植物，果仁叫薏米）孕而生禹（见王充《论衡》）。

三是与神灵交合而孕。这种形态一般表现为妇女与龙、麒麟等通过各种形式的交合而怀孕。尧的母亲叫庆都，年轻时常有龙跟着她。一天早晨，阴风四合，"赤龙感之"，怀孕十四个月后生尧。炎帝神农氏，也是母亲女登被神龙所感而生。（均见《宋书·符瑞志》）不过，这两则文献记载所用"感"字之意有些含糊，另两则资料的表达则比较明确：汉高帝刘邦的母亲昭灵后在大泽休息，梦与神遇，"是时雷电晦冥，太公（刘邦之父）往视，则见蛟龙在其上。已而有身，遂产为高祖"（《史记·高祖本纪》。亦见《宋书·符瑞志》）。而刘邦的父亲，也是其因"梦赤鸟若龙戏己"而生（《宋书·符瑞志》）。这两则资料中曰"在其上"、曰"戏"，分明在说交合。

四是感天象而孕。一般指妇女与星辰、虹霓、电光、月华等天象接感怀孕而生子。《宋书·符瑞志上》载有这种形态的数则资料：

帝舜有虞氏，母曰握登，见大虹意感，而生舜于姚墟。

黄帝轩辕氏，母曰附宝，见大电光绕北斗枢星，照郊外，感而孕。二十五月而生黄帝于寿丘。

帝挚少昊氏，母曰女节，见星如虹，下流华渚，既而梦接意感，生少昊。

帝颛顼高阳氏，母曰女枢，见瑶光之星，贯月如虹，感己于幽房之宫，生颛顼于若水。

除了上古时代的帝王多有感天象而孕者，历史人物也有许多此类传说。据说，老子的母亲就是有流星自天而降，使其怀孕而生老子的。

五是感梦而孕。妇女所梦或是龙、麟等神异之兽，或是日月星辰等天象，或是神佛仙道；梦中景象，或是只见到这些神异瑞应，或是神异之兽与其交合，或是日月星辰与其接感，或是神佛仙道给其警示、点化。《古今图书集成》引《神武明皇后娄氏传》说，"太后（北齐神武帝高欢之妻，文宣帝高洋之母）凡孕六男二女，皆感梦，孕文襄则梦一断龙；孕文宣则梦大龙首尾属天地，张口动目，势状惊人；孕孝昭则梦蠕龙于地；孕武成则梦龙浴于海；孕魏二后并梦月入怀；孕襄城、博陵二王梦鼠入衣下。"

以上履迹而孕、吞物而孕、与神灵交合而孕、感天象而孕、感梦而孕五种形态，一般单独存在，但也有几种形态同时存在的。《宋书·符瑞志》所载夏禹和汉高帝刘邦之母的受孕就是如此："帝禹有夏氏，母曰脩己，出行，见流星贯昴，梦接意感，既而吞神珠。脩己背剖，而生禹于石纽。"汉高帝刘邦"母曰含始，是为昭灵后。昭灵后游于洛池，有玉鸡衔赤珠，刻曰：'玉英，吞此者王。'昭灵后取而吞之。又寝于大泽，梦与神遇，是时雷电晦冥，太上皇视之，见蛟龙在其上，遂有身而生季，是为高帝。"

显然，如此丰富而颇具特色的受孕传说，其存在绝非偶然。那么，中国神话传说的这些神秘、奇异的受孕应该如何概括呢？它的存在基础何在？有怎样的文化意义呢？

### 3. 纯洁受胎与贞洁崇拜

从生物学的角度来看，前述超自然的交合、授精、受孕或处女怀孕，可以称作"单性生殖"。不过，单性生殖是个科学的概念，用来指称传说中那些奇异的受孕似有不妥。因而，学者们又用"纯洁受胎"这一概念来代替它。所谓纯洁受胎，是指妇女不与男性交媾、凭借冥冥中存在的超自然力量而怀孕生子，超自然的交合、授精、受孕以及处女怀孕都是纯洁受胎。其中，妇女与神灵交合是最不彻底的纯洁受胎，因电光、月华、星辰、虹霓而孕次之，处女怀孕则是最为纯洁的纯洁受胎。

显然，纯洁受胎概念有着明显的主观意向，它暗示那些奇异的受孕传说应该由"纯洁"的观念来解释。对于认识生殖原理、且业已形成性行为不洁信念的民族来说，这种暗示具有重要意义；而对那些尚未认识生殖原理、也没有性行为不洁观念的民族来说，它就没有多少价值了。

在人类的早期历史中，曾有一个漫长的群婚（杂婚）时代。在那个时代，人类的性行为还未摆脱动物性，男女随意交合，杂乱无章。由于男女的差别，男子在性交之后不留痕迹，妇女则往往怀孕生子。这就使原始人形成一种观念，即怀孕生子只是女人的事情，生殖是单性的。然而，怀孕、妊娠反应、生子毕竟痕迹显然，那么，这些痕迹是怎样留下的呢？于是，种种超自然的、自然的力量都成了古今答案中的媒介，纯洁受胎一类的解释也就产生了。然而，在此基础上形成的传说，"不论怎样标明女主人公是谁人之妃，其故事情节的本身在于说明这些诞生儿的身世是只知其母，不知其父，这种现象的口头流传，是远古杂婚的一种曲折反映"[1]。

不过，绝大多数的纯洁受胎传说，是在人类完全认识生殖原理的背景下产生的。此时，人类对男女交媾于自身繁衍的作用已经了然，对性行为的诸多方面（诸如性器官原理、性快感、性交方式、性欲等）有了相当的了解。也正是这种相当程度的了解，才使一些人产生了性交不洁的观念，形成了禁欲主义；也才使一些人反其道而行之，去信仰、崇拜贞洁。这样，人类性崇拜之一的"贞洁崇拜"就产生了。

---

[1] 张劲松、谢基贤：《古今育儿习俗》，辽宁大学出版社1988年版，第29页。

贞洁崇拜是人类对摈除性交等不洁行为的两性生活、生殖活动的信仰，它建立在人们认为男女性交不洁、甚至为罪恶的观念之上，是一种曾经普遍存在的信仰。贞洁崇拜在民俗活动中表现为对性行为的种种禁忌。比如：为父母守孝时不性交，求神拜佛前的一段时间里不性交，以免玷污父母和神灵，从而留下不孝骂名，或者导致祈祷的失灵乃至招来祸患。在我国旧日社会，贞洁崇拜还表现为对妇女的单方面要求，即要求妇女从一而终，矢志守节，倘若遭到歹人玷污（不只是发生性关系，也包括其他身体接触，甚至包括某些部位被人看见），要以死殉节。与此相应，对那些守贞守节的妇女则大加赞扬、旌表，上至朝廷，下至乡里宗族，莫不如此。

贞洁崇拜另一个方面的表现，就是制造五花八门的纯洁受胎传说。既然性交是不洁的，那么，那些人所敬仰的圣哲先贤就不应该与它有什么瓜葛，就应该是在没有性行为的情形下孕育的。于是，许许多多的神、人便不是"打娘胎里出来"；毫无疑问，我国古代纯洁受胎传说的产生，也与贞洁崇拜不无关系。

### 4. 受孕的俗信与科学

不管怎样迷信纯洁受胎的奇异、神秘，认识了生殖原理的人们总不会忘记男女性交在怀孕生子方面的作用，况且，奇异、神秘的纯洁受胎又是可遇不可求的。因此，人们必然要把注意力转向现实的把握，注重导致怀孕的性交的时间、地点和男女双方的身体状况。于是，有关受孕的俗信就产生了。这些俗信一方面指出在此种情况下受孕是不相宜的，应该避忌、禁止，一方面又指出在彼种情况下受孕最为适宜，应该提倡、鼓励。在中国，这方面的俗信与阴阳五行、属相、经血、天象等诸多因素相关，内容丰富，蕴含深广。

道家讲究阴阳法术，所作所为都遵行阴阳的规律。男女之道

## 第二章 生命的呼唤

也是阴阳之道,所以男女交合也应知阴阳之术,遵行其中的原则,否则就会劳顿亏损,既不利于男女的身心健康,也不利于新生儿的孕育、成长。道家的这些说法还是指导性的,远不具体;而在民间,更为具体的俗信比比皆是。

受孕与阴阳五行。在中国传统习俗中,任何人类行为都能够从阴阳五行学说那里得到指导,任何行为的结果也都能够由此来解释,比如:木日造曲酒酸,水日造酱生虫,火日安蜂蜜苦,土日种麻不生等等,生育亦不例外。古人认为,"若男女健壮(阳)则生男;停经后一、二、五日(奇数,属阳)是男女健旺的日子,日阳时交合有孕多男;男精女血,妇女经血断后一两天内,精胜血(阳胜阴),有孕则男;反之,男女羸弱(阴)则生女;停经四五天后,血胜精(阴胜阳),有孕则女。

受孕与天象。古人认为,男女交媾受孕忌与日月星辰冲撞,否则生子不利。日蚀月蚀时交合受孕,生儿多疾病;哈尼族也认为日月蚀婚娶者,必生六指儿、双胞胎或豁嘴婴儿;每月的朔弦望晦(朔弦望晦本指月相,又指代每月的某些特定日期,即阴历每月初一、初七八、十五六和最后一天)交合受孕,生儿多遇痴聋哑。

受孕与经血。现代科学告诉我们,妇女经期前后的几天内,卵巢处于活动的高潮,排卵多,容易受孕,而停经与来潮中间的一段时间则很少排卵,不易受孕。古人对此也有所认识,不过,他们把经血与生男生女联系了起来,提出了一套独特的理论:"女人月信止后,一日三日五日,值男女旺相日,日阳时交合,有孕多男,经水断后一至二日,血海始净,精胜其血,感者成男;四五日后,血脉已旺,精不胜血,感者成女。"(宋陈自明《妇人良方》,《古今图书集成》引)这种理论有科学的成分,即停经后数日内易受孕,同时,显然渗透着浓厚的阴阳观念。

受孕与属相。古人认为,属相与人生命运是紧密相关联的,婚姻、科考等都受到它的左右。同时，十二属相与一年的十二个月联系，每个属相都有自己的"利月"或"厄月"，遇利月诸事顺遂，若遇厄月（民间称"犯月"）则可能诸事不成，乃至终生不幸。于是，受孕也就与属相联系了起来。本来，子女出生之前是无所谓属相的，但是，由于干支年与属相的排列是固定的，即子鼠、丑牛、寅虎、卯兔、辰龙、巳蛇、午马、未羊、申猴、酉鸡、戌狗、亥猪，同时预产期也是大体确定的，即所谓怀胎十月，所以，新生儿将属某相在受孕前就可以推定、把握的。这样，人们在交合受孕前就约略地做出计算，趋利避厄。比如，猪属犯十月，因而受孕就应该避开一月，否则，犯月的孩子将来要有许多灾厄，诸如早夭或寿促，女子不育等等。

总之，古人是极其郑重地对待受孕生子的，上述民间俗信充分反映了这种态度。这些俗信把受孕与天象、阴阳五行、经血等许多方面结合起来考虑，通过把握时间、空间和人体状况来控制受孕。其中当然有些科学的成分（如受孕与经血、人体状况等），而缺乏科学根据的因素则占了相当大的比例，是应该坚决破除的迷信。

## 四、十月怀胎

### 1. 妊娠期的禁忌与习俗

民间观念认为，妇女怀孕之后就变成了特殊的人，俗有"双身人""四眼人"之谓。人们认为"双身人""四眼人"不祥不吉，约定俗成有许多禁忌，要求孕妇自觉遵行，也要求其丈夫或其他家庭成员监督。倘若触犯这些紧急，孕妇及其家庭就要受到舆论的谴责，甚至受到应有的制裁。

首先，孕妇最忌讳参与红白喜事。人家嫁娶，孕妇不能做伴娘或者参与铺床、撒帐等婚礼仪式，而且不能前往观看。此外俗

## 第二章 生命的呼唤

信诸如：新婚洞房忌孕妇出入，否则新婚夫妇会经常口角；孕妇忌讳看新郎新娘拜堂，否则新娘不吉利。孕妇同样也不能参加死丧活动，否则不仅要影响别人，更重要的是影响胎儿，导致发育不正常、难产、怪胎等。

其次，孕妇忌入生子人家。这种禁忌基于小儿魂魄不全、易受侵害等俗信，认为孕妇出入生子人家，会给小儿带来种种灾厄、疾病。比如，有的地区认为孕妇看过生子未满月人家，婴儿会长四眼疱。这种禁忌有时也被推广到家畜，如有些地区猪生崽后也忌孕妇撞见。

此外，工艺性较强的某些生产活动，也忌讳遇到孕妇。在我国民间，五行八作、金银百工的手工生产中，都有一套严格的禁忌规定。在人们尚未完全科学地认识、把握工艺过程的时代，生产工艺的成败往往归之于超自然的力量，一方面创造本行业的行业神，如木石工匠的鲁班、造酒的杜康等；另一方面则从偶然经验和世俗观念中概括出一套禁忌、规则，要求从业者谨慎遵行。孕妇既然特殊，对诸般工艺必然有所影响，也就不能不受禁忌的约束。比如：有的地方家里做酒和出门采药忌见孕妇，否则做酒坏酒坯、采药药失效；有的地方忌讳孕妇看人做豆腐，否则豆浆化水。在广大的蚕乡，忌孕妇进入蚕房或窥探养蚕操作是极其普遍的习俗，假如孕妇冲撞了蚕神，蚕宝宝就会生病、死掉。茅盾短篇小说《春蚕》里，对这种习俗的影响有过精彩的描述。

除上述诸种禁忌之外，孕妇还因怀孕月份的不同而有不同的禁忌。不过，此类禁忌与前述诸禁忌有所不同：前述诸禁忌多指向外人，而此类禁忌则指向胎儿。由此，妊娠期孕妇的禁忌也就分成了两个系列。关于后者即指向婴儿的禁忌，也有不少，其中除"忌站在砍柴人面前，否则婴儿破相"之类，大多不算玄秘，诸如：孕妇忌伸腰打哈欠，忌扭身坐，忌大哭大笑，忌夫妻吵架，忌搬抬重物；家有孕妇，屋里不动土，不敲壁板，不在孕妇面前扬斧动刀。

妊娠期间的诸多禁忌，有的荒诞不经，有的则不无可取之处。上述指向胎儿的禁忌，大多有一定的科学性，对保胎和胎儿良好发育均属有益。而关于孕妇不吉的禁忌，则多数无稽之谈；若出于对孕妇的保护，有些也未尝不可"同情地理解"。

妇女怀孕后，夫妻性生活也成了一个需加考虑的问题。对此，民间也有一些习俗惯例加以规定、引导。比如旧时一些地区，有岳家给女婿送分铺床的习俗：女儿初次怀孕三个月左右，岳家给女婿送去一张单人床，暗示从此应该分床安寝，以保证胎儿正常、良好的发育。

饮食习俗和禁忌，是妊娠期禁忌与习俗的另一重要部分。一般来说，民间很重视孕妇的营养，孕妇想吃什么，无论怎样稀奇，都要千方百计弄给她吃。民众认为，母亲的口味与胎儿相同，母亲的要求就是胎儿的要求，只有满足这些要求，母亲才能给胎儿提供充足、丰富的营养，胎儿才能发育完全。现代科学的研究也证明，妊娠期间孕妇营养的缺乏或营养结构的失调，都会影响胎儿的正常发育，造成先天性的发育不良。不过，民众并不认为孕妇想吃什么就可以吃什么，孕妇饮食也有一些禁忌与俗信：禁止吃某些东西，同时又鼓励吃另外一些东西。

孕妇的饮食禁忌，有许多也属荒诞无稽，其间的因果关系多为直觉的联想，缺乏科学的根据。这里，列举数种较为普遍者：忌吃兔肉，以免胎儿破相，长豁唇；忌吃姜，以免胎儿生六指；忌吃葡萄，免生葡萄胎……妊娠期的饮食禁忌，古已有之，唐孙思邈《千金方·养胎论》等载有详尽规定："儿在胎，日月未满，阴阳未备，腑脏骨节皆未成足，故自初妊迄于将产，饮食居处皆有禁忌。妊娠食羊肝，令子多厄；食山羊，令子多病；妊娠食驴马肉，令子延月；食驴肉，难产。妊娠食兔肉、犬肉，令子无声并缺唇。妊娠吃鸡肉、糯米，令子多寸白虫。妊娠食鸡子及干鲤鱼，令子多疮。妊娠食椹并鸭子，令子倒出心寒。妊娠食雀肉并豆腐，令子满面皆黚黯黑子。妊娠食雀肉并酒，令子心淫乱，不畏羞耻。妊娠食鳖，令子短项。妊娠食冰浆，绝胎。"①

相对的是，民间俗信提倡、鼓励孕妇吃某些东西，并对此做出有利的解释。这方面的俗信有：多吃桂圆，生出的孩子眼睛又圆又大；多吃黑芝麻，会使胎儿的头发又黑又亮……

### 2. 男女贵贱的预测

在中国传统社会，孕妇生男生女并非单纯的生理问题，而是有着深远社会意义，它关系着一个家族或其中一支是否能够延续，祖先牌位前是否能够香火不绝，也就是说，关系到一个集团的社会存在问题。而生子的贵贱，也直接与家族的荣辱兴衰相关。这些，在仪俗中不能不有所表现。

早在婚礼以及求子仪式中，就有预测男女、贵贱的小插曲。许多地方新婚第一夜有"听房"的习俗，这一方面是想知道新人是否和谐融洽，另一方面则是想预测生男生女：新郎先说话，生男孩；新娘先说话，生女孩；不说话，生哑巴。求子习俗中的"摸秋"，也有预兆生男生女的功能：摸着南瓜生男，摸着扁豆生女。

妇女怀孕后，预测男女、贵贱的仪俗就更加丰富多彩了。总的来说，民间男女预测的方法和有关俗信，大多建立在传统的阴阳说、璋瓦说、左右说等观念及偶然经验的基础上，其中有涉及人体生理机制以及孕妇妊娠期反应的方面，但大部分基于传统观念、直觉联想以及民间信仰，并无科学根据。不过，即使在当今，不仅广大农村，甚至在城镇、大都市，也还有人对世代传承的民间俗信服不疑，还在用传统的方式预测男女。

---

① 本节唐孙思邈《千金方》、宋陈自明《妇人良方》等，均引自《古今图书集成·人事典·初生部》，下不一一出注。

时至今日,流传民间的预测、兆示男女贵贱的方法和俗信不下百种,这里举其数种,粗略分类,罗列于次。

依据孕妇妊娠反应来预测,古来最为普遍,也很是流行,可谓深入人心。具体方法及俗信,人们大多耳熟能详,诸如:

酸儿辣女——民间流行相当普遍的俗信,是说妊娠期孕妇喜酸,预兆生男;喜辣,预兆生女。因此,常有人为了生男而把所有种类的酸性食物鼓捣给孕妇吃。

儿勤女懒——所怀为男,孕妇勤快;所怀为女,孕妇疏懒。

儿带母愁——孕妇常常面带愁容(倦容),则所怀为男。

女儿打扮娘——妇女怀孕后,面部往往会有所反应(生黑斑、雀斑等)。若面部变化较大,则所怀为女。

璋瓦之说,发端于先秦时期有关男女差别的观念。《诗·小雅·斯干》曾咏及上古生男弄璋、生女弄瓦的风习。璋是玉器,瓦是陶器,璋贵、瓦贱。后来,这种观念便普遍应用于生男生女的预兆以及男女的区别。在民间,璋是稀见之物,因而常以砖、石替代。在山东滕州,除夕之夜,儿媳随同丈夫外出拜年时,婆婆悄悄尾随到门外,暗中在地上抓摸,若摸到的是石头,预兆生男;摸到的是瓦块,则预兆生女。后世"摸秋"习俗中的南瓜(男)和扁豆(女),实即璋、瓦的延伸;而元宵摸钉、添灯习俗中的钉和灯(均标志男性),也是如此。

男左女右的传统观念,也被用以预测生男生女。我国古人早有人伦秩序空间化的实践,诸如以昭穆(实质上也是左右)区别辈分,以(面向)南北区别君臣,以东西区别主宾,等等。以左右区别男女,也是这种实践之一。不过,"古人尚右",空间方位的男女区别是男右女左,《礼记·王制》云:"道路:男子由右,妇人由左，车从中央。"后来，风尚发生变化，由尚右转而尚左，男左女右的观念形成，并一直延续至今。预测男女也运用了这种观念，一些地方的俗信认为，孕妇过门槛时，经常先迈左腿，兆生男孩；先迈右腿，兆生女孩。

梦象也是预测男女贵贱的因素之一。在民间信仰及经验性观念中，人们常把某些事物与男性联系，把另一些事物与女性联系，由此，依据梦象预测男女的俗信也就成立了。这种俗信，《诗·小雅·斯干》亦曾咏及："乃占我梦。吉梦维何？维熊维罴，维虺维蛇。……维熊维罴，男子之祥。维虺维蛇，女子之祥。"后世所谓"梦熊之兆"，就是由此而来。此后，日月星辰、草木鸟兽等梦象，都成了人们预测男女贵贱的依据，如：梦星辰主生贵子；梦日主生男，梦月主生女，皆贵。显然，依日、月梦象预测男女，含有阴阳观念的成分；其他诸多梦象，也多有这种特点。

此外，还有一些预测方法近乎卜筮、博戏——这倒也符合"预测"的逻辑，诸如：

元宵节，新婚夫妇（孕或未孕）同时点燃正月初二从女家带回的红、白并蒂莲灯，看哪一盏先灭。若白灯先熄，兆生男；红灯先熄，则兆生女。

将汤圆就着火烤，如汤圆胀而不裂；则生男；如胀而破裂；则生女。这种方法也可用其他类似食品作道具。

将随机放在筛子里的米圆每次取出两颗，一直取到最后，剩单生男，剩双生女。除了米圆外，豆、枣甚至牙签、筷子、扑克牌等，都可充任这种"游戏"中的角色。

民间观念认为，妊娠期除了预测，还可以引导，即用某种方法引导腹中胎儿向某一性别发展，或者导致性别转换。主要方法是佩戴某种物品，或者施行某种巫术手段。

佩戴某物以求生男生女，这种习俗也是古已有之，《草木记》等书就说，萱草又名"宜男"，"妇人有孕，佩其花必生男"。古籍还有不少类似记载，如："欲生男，宜佩弦执弓矢；欲生女，宜佩韦施环珮。""妇人怀孕妊娠未满三月，著婿衣冠，平旦，左绕井三匝，详观影而去，勿反顾，勿令人见，必生男。"（陈自明《妇人良方·胎教门》）

上述文献所云，多是基于"有孕"，可见亦是引导，亦是转化。而明确声称转换的，也不乏记载。如晚近江苏青浦黄渡镇习俗："妇人怀孕，倘将雄黄精佩在身畔，云可转女为男。"一个"转"字，明白不过。如此种种，显然是交感巫术的典型表现：孕妇所作所为，都遵循男性规则——穿戴男人的衣帽，向左绕，绕三（奇数，属阳，主男）圈。在民间，类似而更为简便易行的方法比比皆是，诸如为生男孩而让孕妇多看男娃娃的绘画，多接触小男孩，多吃公鸡或其他雄性动物的肉食，听男人唱的歌……听来可笑，却属实情；虽然无稽，却也不该轻忽。

### 3. 胎教

普天之下的父母，都愿意拥有健康、聪明、漂亮的孩子。实现这种愿望，后天的培养、教育、抚育，当然是必不可少的；与此同时，胎儿出生之前的胎教，也绝对重要。

在我国，胎教的历史已经相当悠久，六朝时期颜之推的《颜氏家训·教子》就说："古者圣王有胎教之法，怀子三月，出居别宫，目不邪视，耳不妄听，音声滋味，以礼节之。"相传在周代，周文王的母亲妊娠期间就极其注重胎教，从而孕育、培养了历史上著名的圣王。也就是从那个时候起，胎教在我国逐渐普及、完善，并由历代医家所撰医典作了系统的总结。

古代胎教的内容，大体有如下几个方面：

第一，谨寝室。也就是节制、戒绝性生活。一般规定妇女怀

第二章 生命的呼唤

孕三月后,夫妻分居,停止性生活。清陈弘谋《五种遗规·养正遗规》说:"自妇人妊子之时,谨寝食,肃视听,夜则令瞽诵诗,道正事。"其中"谨寝室",主要指节制或停止性交。古人认为性行为不洁,有秽于胎儿的成长,不利于培养出操行高尚的后代。同时,妊娠中晚期的性交活动,对胎儿身体的发育以及母体的健康也有直接影响。此外,孕妇应该"居处简静",即卧室忌剧烈动荡、吵闹等。

第二,戒淫声。此处淫声既指淫乱、不洁之声,也指各种噪音。与之相对应的,就是听诗书之声和琴瑟之乐,诸如"听诵诗书讽咏之声""夜则令瞽诵诗",等等,孕妇在和美的声音中陶情怡性,从而影响腹中的胎儿,使其养成平和、优美的品性。

第三,杜邪色。邪色指淫邪、异常的视觉对象,诸如丑恶之物、异类鸟兽,操干动戈、打架斗殴、射杀生灵;此外,兔子等使胎儿破相的物品也应避忌。与杜邪色相对,要用美好的物象来影响孕妇、影响胚胎,如"观犀象猛兽、珠玉宝物,见贤人君子圣德大师,观礼乐钟鼓俎豆军旅陈设"(孙思邈《千金方·养胎论》),这样就能够使腹中胎儿相应地形成庄严奇伟的形象、高尚纯正的品格、超凡卓绝的才能。

第四,正言行。妊娠期间,孕妇"割不正不食,席不正不坐,弹琴瑟,调心神,和性情,节嗜欲,庶事清净"(孙思邈《千金方·养胎论》),"常口谈正言,身行正事"(陈自明《妇人良方·胎教门》),这样,所生之子才会"忠孝仁义,聪慧无疾"(孙思邈《千金方·养胎论》),"贤明,端正,寿考"(张华《博物志·杂说下》)。

我国古代胎教的内容,自然远不止这些,这里只是粗略条理,举其大端,略加陈述。在古代医典以及家训、家仪等文字中,古人不仅对胎教内容、方法详尽论列,对其原理也有所论析。概括来说,我国古代胎教建立在这样两个原理之上:其一,妇女受胎三月后,胎儿开始成形,但此时"形象未有定仪,因感而复"(陈

53

自明《妇人良方·胎教门》），"逐物变化，禀质未定"（孙思邈《千金方·养胎论》），也就是说，此时的胎儿尚未定型，具有相当大的可塑性，怎样模塑就会获得怎样的形象、品格、性情。这一原理为胎教的实施提供了理论基础。其二，初期胎儿"逐物变化""因感而复"，"感于善则善，感于恶则恶"（刘向《列女传·母仪传》），这就构成了胎儿模塑"外象内感""同类相感"原理，为胎教的实施提供了指导方针。

用当今科学理论来审视古代胎教原理，可知其中有些虚妄不实，但传统胎教的原则和方法大多可取，尽管这些原则并不一定是建立在科学基础之上的。古人凭经验和直觉注意到了妊娠期孕妇身心状况对胎儿的影响，已经接近现代科学的机理。

科学已经证明，良好的心理状况有利于身体的健康，而不良的心理状况乃至心理障碍会导致或转化为生理状况的恶化，情绪失控会导致生理功能紊乱，心情抑郁等也会导致生理机能的非正常发挥。无疑，孕妇的精神状况也会直接影响其身体状况，从而间接影响胎儿的发育成长。医学专家指出：妊娠期精神稳定的生活对母亲来说是非常重要的，依统计显示，一个在心理上容易动摇、心事太多的孕妇，比较容易罹患妊娠毒血症、害喜或妊娠并发症，甚至使孕儿早产。因此，减少生活中那些影响情绪波动的因素（如动乱、吵闹、家庭矛盾等），造成安适、娴静的生活氛围（如听柔和的音乐、读优美的诗文、欣赏书画、观花养草等），是孕妇及其家庭所应努力创造和遵行的。

## 第三章　生命的礼赞

在礼仪规制、信仰生活的领域，从婚礼及婚后的祝吉求子，到妊娠期谨遵的规矩和严格禁忌的，可算是一个人人生的第一段路程。不论顺顺利利，还是磕磕绊绊，怀胎足月，呱呱诞生，新生命降临，一个人又开始了他人生的新旅程。

肉体生命的诞生，在一个人来说是非常重要的时刻，因此，为了保障顺利"通过"，人们举行各种礼仪活动来祈祷、祝福、庆贺。缘于传统社会结构特性，庆贺诞生的礼仪活动也就不只局限于家庭范围。从胎儿诞生，到婴儿周岁届满，礼仪活动频繁多样，充分体现了家庭、家族、亲族乃至社会对新生命的关怀，也折射出传统文化某些方面的特点。这些礼仪活动是对生命的礼赞，也是对新生命茁壮成长的祝福。

有趣的是，当婴儿第一次睁眼看世界的时候，他的文化化活动就已经拉开序幕。礼仪规制确实是个特殊的领域，是使人生神奇地延长的领域。那么，就让我们看看在这一领域展开的中国人新一阶段的人生吧。

## 一、一朝分娩

俗话说:"十月怀胎,一朝分娩。"当生命在母腹孕育成熟以后,便要来到人间正式亮相,分娩也便成为胎儿—婴儿的转折点。为了顺利通过这一关口,早在临产之前,就有催生礼奏响催生的锣鼓号角,而孕妇临盆分娩则有一套更为严格、细密的礼仪、习俗。

### 1. 产俗拾零

孕妇分娩既然是人生大事,那么有关习俗也就相应地多一些,如何安排产房便是其中之一。在传统中国,绝大多数地区人家的产房,也就是孕妇妊娠期间的住所。不过,孕妇一般是不能在娘家生孩子的。倘若临产期住在娘家,分娩时也必须立刻回到婆家。旧俗以为,孕妇在娘家分娩会冲撞神灵,招致娘家破落、子女不吉等灾异;有些地区的人们认为女儿在娘家分娩,是异姓血液淋堂,会招致丧宗灭族之灾。这些习俗虽属无稽,却体现了浓烈的血缘意识,也折射出宗法观念的深刻影响。

对产房作具体规定的习俗也是有的,这种习俗主要建立在"分娩不洁"的信仰基础上,认为分娩不能随心所欲,而必须有所避忌。这种习俗的基本原则是避开神灵所在,以免污天秽地。大体来说,所避忌的有神明、祖先所在之地,家庭或家族的神气、灵根所在之地(如正房),行业保护神所在之地(大多表现在避开行业用具,如弓弩、斧锯等),等等。满族的产房不许设在西屋;基诺族的产房只能在楼梯下炒茶叶用的小房子里;傣族孕妇则只能在火塘边分娩;独龙族忌在住房里生孩子,因为室内的弓弩等狩猎用具被不洁之气冲犯,狩猎必定一无所获。[①]

这种习俗的极端形式,便是曾流行于许多部落民族的分娩隔

---

[①] 张劲松、谢基贤:《古今育儿习俗》,辽宁大学出版社1988年版,第49页。

第三章　生命的礼赞

离规制。在大洋洲的塔希提岛上,妇女分娩之后,要住在圣洁地方的临时小屋里,隔离半个月或三个星期。在此期间,她们不得自己进用饮食,而必须由别人喂食。在北美阿拉斯加附近的卡迪亚克岛上,临产的妇女无论什么季节,都得住进用芦苇搭成的简陋茅舍,在那里生下孩子,住满二十天。①《中华全国风俗志》也记载了流行于我国某些地区的此类习俗:"俄(鄂)伦春妇临产,夫为搭棚寮数里外,送妇居之。既生儿,乃迎归。"②

也有一些产房习俗是与分娩禁忌无关的,比如羌族和撒拉族孕妇旧时要到牛羊圈分娩,为的是将新生儿当成牛羊看待,祝愿新生儿像牛羊一样健壮。在古代巴蜀地区,曾有孕妇在水中分娩的习俗,反映了初民人从水生的水生观念。现在,我国都市、城镇的孕妇大都到医院分娩,既安全、又卫生。不过,在过去医疗条件较为落后的广大农村,孕妇在家分娩仍旧不在少数。此外,其他特殊情形也是有的,诸如来不及回屋而在院里、野外分娩。因此,时至今日,我们还常可见到"院生""雨生""树生"等以分娩情形来命名的名字。

孕妇分娩,不仅地点有诸多习俗,分娩行为也伴随有许多习俗。这些习俗大多含有巫术以为,希望以此减少分娩痛苦,保障安全、顺利。

早在预产期之前,在旧时的杭州、开封,要送眠羊卧鹿给孕妇,称作"分痛",意即分担孕妇的痛苦。及至临产时,普通的习俗是把屋里所有的箱柜、盘盒全都打开,还要打开房门,以此来模拟孕妇骨缝之"开",希望她骨缝大开,快生快养,无痛无楚。土家族孕妇分娩时门窗开缝,为的则是让婴儿灵魂进来。此外,

---

① [英]詹姆斯·乔治·弗雷泽:《金枝》(上),徐育新等译,中国民间文艺出版社1987年版,第313页。

② 胡朴安:《中华全国风俗志》下篇卷一《黑龙江·黑龙江风俗琐记》。

许多地方还有院门上挂弓箭的习俗,以求抵御、射杀各种邪祟,祓除它们的阻障,使婴儿顺利降生;在陕北,则是婆婆在房门上贴老虎剪纸,俗说有老虎把门,妖魔就不敢进屋摄走娃娃了。

历史上,上述产俗不仅民间盛行,皇室贵胄、豪门大族也在所不免。且看孔子第七十七代孙孔德成诞生时的情形:

> 为了迎接"圣人",陶氏命人将孔府所有门户层层打开,从内宅一直到孔府大门,甚至连威严的重光门也不例外地打开了,并且在门上挂了弓箭。偏巧母亲又难产,……有人提议……要开正南门,……后来不知是谁的主意,说是内宅后面花园地势高,压着前面,必须将前面的地势抬高,小公爷才好出来,于是把一块写着"鲁班高八丈"的大木牌挂在后堂楼的角门上,而且还据说是挂上这块大木牌以后,小弟德成才落生。[1]

孕妇顺利分娩以后,要初步擦洗婴儿,处理脐带、胎盘。新生儿洗浴有许多讲究,古人是在温水里加入猪胆汁浴儿,据说这样可保婴儿终身不患疮疥。有的地区讲究则更多:盆里的水不能多、也不能深,多了小孩尿多,深了小孩不擅言词。洗浴也有顺序,先洗双眼,谓之"开天门";次洗鼻子,谓之"点龙鼻";接着洗嘴,谓之"开龙口";最后由头部洗到胸部、手足。哈萨克族小孩出生,要用奶茶浴儿,浴后用羊尾巴熬出的油涂抹小孩全身,俗说奶茶可以预防皮肤病,羊尾巴油可御寒。藏族新生儿"产时不浴,母以舌舐之"[2],透露出原始的风习和醇厚的母爱。

---

[1] 孔德懋:《孔府内宅轶事——孔子后裔的回忆》,天津人民出版社1982年版,第56页。陶氏为七十六代衍圣公夫人,无所出;母亲指孔德懋、孔德成生母王氏。
[2] 胡朴安:《中华全国风俗志》下篇卷十《西藏·藏民育子之风俗》。

新生儿浴毕、断脐之后,就要包起来。包裹婴儿也有许多讲究。汉族地区普遍是用父母的旧衣裤包裹,生男用父衣,生女用母衣。上海崇明、河北中南部,都有用父亲的裤子包裹新生儿的习俗,俗谓"小了着线,大了穿绢"。"裤"与"苦"同音,用旧裤子包裹,为的是让婴儿自幼养成艰苦朴素的习惯,长大经得起困苦艰辛。有的地区忌则用女人裤衩包裹,否则孩子会胆小怯懦,难以出人头地。

## 2. 产翁制与分娩不洁

怀孕生子本来是妇女的事情,但在人类历史上,"男人分娩""男人坐月子",却并非天方夜谭、危言耸听。不论中外,都有许多民族曾经普遍流行过这种习俗。这种"男人分娩""男人坐月子"的风俗,人类学家称之为"产翁制"。具体来说,产翁制就是丈夫在妻子生产期间,模拟妻子分娩,代替妻子坐月子,而真正的产妇却要承担护理工作。"分娩""坐月子"的产妇之夫,就是所谓"产翁"。

在中外文献中,对我国西南地区曾经盛行的产翁制均有过较为详尽的记载。《太平广记》引《南楚新闻》记载了仡佬族、壮族的这种习俗:妇女生子后便开始奔忙,她的丈夫则坐卧床褥,像产妇一样讲吃讲喝。产妇分娩三天之后,便要到溪流河川里洗浴,然后回家伺候丈夫吃喝,而产妇之夫则抱着婴儿,拥着被子,坐于寝榻。《马可波罗行记》也记载了傣族的产翁习俗:"妇女产子,洗后裹以襁褓,产妇立起工作,产妇之夫则抱子卧床四十日,卧床期间,受诸友庆贺。"[①] 有趣的是,产翁模拟分娩时,还要哼哼呀呀,显出努力、痛楚的样子,以至于额头冒汗;之后,便戴起头帕,捂严身子,生怕招风患病;还要抱了婴儿,给他喂奶。

---

① [意] 马可·波罗:《马可波罗行纪·金齿州》,冯承钧译,商务印书馆1936版。

此俗地方志亦多有记载。明正德《云南志》卷八："（傣族）妇人勤蚕绩，各耕作而略无小暇，产子即浴于江，归付其夫。"清光绪《顺宁府志》："（傣族先民）生子三日，贵者浴于家，贱者浴于河，妇人以子授夫，已仍执爨、上街、力田、理事。"

产翁制看来离奇可笑，却并非荒诞不经。人类学家指出，产翁制是人类社会由母系制向父系制过渡的必然产物。在人类发展史上，曾有过女性的辉煌时代，那时，女性是生活的主宰，男子则居于服从的地位。后来，男性在社会生产中逐渐占据主导地位，人类进入父权制社会，母权制则悲壮衰落。不过，妇女怀孕生子却是男子无论如何也代替不了的，于是，为了享有、取代女性的这一"特权"，也为了确定子女的父系世系，以巩固父权的地位，模拟妇女分娩、替代产妇坐月子的产翁制就诞生了。用现代的眼光来看，产翁制固然是一种合理存在过的习俗惯制，却也是一种陈腐、野蛮的习俗，对产妇的身心健康和婴儿的健康成长有弊无利。

妇女在礼仪领域被男子剥夺分娩、坐月子"权利"的产翁制虽属少见，但有关分娩不洁、产妇禁忌的诸多俗信则较为普遍。人类社会的信仰、信念是那样矛盾、有趣，人们一方面崇敬圣母，另一方面却膜拜纯洁受胎；一方面讴歌无私、伟大的母性，另一方面却视分娩为不洁，给产妇规定了许多的约束禁忌。

女性，早在少女时代的某个时期就开始被认为不洁，就开始被许多禁忌所约束。世界上的许多民族都有月经不洁的观念和月经禁忌的习俗。在月经初潮的时候，有些民族要将少女与所在群体隔离，独自住到本村或行路男人看不见的偏僻小屋中去。"在德内和其他大多数美洲民族部落中，几乎没有任何人像月经期间

第三章 生命的礼赞

的妇女那样为人们所畏惧。"[①] 在我国,月经不洁的观念也既古老又深重,习俗中,人们认为月经及其用品会带来晦气;说部里施妖术,则会把月经作为武器,以使他人命运不吉、灾厄连年,甚至在战场上克敌制胜。

在传统民俗信仰中,分娩被视作甚于月经来潮的污秽不洁。这种民俗信仰,不仅植根于男性观念,也深印于妇女脑海。在古代典籍里,不论出家人所撰,还是世俗凡夫所写,都异口同声、声色俱厉地喊叫着分娩不洁、产妇禁忌。佛家的《刘香宝卷》说:"生男育女秽天地";俗世的风俗志说:"凡产妇临盆时,盆中污水,戒随意乱泼。俗有送生娘娘之说,恐污及娘娘之身,遭其谴责也。"于是,在分娩不洁信仰的基础上,又形成了一系列的产妇禁忌,约束着产妇的行走坐卧,诸如:产妇忌串门,以免给人家带去不祥;忌到井边,以免玷污井水。湘西产妇三天不出房,七天不进灶,俗说上灶会得罪灶王爷。

在传统观念中,正常分娩尚属不洁,其他情形的分娩就更其污秽了。因此,流产、死胎、怪胎或产妇死亡,被视为更大的不祥。倘若孕妇难产而死,人们便认为她落血污池,不得超生,需要做水陆道场来济度。土葬是我国主要的传统葬制,即使某人客死他乡,也要由亲朋扶榇归乡,葬于故土。而产妇临产去世,有些地方则不予土葬,而是火化,原因就在于这妇女分娩的不洁、不祥。

分娩不洁的观念以及相应的产妇禁忌,都是原始信仰的遗留和反映,同时也渗透着男尊女卑、歧视妇女等世俗人情。在现代社会,与其说分娩有什么晦气要祛除,毋宁说分娩不洁观念及相应的禁忌约束应该彻底铲除。

---

① [英]詹姆斯·乔治·弗雷泽:《金枝》(上),徐育新等译,中国民间文艺出版社1987年版,第312-313页。

61

### 3. 报喜与诞生标志

生儿育女是桩大喜事,因此,婴儿降生伊始,主家就要到亲戚、朋友、邻里家去报告喜讯,报喜也就成为婴儿初生之时的一项仪俗。这项仪俗看似在于报告生子这一事实,其实却蕴含着更为深广的信息。

首先,生子并不仅仅是家庭的事情,也是家族、亲族乃至整个乡里社会的事情。在传统的宗法制社会里,大宗之家是否出有子嗣,直接关系到在整个家族中的地位,也关系到整个宗族的组织结构等。这样,假如大宗之家报告有"弄璋之喜"(生男),就等于宣告其宗子地位的稳固赓续,也等于宣告了企图取得这一地位的小宗之家的希望破灭。因此,粤东、闽南地区元宵祭祖时,生男孩的人家要在祖宗祠堂升花灯,以"灯"谐"丁",报告祖宗添丁的喜讯。对于姻亲来说,所嫁之女是否生子也极其重要,倘若有生子喜讯报来,姻亲之间的关系就会更加密切、稳固。此外,生子与否也直接或间接地影响着邻里之间的关系。

其次,喜讯所报生男生女所蕴含的意义,也是极其重要的。由于男尊女卑、重男轻女观念的深刻影响,往往会使喜事发生微妙的戏剧性变化,生女的喜讯带给人们的甚至是忧虑、愁苦。在"只生一个好"的年代,传统观念与国家政策产生剧烈冲突,这种情形一度更显突出。

我国各地的报喜礼俗指归一致,仪节却不尽相同。最常见的是携红蛋(或称"喜蛋")去岳家报喜,"富者生儿育女则大送红蛋报喜,以示多子多福"(安徽《叶集镇志》稿本)。

报喜所携带的东西,有时候不止一样,有的则要按当地习俗标示所生是男是女。湘西地区是提鸡报喜,"女人生头胎的当天,夫家就要备上两斤酒、两斤肉、两斤糖、一只鸡,一般由女婿去岳母家报喜。娘家只要看报喜带来的是公鸡还是母鸡,就知道女儿生下的是男孩还是女孩——公鸡以示生男孩,母鸡以示生女孩。

双鸡表示是双胞胎"[①]。西北边疆的塔吉克族,则用另一种方式报喜:生下男孩时,父亲冲天窗鸣枪三声,并将枪放在孩子的头下,一则报喜,二则祝愿孩子勇敢、能干;生女孩时,言告邻里,并在孩子头下放一把扫帚,祝愿孩子长大后勤俭持家。

生子之后,除了报喜,还要在自己家门口张挂诞生标志。一方面,诞生标志标示产妇和婴儿的住所,防止不知情者遽然闯入,影响母子身心安康,也提醒那些特殊的人(如孕妇、戴孝者等)自动避忌;另一方面,则是明确标示男女,用象征物寄寓对新生儿深厚的祝福和殷切的希望。

用象征物区别男女,是人类通用的认知手段,也是普遍存在于许多民族的风俗。在日本,冷杉是男性的象征,梅树是女性的象征,婚礼上要用这两种树的幼株作为桌上的饰品。在德国,婴儿接受洗礼时,一般要种一棵"诞生树",男孩栽男性树,女孩则种女性树。在我国,这种风俗也十分流行,它存在于人一生的每个重要阶段,诞生标志就是最好的例子之一。

新生命诞生之初就用象征物标识男女,是我国古已有之的习俗。《礼记·内则》云:"子生,男子设弧于门左,女子设帨于门右。"陈澔《集说》解释说:"弧,弓也;帨,佩巾也。以此二物为男女之表。弧示有武事,表男;帨示事人,表女。"其后,在长期历史发展过程中,各民族、各地区都形成了别具特色的诞生标志,诸如:

位于黄土高原的晋西北地区,生男孩,在门外贴一对红纸剪的葫芦;生女孩,贴一对梅花剪纸。

东北满族人家生子后,生男在门口悬挂小型弓箭,生

---

[①] 张劲松、谢基贤:《古今育儿习俗》,辽宁大学出版社1988年版,第148-149页。

女挂红布条。

由东北迁徙至西北的锡伯族人家生子后,生男,门首用红丝线悬挂一副小人弓箭,生女则挂红头绳。

我国传统的诞生标志虽说五花八门,但不管哪一地区、哪一民族,其诞生标志都有一个突出特点,即是鲜明地揭示出传统文化中至关重要、根深蒂固的性别意识,深深地渗透着传统文化对两性特点的认识和性别角色的期望。对于这一特点,可以从两个方面来详加解说。

中国传统社会可以说是用伦理关系组织、以礼俗惯习调控的社会,在这里,现实的、信念(信仰)领域的以及跨越这两个领域(如祖先与后代、亡人与生者)的伦理关系,都是世人所极其重视的,其中的男女性别关系也是如此。因此,我国传统社会不仅像其他许多民族那样以物质文化的方式区别(如服饰、发型等),更以礼仪习俗的方式标示、规定这种区别。这方面的礼仪习俗,存在于每个人一生的各个重要阶段,从诞生到蒙童、到少艾、到成人、到老年,以至于死后,莫不如此。这些礼仪习俗从小就培养了每一个中国人明确、强烈的性别意识,从而影响了传统中国的社会结构、感情定向、性生活,等等。

费孝通名著《乡土中国》指出:"男女有别的界限,使中国传统的感情定向偏于同性方面去发展",从而"发生了同性间的组合"。"同性组合和家庭组合原则上是交错的,因为以生育为功能的家庭总是异性的组合。因之,乡土社会中'家庭'的团结受到了这同性组合的影响,不易巩固。于是,家族代替了家庭,家族是以同性为主、异性为辅的单系组合。中国乡土社会里,以家族为基本社群,是同性原则较异性原则为重要的表示。"此外,强烈的性别意识导致男女之间"不发生激动性的感情",因此,中国传统的婚姻大多缺少爱情,夫妻双方"只在行为上按着一定

## 第三章　生命的礼赞

的规则经营分工合作的经济和生育事业,他们不向对方希望心理上的契洽"[①]。就此来看诞生标志,其意义就分外显豁了。

男女标志的象征意义,既体现了一个民族在长期生产、生活过程中逐渐积淀起来的对男女性别各个方面的认识,诸如生理的(器官、耐力、爆发力等)区别,心理的(性情、气质、意志、智力等)差异,所善于从事的工作的不同(男子射猎、女子采集,男子生产、女子家务,男子百工、女子针黹,等等);也体现了一个民族在社会、文化发展过程中逐渐形成、传承的对于男女的不同要求和期望,诸如中国文化要求男禀阳刚之气,女赋阴柔之美;男子要坚毅果敢,女子要温和柔顺;男子要臂力过人,射猎、捕捞、种田,女子要手指灵巧,缝补浆洗、烧茶做饭;男子要豪爽旷达、不拘小节,女子要恪守贞操、循规蹈矩;男子要学文习武,女子无才便是德;男为知己者死,女为悦己者容,如此等等。

不过,诞生标志的男女区别,仅仅是表明一个民族、一种文化的性别角色期望而已。而当一个人成熟到有明确自我意识的时候,区别男女的标志(衣饰、礼仪规制、象征物等)便具有了显著的规范作用,它时刻提醒着人们的性别意识,约束着他/她按文化所给定的原则行事,并时刻与之对照、检查、调整、修正自己的行为。也就是说,这些标志在一个人的文化化过程中起着暗示、监督、模塑的作用,对男女性别人格的形成有着强有力的影响。

许多民族、许多文化的诞生标志、性别象征物,体现这一民族、这一文化的性别意识、性别角色期望之外,也清楚地显现着有关两性社会地位等方面的传统观念,诸如一些民族、一些文化是重女轻男的,另一些则是重男轻女的。在我国,诞生标志以及围绕诞生的一系列礼仪活动,清楚明白地告诉人们一个普遍的命题:在中国社会、中国传统文化中,两性关系的基本逻辑是男尊女卑、

---

[①] 费孝通:《乡土中国》,三联书店1985年版,第46页。

男贵女贱。

### 4. 重男轻女意识与宗法社会

在围绕新生命降临的诞生礼仪中，许多仪俗折射出我国传统文化重男轻女的意识。就"报喜"而言，一般来说是重男不重女，比如安徽霍邱，人们以生男为喜，生女则不声张；粤东、闽南，生男要在元宵节往祖宗祠堂送花灯，以示添丁，生女则只算添口、不算添丁，不升花灯。诞生标志也多是如此，《礼记》除了写到"设弧""设帨"，还曾特意说明生男标志的寓意："故男子生，桑弧蓬矢，以射天地四方。天地四方者，男子之所有事也。故必先有志于其所有事，然后敢用穀也。"（《礼记·射义》）此外，其他有关诞生的仪俗，也明显地体现了重男轻女意识：

浙江湖州人家生子满月，岳家要送礼物。假如头胎生的是女婴，所送礼物就要减少一些；等到生了男孩，再送上大礼。

满族人家生子，第七天是"上车日"，若是头生男孩，娘家父母要送一台摇车，上摇车要请儿女多的妇女抱入车内，并诵祝吉词："一车金，一车银，一车胖小子到家门。"

蒙古族妇女如果两胎都生女孩，就会面有愧色，认为不作脸，对不起祖宗和丈夫，这时便给女孩取名"带弟""招弟""来弟"……

重男轻女的意识，不仅存在于诞生礼仪中，其他诸多礼仪也多有体现，礼仪领域之外的日常生活也有反映。我国许多地方都有端午节往小孩额头抹雄黄避邪的习俗，但男女有所区别的。孔德懋在《孔府内宅轶事——孔子后裔的回忆》中写道："在抹雄黄时，小弟和我们就有区别了，用手指沾雄黄后在他的脑门上写个'王'字，而在我和姐姐的脑门上不过是随便抹上几横道。"[①]在日常生活中，不论丈夫还是妻子，甚至双方的父母、亲戚，都以生男为荣；连续生女则会感到脸上无光，甚至受到人们的嘲笑。明末散文大家张岱，在其《快园道古》中记述了一则时事："无锡邹光大连年生女，召翟永龄饮，翟作诗嘲之云：'去岁相召云弄瓦，今年弄瓦又相召。寄诗上覆邹光大，验证原来是瓦窑。'"诗作虽属恶谑，却也反映了时人的意识。

那么，重男轻女意识的根源何在呢？前文分析多子多福观念的时候，曾着重指出农业文明的影响。其实，文明形态对重男轻女意识也有直接或间接的影响。父系制确立以后，婚姻多是女到男家。因此，生女只是添口，不算添丁，因为家庭把她抚养成人时，她便要嫁到别家去了。这样，对园艺式农业和自给自足的家庭经济来说，生女远不如生男合算；倘若数胎只生女、未生男，生计的维持就会出现问题。

影响重男轻女意识的另一个因素是宗法制。自父系制建立以后，按父（男）系续谱的原则就确立起来，男性的社会地位普遍高于女性。在此基础上，又形成了宗法制度，不只按父（男）系续谱，而且分别了嗣子别子、大宗小宗。嗣子与别子、大宗与小宗，社会地位、权益等大不相同，有时甚至判若霄壤。因此，是否有男性后代，就直接关系到家庭的社会地位、权益等，重男轻女的意识也就自然形成了。

不过，在我国两千余年的历史上，宗法制的表现情形并不是单一的，按宗法制严格组织的大宗族有之，大宗族解体而形成大家庭的情况也是有的。不过，中国的家庭从来都没有偏离宗法制

---

① 孔德懋：《孔府内宅轶事——孔子后裔的回忆》，天津人民出版社1982年版，第80页。

确立的纵向原则,家庭结构的主轴从来都是纵向的,祖父子孙的纵向关系从来都是家庭的基本关系。缘此,重男轻女也还是必然的。

总之,重男轻女的传统意识,与宗法制度及其所规定的社会结构有着密切的关系。可以说,宗法社会是重男轻女意识的土壤。中国第一大家族——孔氏家族发生于民国年间的"生子事件",给我们提供了一个生动形象的例证:

紧接着就是生男生女带来的问题了。这成了当时孔氏家族中人人关注的大事。如果这个遗腹子仍是女孩,公爵的世袭封号就要由同族近支商议另举一个相当的人来继承,那么陶氏和我们姐妹,就要搬出孔府,陶氏也就结束了这里的"公太太"的地位。……那些日子里,陶氏整天烧香磕头,祈祷许愿,盼望我母亲生男孩。……人们怀着不同的目的或出于平日对陶氏的怨恨,或出于想在子嗣问题上得到什么好处,多数是希望我母亲生女孩子……

正月初四那天,母亲临产了。……为了防止用"狸猫换太子"的手段偷换婴儿,和防止其他意外,北洋政府军队包围了产房,孔府内外到处设岗,还由一个将军在孔府内宅坐镇。临产前孔府本家中所有的长者——老太太都集中到孔府来"监产",孔府大门前排满了轿车。[①]

## 二、诞生礼仪

新生儿脱离母体,不仅标志着获得了独立的肉体生命,也标

---

① 孔德懋:《孔府内宅轶事——孔子后裔的回忆》,天津人民出版社1982年版,第35-36页。

志着走出了信仰领域的人生,走上了现实的人生之路。然而,人生礼仪仍然包围着他,并且因为初生儿尚未形成独立的社会行为能力,所以他的人生历程仍然是由父母、家庭为他举行的礼仪来体现的。除在诞生之后立刻挂出诞生标志,前往亲友、邻里家报喜外,生子之家还要用各种礼仪活动来庆贺这桩大喜事,向新生命献上诚挚的祝福。

自诞生之日起,一直到婴儿周岁生日,这一年之内,在三朝、一腊、满月、四十天、百天、周岁,都有礼仪活动;其中的仪式,诸如洗儿、落脐灸囟、添盆、剃发、移窠、走月、抓周等,名目繁多,取意深远,形成了诞生礼仪的系列。

### 1. 三朝礼

原始的洗礼具有很强的宗教意味,它是基督教的入教仪式。基督教认为,洗礼是耶稣立定的圣事,可以赦免入教者的"原罪"和"本罪",并赋予"恩宠"和"印号",使其成为教徒,此后有权领受其他圣事。而中国民间人生礼仪中的"洗礼"仪式倒是确确实实的洗礼。

新生儿诞生之后,一般到第三天(俗称"三朝")才举行正式礼仪,庆贺新生命的诞生。这天,亲朋邻里都携贺礼前来道喜,生子之家也要排开宴席、招待客人。

这种礼仪,早在中古时期就盛行于朝野。东魏时,冯翊公主生子三日,恰逢皇帝临幸,赐锦绣彩缎;唐时,毛仲的妻子生子三日,唐玄宗命高力士赐酒馔金帛,并授婴儿五品之官;武则天时,张德的妻子生男三日,杀羊宴请同僚。显然,这种礼仪的意义主要在于庆贺。后来,三朝礼的内容和形式大大发展,形成了各具特色的仪式。

落脐灸囟。宋孟元老《东京梦华录》载:"三日落脐灸囟";吴自牧《梦粱录》也说:"三朝,与儿落脐灸囟"。可见,这种仪俗在宋代即已形成，而且具有相当的普遍性。

开奶与开荤。旧时，民间多在婴儿初生三日时举行这种象征性的仪式。仪式本身没有多少实在的价值，但象征意义则颇为重要，就此可以窥察人生礼仪的特质和机能。江浙一些地区开奶时，家人要让婴儿品尝黄连。仪式进行时，事先请好的能说会道的妇女，将几滴黄连汤抹在婴儿嘴上，边抹边说："好乖乖，三朝吃得黄连苦，来日天天吃蜜糖。"然后把肥肉、状元糕、酒、鱼、糖等食品制成汤水，用手指蘸少许涂在婴儿唇上，并唱道："吃了肉，长得胖；吃了糕，长得高"；"吃了酒，福禄寿"；"吃了糖和鱼，日日有富余"。最后，让婴儿尝一口从别人那里要来的乳汁。这里，礼仪的每一个微小因素，似乎都与婴儿日后的人生在信仰领域里紧密联系起来，并期望产生巫术性影响。台湾高山族在三朝行开荤礼：父母或其他长辈用一块烧糊的猪肉皮先擦婴儿的嘴，然后大家也都用这块肉皮擦嘴，表示家里添了一口人，而且已经和全家人一起吃东西了；同时也祝愿孩子日后能吃上好东西，过上好日子。

在三朝礼中，最典型的仪俗是"洗三"。这种仪俗，我国各地都有。安徽寿春"婴孩三日后，必为之净洗，谓之'洗三朝'。置红鸡子床前，使产妇焚香祷告，谓之'拜床公床母'。若产妇有病，令洗婆代拜"[①]。北京城旧日的洗三仪式更为繁复，且分化出了"添盆"等小关目。对此，风俗志曾有具体描述：

北京城内，凡小儿生后三日，名为"洗三"。是日必招收生婆到家，酒食优待，然后由本家将神纸（俗呼"娘娘码儿"）并床公床母之像供于桌，供品用毛边缸炉（北京点心名）五盘。由收生婆烧香、焚神纸，毕，将火煮之

---

① 胡朴安：《中华全国风俗志》下篇卷五《安徽·寿春迷信录》。

槐条水倾入盆内,旁置凉水一碗及两盘,一盘盛胰子、碱、胭脂、粉、茶叶、白糖、青布尖儿、白布数尺、秤权、剪子、锁、镜等物,一盘盛鸡子、花生、栗子、枣、桂圆、荔等物,均用红色染过。诸亲友齐集床前,将各样菓子,投数枚于盆内,再加冷水两匙,铜元数十枚,名为"添盆"。添毕,由收生婆洗小儿。洗罢,将小儿脐带盘于肚上,敷以烧过之明矾末,用棉花捆好所有食物,全由收生婆携去。[①]

洗三之俗用意何在,上述两则材料未加说明,而藏族的"旁色"习俗则提供了这方面的佐证。赤烈曲扎《西藏风土记》载:"小孩生下来的第三天(女孩子是第四天),亲朋好友便要前来祝贺。这种活动叫作'旁色','旁'是'污浊'的意思,'色'是'清除',也就是清除秽气的活动了。"[②] 汉族的洗三仪俗,恐怕也有清除污秽、清灾免祸的用意在——这层用意当是较为原始的。此外的用意,就如许多诞生仪俗一样,是祝福。满族洗三仪式中的洗礼歌,生动形象地体现了这层意思:

先洗头,做王侯;
后洗腰,一辈倒比一辈高。
洗腚蛋、做知县;
洗腚沟,做知州。[③]

据史籍记载,洗三之俗唐时就有,杨贵妃就经受过这种"洗礼",而且认安禄山做干儿子后,还给这位老大不小的肥胖干儿

---

① 胡朴安:《中华全国风俗志》下篇卷一《京兆·京兆辀轩录》。
② 赤烈曲扎:《西藏风土记》,西藏人民出版社1982年版,第175页。
③ 这首仪俗歌,老舍《正红旗下》"腚"作"洗";还有"腚蛋"作"脸蛋"者。

行了洗三礼。宋时,苏东坡曾有"况闻万里孙,已报三日浴"诗句,而且记述过当时的洗三风俗。

2. 满月礼

在新生儿经过第一次人生洗礼之后,第七天称"一腊",孟元老《东京梦华录》曾经提及,想必也有一套仪俗的,只不过后世似已失传。承接三朝礼的另一项礼仪,是"满月礼"。

满月礼在婴儿出生整满一月时举行,又称"弥月礼"。这天,亲朋邻里携贺礼前来,主家也要宴请客人。在北方一些地区,贺满月的客人多为女性,贺礼则多为小儿用品,有俗谚云:"姑姑家的帽子、姨姨家的鞋(方音读 hái),老娘(外祖母)家的铺盖拿将来。"又有民谣志头胎满月之喜云:

头首首,胖娃娃,亲戚朋友送吃喝。
三天豆面十二天糕,大过满月人不少。
四大盘、带水饺,每人吃片软油糕。

满月礼除了设宴款待客人、庆贺"弥月之喜",还有一些仪俗,其中普遍流行的有剃头与移窠。

满月剃头也叫"铰头""落胎发",是满月礼的一项重要仪俗。剃头的仪式严肃、隆重,且伴随着许多俗信,也突出反映了日常人际关系的某些方面。在绍兴一带,满月剃头时,外婆家要送各色礼物,其中必有圆镜、关刀、长命锁——圆镜照妖,关刀驱魔,长命锁锁命。苏州一带亲友所送茶食糕点,也用意颇深:云片糕象征祥云片片,如意糕象征吉祥如意,大蜜糕象征甜甜蜜蜜。

剃头也有一定的规矩。山东郯城是请邻居的三个年轻姑娘,手持剪刀在小孩头上比划着铰三下,接着由小孩母亲再铰。浙江绍兴则由剃头师傅施为,请来的师傅先将一把嚼烂的茶叶抹到小孩头上,据说绿茶消炎,用其涂抹则日后不生疮,还能长出茶树一般浓密的黑发。剃头时,额顶要留"聪明发",脑后要蓄"撑根发",眉毛则全都剃光。江苏吴县(今苏州)男孩留桃形发,表示长寿;女孩则前后左右留四丛,扎小辫儿。婴儿的胎发又称"血发",受之父母,除了要留一些表示对父母的尊敬、孝意外,剃下来的胎发也要谨慎收藏起来。有的地区是将胎发用红布包好,缝在小孩枕头里;有的则是搓成圆团,用彩线缠好,挂在床头辟邪。

在许多地区,满月剃头的礼仪要由婴儿的舅舅主持,或必须有舅舅参加;舅舅没来,还要摆一蒜臼,以示舅舅在场。这种习俗,可以看作母系社会人际关系的遗留,折射出舅权制的影响。

婴儿出生之后,身体状况还未能适应新的环境,产妇的身心也需细加调理,因而坐月子期间,婴儿与产妇都有许多禁忌约束。满月时,婴儿已经适应了新的环境,产妇的身体也得到了恢复,禁忌约束解除了。在这种情况下,婴儿挪窝移窠的仪俗便产生了。

孟元老《东京梦华录》记载,满月礼落胎发之后,要"抱牙儿入他人房,谓之移窠"。移窠也就是挪窝,后世所谓"搬满月"、"叫满月"均属此类,也就是由外婆或舅舅抱婴儿到自己家礼节性地小住。《中华全国风俗志》载,安徽寿春"婴孩满月剃头后,须请舅父怀抱,游行通衢之上,遇行人,则谓小孩曰:'认得否?弗要怕。'"[①]又载浙江湖州:"婴孩满月剃头之后,须与舅父怀抱前走,姑父撑雨伞遮于婴孩头上随之,赴街游行一圈。"[②]这里的"游行通衢""赴街游行",均指婴儿首次外出,目的是让婴儿见见世面,将来不怕生人、出息、能干。藏族婴儿满月之后的出门仪式、壮族的满月逛街,用意也在于此。

---

①② 胡朴安:《中华全国风俗志》下篇卷五《安徽·寿春迷信录》;下篇卷四《浙江·湖州风俗谈》。

### 3. 百岁礼

在传统中国的观念中，"百"是一个重要的数目，浸染着浓重的文化色彩。在语言的实际运用中，许多时候它已经不只是个数目，而是明显含有"圆满""完全"的意思，"百喜""百福""百禄""百寿"中的"百"都是如此。因而，婴孩初生满百天时，人们要举庆贺、祝福的"百岁礼"；并且在"百"上大做文章。

婴儿初生百日之礼，古称"百晬"，《东京梦华录》云："生子百日置会，谓之'百晬'"；又称"百岁"，明沈榜《宛署杂记》云："一百日，曰婴儿百岁"，至今我国广大地区仍有"过百岁"之称；近世北京城则有称"百禄"者，胡朴安《中华全国风俗志·京兆》云："一百日后，名曰百禄，请客与满月时同。"

百岁礼本身并无多少繁文缛节，只是亲友携礼来贺，主人设宴款待。在一些地区，按当地风俗，百岁礼要在婴儿出生的第九十九天举行。携礼来贺的，一如满月礼，多为女客，诸如外婆、舅母、姑姑、姨姨等，以及较为亲密的街坊朋友。所送礼物除食品果蔬外，便是小儿衣饰，其中最有特色的是百家衣、百家锁。

所谓"百家衣"，类似"百家饭"的情形，名义上是集百家之布制成的。《山东民俗》记云："百家衣状如僧衲，是集各种颜色的碎布头连缀而成的，虽然不一定来自百家，但敛布的家数越多越好。一般紫色的布块比较难讨换，'紫'音谐'子'，谁也不愿把子送给别人，只好到孤寡老人处去讨。穿百家衣是为了长寿，有的孩子穿到周岁才脱掉。"[①] 显然，百家衣具有超越一般衣服的意义，它不只遮蔽身体，还有保佑婴儿消灾免病、健康长寿的功用。鲁迅先生也曾提到："还有一件百家衣，就是'衲衣'，论理是应该用各种破布拼成的，但我的却是橄榄形的各色小绸片

---

[①] 山曼等：《山东民俗》，山东友谊出版社1988年版，第169页。

所缝就，非喜庆大事不给穿。"① 在民间，这种以日常生活行为达致某种期望的仪俗还有很多，给小儿吃百家饭也是如此。

百岁礼上更为突出的象征物，是大名鼎鼎的百家锁。百家锁也叫"长命锁（索）""百家索""百家练"等。它的形式多种多样，最简单的，是用红线将铜钱编串起来，或者用金银打制锁形的薄片并系以金银索链，挂在小孩的脖颈。与"百家锁"名称最为相副的，则是请金银匠打制金银小锁（老式的），系以金银索链，挂于小孩颈项。百家锁上多有文字、图案的，诸如"长命百岁""长命富贵"之类祝吉词语，麒麟送子、长春富贵等吉祥图案。

百家锁一般为亲戚（多是外祖母）所送或自家订制。本来意义上的百家锁，则应为集百家之金银打制，或是多家集体所送。《中华全国风俗志》②记载江西此俗云：

凑百家锁一事，尤为全赣之通行品，其法以白米七粒，红茶七叶，以红纸裹之，总计二三百包，散给亲友。收回时，须各备钱数百文，或数十文不等。将集成之钱，购一银锁（正面镌"百家宝锁"，反面镌"长命富贵"），系于小孩颈上，即谓之"百家锁"，谓佩之可以保延寿命云云。

……此外又有一种凑百家锁最简便之法。其法维何？即任唤一乞丐，以一百余文，或二三百文，易小钱百文，盖取其系从百家讨得者。然后以之凑购银锁，或镀金锁，或纯金锁，佩于小孩腹前也。

山东聊城地区集百家锁之法很为严格，须有"长、命、富、贵"

---

① 鲁迅：《且介亭杂文末编·我的第一个师父》，人民文学出版社1973年版。
② 胡朴安：《中华全国风俗志》下篇卷五《江西·赣省育儿迷信谈》。

四姓人（或其谐音）参加，以取吉利。

### 4. 周晬礼与抓周

俗谚有云："三翻六坐九爬沙①，十个月头上掏麻麻。"确实，百岁礼过后，新生儿迅速成长，坐立、爬行，牙牙学语，蹒跚学步，越来越逗人喜爱了。到周岁生日的时候，家人便又举行周晬之礼，庆贺、祝福一番。

相较来说，周晬礼是较为隆重的。在浙江萧山，这天要"设祭祀神飨祖，岳家戚族，则均以礼物相馈送，乃设燕飨之。其所赠之衣履，较弥月时为大，非曩日一寸之冠、一尺之服矣"②。到周岁时，婴儿已经可以蹒跚行步，因而鞋便成了必不可少的礼物。这天，还有试鞋的仪俗，即让小儿试穿新鞋。民间普遍流行的是虎头鞋，用黄布精心缝制，鞋头形为虎头，虎额上绣"王"字。民俗认为，虎为"百兽之王"，小儿穿虎头鞋可以壮胆避邪，顺利成长。

周晬礼上普遍流行的仪俗，当然是"抓周"。抓周也叫"拈周""试周""试晬""试儿""揸生日"，即在小儿周岁生日这天，摆放各种象征物品，随其抓取，试其志向。这种仪俗古今盛行，史志、传记的记载以及小说、戏文的描述，俯拾即是。

《红楼梦》第二回写宝玉抓周，颇具典型意义。作品用倒叙手法，展示了主人公抓周时的预兆与日后性情作为的吻合。宝玉生性痴顽，无意功名，专注情感，最喜混迹于女儿堆中，有"男人泥作、污秽；女儿水作，清爽"的高论。冷子兴和贾雨村谈到他时，便将这种性情作为与儿时的抓周联系起来，冷子兴道："周

---

① 爬沙：指缓慢爬行。沙，方音读 sa——a 换成拼音字母，不加声调入声。掏麻麻：形容脚步蹒跚，手臂随着迈步而前抢、下探。

② 胡朴安：《中华全国风俗志》下篇卷四《浙江·萧山问俗记》。

岁时，政老爷试他将来志向，便将世上所有的东西，摆了无数叫他抓，谁知他一概不取，伸手只把些脂粉钗环抓来玩弄，那政老爷便不喜欢，说将来不过酒色之徒，因此不甚爱惜。"

《红楼梦》虽属小说家言，但也定是"来源于生活"。而古代野史笔记，却记载有真人真事的抓周。宋叶寘《爱日斋丛钞》云："《玉壶野史》记曹武惠王（曹彬[①]）始生周晬日，父母以百玩之具罗于席，观其所取。武惠王左手提干戈，右手取俎豆，斯须取一印，余无所视。"干戈谓能武善战，俎豆谓执掌祭礼，大印则是权力的象征，武惠王抓周时取干戈、俎豆、印绶，余无所视，终成王霸之业。

抓周的仪俗，南北朝时期已经存在，《颜氏家训·风操》记云："江南风俗，儿生一期，为制新衣，盥浴装饰，男则用弓矢纸笔，女则用刀尺针缕，并加饮食之物，及珍宝服玩，置之儿前，观其发意所取，以验贪廉愚智，名之为'试儿'。"文中限定"江南"，或许其时这些俗尚不普遍。到了近世，抓周仪俗遍及南北，其风颇炽。胡朴安《中华全国风俗志》对此多有记载，例如：

（北京城内）至周岁，于小儿生日，将士农工商所用之器具，置于桌上。小儿梳洗毕，衣新衣，抱至桌前，任其随意抓取。若所取者为笔，将来必为文人；若所取者为算盘，必为商人。诸如此类，名曰"抓周"。[②]

如同许多传统人生礼仪，抓周仪俗也透露出原始信仰的遗迹。在殷商时代，我们的祖先就频繁地进行着占验卜筮，几乎凡事必

---

[①] 《宋史·曹彬传》亦载此事，仅文字小异而已："彬始生周岁，父母以百玩之具罗于席，观其所取。彬左手持干戈，右手持俎豆，斯须取一印，他无所视。人皆异之。"

[②] 胡朴安：《中华全国风俗志》下篇卷一《京兆·北京辀轩录》。

问卜求筮。那时的人们认为，万物相通，诸事交感，自然界的荒旱雨润、人类社会的吉凶休咎都有事前的征兆，冥冥中的神秘力量能够指示前途、预兆未来，于是人们求助于神秘的超自然力量，坚信预兆与未来的必然联系，从而形成了征兆灵异的信仰（万物有灵信仰之一），设置了一套有关的礼仪。抓周可谓此类礼仪之一，反映了征兆灵异的信仰。

不过，盛行于民间的抓周仪俗，大大地世俗化了。它的存在固然与原始信仰有关，但更重要的背景则是世俗的观念、心态。

首先，世俗的"等级"观念影响着这种仪俗。古来中国，虽然有"七十二行，行行出状元"的俗谚警励世人，但士农工商、五行八作分等分层的观念则更为深入人心。一般来说，人们总把某些阶层、某些行业视为贵显，将另一些视为卑贱。这种观念鲜明地体现着社会的价值取向，而国人向来又注重集体，看重社会评价，于是，集体意识与社会价值取向同声共鸣，使人们全都步调一致地朝着社会价值观所导引的方向奔跑。缘此，希望后代显贵尊荣的人们，也便充分利用抓周的仪俗来表达这种情思。

其次，世俗的"我儿子……"心态影响着这种仪俗。中国的个人，无论从哪一方面来说，都处于链条之中，而最根本的则是纵式父系链条。一个处于这种链条中的人，固然要承先，又必须启后——立功建业，光宗耀祖。然而，守成与创业都不那么容易，于是，人们拼命地生儿子，以以免链条断开，以使后继有人。这样，不成气候的父辈就可以轻松地将理想与职责统统摞到子孙的肩膀上，"我儿子……"的情形就出现了：当他年逾半百、一事无成时，就会说："我儿子会出人头地、尊荣显贵"；当他厌倦了扫盲夜校的学习时，就会说："咱就算了吧，将来一定让我儿子考上大学"；甚至在他尚未娶妻生子、又未能出国留洋时，就会说："留着这些外语书吧，将来让我儿子好好学习，到牛津、哈佛混个博士"；就是那位贾府的政老爷，见儿子"只把些胭粉钗环玩弄""便不喜欢"，也不过是想着自己官没有做大，希望儿子后来居上，能替他做得大点儿。

长期以来，这种与家族制有必然联系的"我儿子……"心态，一直影响着几乎每一个中国人。现在，这种心态仍然普遍存在，并且影响着许多人的现实行为，渗透在我们的民族性格之中。在子女学习、婚恋等问题上，家长的揠苗助长、棒打鸳鸯，是这种心态的具体体现；民族性格中的疏懒怠惰、敷衍开脱、不喜进取、缺乏冒险精神之类，不能说与这种心态无关。毫无疑问，抓周之俗之流行，这种心态也灌注了巨大推动力。

## 三、命名纵横谈

在诞生礼仪的系列中，命名礼可谓最具"文化"意义。就当事者个人来说，在母亲怀他之前的种种求子仪俗中，他是不确定的；母亲怀孕之后，这种确定性虽然进了一步，却还不完全，比如性别就尚未确定。只有当他出生而且命名之后，才可以说他业已成为独特的"这一个"，完全确定了。因此，古人有言："名以正体"（《颜氏家训·风操》）。

命名既然为人生大事，举行一定的礼仪，势所必然。在古代中国，命名之礼庄重、严肃。《礼记·内则》详尽记载了当时的命名礼仪：保姆抱婴孩与其母来见其父，讯问应答之后，其父执子之右手,给他命名。其母记下丈夫所言，并回去将婴孩交给师傅，师傅将婴孩之名遍告女客与家中妇女。其父又将婴孩之名报告邑宰，邑宰则遍告诸男，并记下婴孩生年月日而收藏起来；同时，又通告闾史，闾史记录，一式二份，其一上报更高一级的行政长官州史，州史再上报给州伯，州伯便让手下人把"户口"收藏在"档案柜"里。

后来，命名的礼仪渐渐不那么严格、繁琐了，但仍然须郑重其事。在汉族民间，起名的多为由祖父母、父母等长辈，有时亲友也可略加参谋。现在，年轻人都希望自己有个动听而又富有特色的名字，因此，改名之事常有；而文化程度不高的老人，也把给新生儿起名的使命交给了孙子孙女，命名的形式（礼仪活动）也让位于名字的内容。

说起来，姓名本是一种记号，用以为分清彼此而已。不过，既然这记号与个人本身紧密联系，也就必然受到人们的重视。古今中外，不论是巫术信仰的纠缠、世俗观念的左右，还是时代风尚的影响、个人品格的参与，人们都极其注重这种记号；相应地，这种记号也反映了人们的精神状貌，体现了民族文化某一方面的精神特质。中国文化本来有"名的文化"之谓，作为历代正统思想的儒家学说又有"名教"之称，因而在我们的国度，姓名更受人们的重视。分析名的种类和性质、命名的方法、命名所反映的情感意念，以及差不多是中国特有的避讳风习，对中国人、中国文化的理解也许更能细致入微。

1. 名的种类及其性质

名而谓之"种类"，可见其数非一。这种一人多名的现象，有的是以原始信仰为基础的，古代埃及每人两名，一为真名（大名），一为好名（小名），好名公开，真名则要小心隐瞒，以免受人控制。而古来国人之"多名"，则很文化，旨在讲礼。《礼记·檀弓上》曰："幼名，冠字，五十以仲伯，死谥，周道也。"这是说，人一生有名、有字、有谥号，还有尊称。而后世单单是名，就远远超过了四种。

小名。亦称"乳名""奶名"，是婴儿时期所用的名。小名一般较为随便，传统的小名有越鄙俗、越粗野越好的特色。许多历史名人都有过这样的小名,如司马相如小名犬子,曹操小名阿瞒,刘禅小名阿斗,等等。民间更有大猫、二狗、大愣、二傻等听来令人失笑的小名,也有寓意名贱好养之意。不过,小名的鄙俗、轻贱并无消极意义,而是于"最难听处正洋溢着父母的真爱"①。现在人们大多不再起这类小名,而是运用那些内容美好、声韵娇甜字眼来表现纯洁、真挚的爱意亲情。

小名的使用,有一定的规矩。就范围而言,小名仅用于家庭,父母兄弟呼唤,偶然也流行于亲戚和熟友之间,外人叫不得,晚辈叫不得。《红楼梦》里俏晴雯言语中叫"宝玉",坠儿妈便不依,道是犯了规矩,惹得伶牙俐齿的麝月姑娘一番数落:"便是叫名字,从小儿直到如今,都是老太太吩咐过的,你们也知道的;恐怕难养活,巴巴的写了他的小名儿,各处贴着,叫万人叫去,为的是好养活,连挑水挑粪的花子都叫得,何况我们?……"(第五十二回)

古人的小名只用于婴幼时期,年长以后,不论长幼、内外,都是不该叫的,以示尊重。父母有时候当然可以叫儿子小名,但当着儿媳、孙子以及外人的面,也不该叫小名。《红楼梦》第三十一回里,贾母就对众姑娘道:"如今你们大了,别提小名儿了。"有的文人墨客诗文中有意叫别人的小名,旨在贬抑和蔑视。现代人也还多以小名为讳,"初以小名不登大雅之堂,恐怕贻笑大方,久之成为羞人的东西,偶然听人叫起,几乎是给人揭穿什么秘密,马上脸庞发热,连耳根都红起来"②。

大名。这是相对小名而言的,亦称"正名""学名""官名""族名"等都属此类。学名一般是儿童入塾启蒙时老师给起的,

---

① [马来西亚]萧遥天:《中国人名的研究》,国际文化出版公司1987年版,第91页。

② [马来西亚]逍遥天:《中国人名的研究》,国际文化出版公司1987年版。

俗称"书名"，此后应考、举士都用这个名。终身沿用不改，学名也就成了大名、正名。"官名"是百姓的说法，听来似乎为当官所用，其实与"奶名"相对，泛指在公开场合所用的名。过去，许多地区的农村百姓终身沿用小名，只有读过几天书或见过世面的人才起官名，可见官名也是正名。

古来的宗法观念与家族制度，也影响到了命名，其表现就是整个家族都有事先规定好的辈序用字，取名时按规定行事。依此命定的名，亦称"族名"。这一点，孔、孟、颜、曾四姓最为突出，序辈字四姓通用。

古来虽有学名、官名、族名等称谓的分别，但大多三位一体，实际上是一个，也就是大名（正名）。大名（正名）广泛运用于各种场合，诸如学校、科举、仕宦以及家族活动中。不过，某人加冠取字之后，按照古礼，别人就不宜再直呼其名，而应该称字；自称时则仍旧用名。人死之后，后代要避讳使用其名，所谓"名终则讳之"。

中国古人除了名，还有字、号。字是行冠礼时取的，用以"表德"（见下文）；号又有多种，有人号，有自号，还有绰号。

人号是别人加给自己的封号。其中有爵号，既称其封爵，如诸葛亮封武乡侯，称"诸葛武侯"；司马光封温国公，称"司马温公"。谥号是人死后，别人根据其德行、品性等给定的，像是盖棺的定论。谥又分为公、私两种，公谥是国家加封的，如曾国藩谥"文正"，称"曾文正"；岳飞谥"武穆"，称"岳武穆"；私谥多为友人追加，比如陶渊明高逸有节，友人谥以"靖节"之号。

自号是自己所取的名号，别名、别字、别号、室名等大多属于此类。自号多为文人所用，可算是古代"士文化"的一项重要内容。萧遥天在《中国人名的研究》里，不无感慨地写道：

这也是中华知识分子特有的名字艺术。把一个喜立别

第三章　生命的礼赞

号的人的此类艺术静心欣赏，是一篇精简的自叙传，凡志趣、寄托、才调、业绩、癖好、居室、收藏、形貌，多可窥其大概，甚至心坎深处的隐衷，也自此处流露。①

古人自号的例子极多，兹举数例：杜甫因居杜陵，自号"杜陵布衣"。陶潜宅旁有五棵柳树，自号"五柳先生"。欧阳修嗜酒，自号"醉翁"；晚年又以家有藏书一万卷、集录上古以来金石遗文一千卷、有琴一张、有棋一局，而常置酒一壶，再加自己年高一叟，又自号"六一居士"。《红楼梦》里一群姑娘、媳妇再加呆宝玉要起诗社，每人都取一个自号，李纨取"稻香老农"，黛玉取"潇湘妃子"，宝玉取"怡红公子"，也都见性见情、韵致别出。

别号也有别人给取的，丰子恺的别名就是如此。朱自清《〈子恺画集〉跋》一文记道：子恺"集中所写，儿童和女子为多。我们知道子恺最善也最爱画杨柳与燕子；朋友平伯君甚至要送他'丰柳燕'的徽号"。不过，此类别号其实近于绰号。清代文人李研斋的继室有"钟山秀才"之称，婢女则曰"墨池"。秀才经常由婢女伺候描兰绘竹，要墨淡时，便让婢女用嘴退墨，故有"墨池"之名（钮琇《觚賸》卷三）。民国年间，沈士远在北大预科教国文，"讲解的十分仔细，讲义中有一篇《庄子》的《天下篇》，据说这篇文章一直要讲上一个星期，这才完了，因此学生们送他一个别号便是'沈天下'"②。这里的"墨池""沈天下"，都是绰号。

绰号也叫"外号""诨号""混号"，又称"混名""诨名"。

---

① ［马来西亚］萧遥天：《中国人名的研究》，国际文化出版公司1987年版，第96页。

② 周作人：《知堂回想录·三沈二马（上）》，（香港）三育图书文具公司1980年版，第363—364页。

究其渊源，赵翼曾云："世俗轻薄子，互相品目，辄有混号。《吕氏春秋·简选篇》夏桀号'移大牺'，谓其多力，能推牛倒也。此为混名之始。"（《陔馀丛考》卷廿八）萧遥天对绰号的性质、特点有精彩概括：绰号"由别人凭其认识印象所加，不一定为自己所满意与承认。但绰号由于它善于抓住对方的特征、特性，一语道破，往往印象十分明朗，品评十分深刻，故绰号常常较本名更易传播，虽然有的捧得你周身毛孔都舒畅，有时挖苦得你啼笑皆非，你不能凭爱憎而定去取。一个恰当的绰号加上你身，你便无法摆脱了"[①]。

绰号大多包含着社会或个人对所号者的品评、褒贬、爱憎。《红楼梦》里起诗社，取别名的时候，宝钗两次给宝玉取号："你的号早有了：'无事忙'三字恰当得很！""还是我送你一个号罢：最俗的一个号却于你最当：天下难得的是富贵，难得的是闲散，这两种再不能兼，不想你有了，就叫你'富贵闲人'也罢了。"显然，工于心计，向来又常有些仕途经济言语的宝钗的这番话，虽说不无戏谑成分，可褒贬扬抑也自在其中，说不准还有宝姐姐一腔恨铁不成钢的爱意在。多亏林妹妹及时救驾，给取别号为"怡红公子"，那两绰号才不至流传开去；然而，这别号确不如那绰号来得传神写照，别号与绰号的区别也就在这里。

### 2. 命名的方法

传统国人名号形式之多样，内容之丰富，可谓冠盖全球；与此相应，命名的方法也必然五花八门、精彩迭出。不过，要做这方面的全面概括，实非易事。这里，只就其中代表性的数种做些概括，而且这种概括的分类也未必允当，只为便于说明问题而已。

---

[①] [马来西亚]萧遥天：《中国人名的研究》，国际文化出版公司1987年版，第96页。

## 第三章 生命的礼赞

（1）情境法

婴儿诞生前后的奇瑞、征兆，以及诞生时的情境、父母的感想，都可取作命名的素材；以此而命名，就是命名的情境法。这种方法有的在于纪念、因借奇异祥瑞，有的则显得随随便便，漫不经意。

诞生的时间、地点，往往成为命名的素材之一。秦始皇出生在正月初一，古时候"正"与"政"通，故取名为"政"（嬴姓）。许多地方有以祖父年龄命名之俗，用的也是婴儿诞生时间的素材。以出生地或出生的具体地点命名的情形也很普遍，前者如鲁（山东）生、蒙（沂蒙）生、芝（青岛旧名芝罘）生、燕（河北）生、豫（河南）生等，又如出生在南京叫宝宁、出生在上海叫宝沪。老舍先生《小坡的生日》的主人公，因在新加坡出生而取名"小坡"。以诞生具体地点命名的诸如院生、树生、雨生，郑成功小名"福松"，据说因产于苍松之下得名。

以诞生时的征兆、奇瑞以及父母所遇而命名的情况，古来也十分普遍。宋代有个叫时彦的，母亲临产时梦见九个黑衣人抬一肩舆，中坐一金紫人，径入房中。第二天，狗生十崽皆黑，夜里又生时彦，便起小名为"十狗"。李白的母亲妊娠期间，梦长庚星，故而李白幼名"长庚"。蒋碧微生于1898年农历二月十九，出生时，正巧东院里一株海棠盛开，祖父蒋莩满心喜爱，认为是好兆头，便亲自取名叫"棠珍"。以父母所遇取名，老祖宗可以追到孔夫子：儿子诞生时，老子正好得到鲁昭公送来的鲤鱼，便取名孔鲤。周作人的小名也是如此得来，他在《知堂回想录》里写道："阿魁则是我的小名，因为当日接到（报生子）家信的时候，有一个姓魁的京官去访他（周氏祖父），所以就拿来做了小名，这是他给孙子们起名的一个定例。"[①]

---

[①] 周作人：《知堂回想录·祖父之丧》，（香港）三育图书文具公司1980年版，第125页。别本"小名"作"奶名"，"接到"作"接抵"，"时候"作"时辰"。

一般来说，孩子的名大多都由父母来取，父母又往往要在取名上寄托自己的情感意向，这样就出现了以父母当时感想命名的情形。比如，现代名人胡适，儿子名"思杜"，是为纪念老师杜威取的：思杜出生时，恰好杜威来华讲学，胡适担任翻译。有的父母为子女取名，颇为可笑，比如女孩子生多了，又生了女儿，按习惯要用畚箕倒掉，因为没有畚箕，便取名为"无畚箕"。萧遥天《中国人名的研究》记述的一例命名，堪称现代笑林，令人绝倒：节育用的避孕套被蟑螂咬破，不意怀孕，生女便取小名"蟑螂"。

（2）期望法

父母都希望自己的孩子健康成长，将来多有出息。他们不仅在别的方面、利用别的途径表达这种情感愿望，也在命名上大做文章，体现自己的期望。期望的内容不外多福多寿，多才多艺，有高尚的人格，有伟大的功绩。

旧日民间，因期望孩子健康成长而常取贱名，狗剩、二憨、石头、铁蛋，多属此类；此外如拴住、拉住、套住、留住等，异曲同工。古人也多有这样的名字，积极角度的，有彭祖、延年、永年、大年、龟年、鹤年、千秋、万岁等；消极角度的，有病已、去病、弃疾、无忌、毋伤、不害等。此外，期望财源旺盛而取有钱、存钱、财旺、存财等；期望多福而取福栓、有福、福旺、福来等；期望颇多而字数有限，所以两项并列，诸如双喜、福财、福喜、喜禄等；期望拥有高尚人格和伟大功绩的，前者如何逊、刘令娴、刘孝威、归庄、汪端、黄节、曹毅等，后者如崔国辅、李公佐、范成大、梁启超、康有为等。

（3）言志法

期望多为别人所加，志向、好恶则本之于己。名字多为父母师长所取，本人未谙人事时就有了的。不过，国人小名、大名之外，还有别号等，再加上改名，因而自己托名而言情言志，也就有了用武之地。从古至今,这类言情言志的自命名也很是常见。

言情言志的自命名,一般不停留在希望多福多寿、多才多艺的层次上,而是升华到了较高的境界,多与远大的志向、高尚的情操、卓越的贡献、超人的才艺等联系起来。对此,这里不拟泛泛叙述,只举其中特别的几类。

榜样指导人生,榜样也引导取名——因钦慕某人而给自己取名。这类名字的结构多为动宾式,前一字是动词,后一字是宾词,即钦慕的对象。用以表示钦慕的动词,多是希、宗、慕、式、从、敬、仰、今、望、次、亚、尊等,此类名字的例子如希孟(孟子)、宗尼(孔子)、慕白(李白)、式鸿(梁鸿)、从周(周公)、敬观(秦观)、仰何(萧何)、今旦(周公名旦)、望回(颜回)、次韩(韩愈),等等。李英儒长篇小说《野火春风斗古城》中的军官关敬陶,"陶"即所慕女子之名。此类人名,生活中不难遇到。

言情言志的名字大多摆脱了儿女情长,因而多与政治、时代有关,在某一时代、某一政治运动中,这种名字会以较素常为大的比例出现。武则天自名为"曌",取意日月当空、普照万埠。近代女革命家秋瑾,原名"秋闺瑾",小名"玉姑";后来为表示女子不甘落后的抱负,去掉了名中的"闺"字,又自号"竞雄""鉴湖女侠"。李自成原名"鸿基",本是陕北米脂富农之子,少时孔武有力,好习刀棒骑射,自谓"丈夫当自成自立,横行天下",因而改名自成(计六奇《明季北略》)。当然,也有人以名来表示自己出世的人生哲学。宋人吕不用,字则耕,名与字表现了退避尘嚣、耕耘垄亩的立身处世之道。

### 3. 名字折射出的文化精神

毫无疑问,名字作为中国文化百色板中的一块,能够折射出传统文化的某些方面,诸如语言、习俗、人生观、文化心理、宗教观念等。细究起来,这种联系是多方面的,这里只对几个突出方面——宗族观念、伦理精神、民间信仰、天人思想、汉字特性，略作讨论。

（1）命名与宗族观念

宗族是传统中国社会结构中关键的一环，是整个中国社会结构的基础。长期以来，宗族观念孕育、成长、传承，深深地积淀在国人的心中，形成中国文化精神中十分突出的一个方面。这种观念具体体现在许多方面，姓名也是载体之一。姓氏本来是宗族的标志，是群体的号召。俗语有云："天下姓×的是一家""一笔写不出两个×字来"。与姓相关的名，也往往鲜明地体现着宗族观念。

萧遥天先生指出，中国人名中的"族名"，既是宗族集团内部的认同标志，也是外部交往时的识别表征，还是宗族结构秩序的形象体现。族名往往将辈分与名的形式联系起来，做出相应规定，以此来体现人伦关系。最常见的族名构成方法是规定辈序用字，取名（双名）时或前或后，用相应的序辈字。比如曲阜孔氏家族规定前一字为序辈字，诸如昭、宪、庆、繁、祥、令、德、维，如孔子孙七十七代有德成、德懋、德邻，七十八代有维益、维鄂。此外的方法是规定单名的偏旁，如《红楼梦》里贾府就规定文、玉、草为辈序偏旁，文字辈的人有贾赦、贾政以及黛玉母亲贾敏，玉字辈的有宝玉、贾琏、贾环、贾珠等，草字辈的有贾兰（蘭）、贾蓉、贾蔷等。另一种是规定单名用字的结构，如合二而一结构式的朋、仝、炎、羽、林成一辈，合三而一结构式的鑫、森、淼、晶、焱、垚为一辈。不过，后两种方法运用起来比较困难，不易落实到较大的群体范围，因而最普遍的要属前一种。

族名基本上是以结构形式体现宗族观念，突出体现着宗族的结构。此外，有些名字也从内容上体现着宗族观念。它们或为他人所命，或为自己所取，但都流露出承先启后、敬宗延族的理想和愿望。史书上常可见到这样的名字，诸如光祖、述祖、则祖、继祖、兴祖、绍祖、胤宗、继宗、敬宗、耀宗、孝宗、显宗、继先、绍先、耀先、孝先、嗣先、延先……不胜枚举。这类名字是传统宗族观念最明朗的一个说明。

（2）命名与伦理精神

研究中国社会、中国文化，总不能抛开伦理的视角，甚至可以说，只有从这一角度入手，才能把握其特质，揭出其真谛。在中国社会中，人与人之间占主导地位的关系应属伦理关系。伦理道德原则不仅规定着人们的日常生活，也渗透、移植于政治生活、经济生活等许多领域，这使中国文化呈现出浓厚的伦理精神，由此而被称为"伦理型文化"。这种情形不仅存在于古代中国，即使当代中国，也还未能摆脱伦理的羁绊。就拿人物评价来说，向来都是更多注重德行而较少注重才能，只考察办事动机而不追究事情的结果。"动机是好的""出发点是好的"之类的托词，常常成为不负责任的保护伞。

名字作为一种个人标志，往往也浸透着浓厚的伦理精神。其中最突出的两个方面，一是以美德命名取字，一是取用钦慕榜样的名字。在我国，仁义、忠孝、谦恭、诚信、勤俭、贤良、方正等都是传统的美德，而"德"本身又是概括这些德行的"集大成者"，古今人物取名常用这些字眼。在后世人们的观念中，三国时的两个著名人物——曹操和刘备，一个是奸雄、一个是仁主，但他们的字却都有"德"，前者字孟德，后者字玄德。不过，传统社会"男性中心"，普遍的社会道德几乎是男性的专利品，对妇女则规定有专门的道德律条，这便是所谓"女德"。女德包括贞、淑、端、庄、娴、婉、静等，因而以此命名的女名便有冯婉贞、朱淑真、李静娴，以及丽庄、玉端、贞秀、静之、淑仪等。

除了直接以标志美德的字眼命名，人们也常常取用古圣先贤之名来命名，从而表明自己的伦理态度和理想。古圣先贤或拥有某方面的才具，或禀赋某方面的美德，或集数德于一身，或德才兼备，均为世所公认的道德典范。取名时表达对他们的仰慕、钦敬，也就表明了自己追求美德、见贤思齐的态度和理想。前文命名的方法中的"期望法"，就是如此。有的为了表示真诚的服膺与追慕，名、字、号、别号都以这种方法炮制。近人孙雄，治学宗东汉朴学大师郑玄（字康成），原名即为同康，字师郑，亦号郑斋，别号朴盦。

（3）命名与民间信仰

民间信仰是我国广大民众生活的指导思想之一，它指导着人们的日常生活，更指导着礼仪生活。古来民众的各种行为，几乎都与民间信仰有所联系；反之，民众的许多行为又折射着这种信仰，命名亦不例外。

命名折射的，首先是民间对语言的信仰。信仰语言的力量，认为通过语言可以获致奇功异效，乃原始巫术信仰之一，曾是世界性的普遍存在。在文明进程中，这种信仰被部分扬弃，但仍旧在某些方面起着作用。在我国，封建社会，人们相信图谶、符咒；现代社会，人们相信标语、口号。抗战时期，有的标语写成"打倒贼倭"，好像"倭贼"倒写，日本鬼子就给打倒了。命名也是反映这种民间信仰的一个方面。

命名反映了阴阳五行观念。在命名时，人们往往根据生辰八字，确定命中缺少金、木、水、火、土的哪一行，然后由名来补足。方法有三，一是直接在名字中点出所缺，并设法结构出使某一行发达、昌盛的意思，如缺木的叫森或木森，缺土的叫垚或闰土，缺木火的叫木火，缺金水的叫金水。另一种是选用有金木水火土偏旁的文字，如铎、榛、瀚、焯、垣等。再一种是五行与十天干、十二地支相配，天干的甲、乙属木，丙、丁属火，戊、己属土，庚、辛属金，壬、癸属水；地支的寅、卯、辰属木，巳、午、未属火，申、酉、戌属金，亥、子、丑属水，土则与辰、戌、丑、未相配。以干支代五行命名，诸如缺木火叫丙寅，缺木叫甲乙，如此等等。

此外，有人还根据五行相生的原理，几代人依照相生的顺序分别取标志某一行的名。

命名还反映了其他俗信。广东曲江旧有借名、偷名的习俗。借名时，取名用所借的那一家的姓，比如向张家借，便叫张。偷名则是打探到某家人丁兴旺，然后去偷一只饭碗、一双筷子，母亲抱小孩在门口迎接，偷名者呼名，小孩母亲代为应答，俗以为偷名后，小孩可以无灾无病。特殊时辰所生的孩子，要取相应的名字。《红楼梦》贾府的大姑娘生于正月初一，取名"元春"。女孩生在七夕，相传是不吉利的，命名便有些特别。王熙凤的女儿恰生在这一天，因此让进大观园的刘姥姥取名：

> 凤姐道："……她还没有个名字，你就给她起个名字，一则借借你的寿；二则你们是庄家人，不怕你恼，到底贫苦些，你贫苦人起个名字，只怕压的住。"刘姥姥听说，便想了一想，笑道："不知她是几时养的？"凤姐儿道："正是养的日子不好呢：可巧是七月初七日。"刘姥姥忙笑道："这个正好，就叫做巧姐儿好。这个叫'以毒攻毒、以火攻火'的法子。姑奶奶定依我这名字，必然长命百岁。日后大了，各人成家立业，或然一时有不遂心的事，必然遇难成祥，逢凶化吉，都从这'巧'字儿来。"（第四十二回）

命名反映的民间信仰是多方面的，这里只略谈一二，不再赘述。

（4）命名与性别观念

文化人类学的一般理论认为，男女性别是人类最基本、最原始的类别，这种区别给人类文化留下了深深的烙印。一个民族、一种文化，总是存在着对男女性别的独特认识，这种认识经过许多历史时期，最后凝结成传统的观念。在中国文化中，男女性别

中国人生礼俗

观念有其独特表现，而"男性中心""男尊女卑"的传统脐带至今未能割断。这里无意于全面剖析传统性别观念，只想考察一下命名是怎样反映这种观念的。

男女名用字的不同，反映了传统性别观念。如前所述，就以美德命名而言，男性多用标志社会普遍道德的字，女人则只用标志女德的字。这不仅表现了男女差别，也是男性中心社会的绝妙体现。此外男女名用字，也还有很大差别，比如女名多用女性字、花鸟字、闺物字、珍宝字、彩字、柔景字、柔情字。

女子命名，多用女性专用字或带女字旁的字。前者亦即所谓"女性字"，如女、娘、姑、姐、妹、姨、妃、姬、娥、媛等。后者有的形容女性姿色，如婵、娟、姣、好、娉、婷、姿、妙、嫩等；有的形容神态，如娴、婉、媚、娇、妩、娜、嫣、娈等。在传统文化里，女性或喻为香草，或比作小鸟，或视作珍宝，或囿于闺中，于是就有了石榴、荷花、湘兰、春草、鸣凤、玉鸾、莺儿、雁儿、碧君、珮瑶、闺瑾、闺秀、绣阁、香阁、玉针、红线、英台、银瓶一类名字。社会希望女子容颜美丽、性情柔顺，于是女名又多用彩艳字、柔景字、柔情字，如取名丽艳、嫚倩、碧荷、翠菡、彩云、月华、红霞、春梅、婆惜、念奴、莫愁、痴玉之类。可以说，女名用字活灵活现地展现了传统的女性观。

从名字的使用来看，旧时女名不出闺阃，只在家庭中使用，在家是父母兄姊，出嫁是丈夫，此外几乎没人叫她的名，谁家小姐、谁家媳妇、谁人夫人、谁人母亲等表示人际关系的称呼代替了名字。正因如此，历史上女名留传下来的很少；即便曾经有过，也很少为人所知。像教子有方的孟子母亲仉氏，后人也仅称作"孟母"而已。

女性要取女名，这不仅是观念，也可以说是规范。《红楼梦》里的李纨，父亲不让十分认真读书，"却以纺绩女红为要"，因取名李纨（"纨"意为"细绢"），字宫裁，是十足的女名。而贾家却未落俗套,"女儿亦皆从男子之名",比如"文"字辈中的有贾赦、贾政,他们的姊妹即黛玉之母叫贾敏。

历史、现实中,还存在另一种情况,即女名用"男"字。这可谓之特例,却是男性中心意识的绝妙反映。最多见的情形,是取名亚男、次男、弱男,表示男女的差别;第二种情形是取名亦男、犹男一类,表示男女平等;第三种情形是取名胜男、冠男、赫男一类,表示女性领先,超过男子。但不管哪一种情形,它都显示了男尊女卑、男强女弱的传统性别观念;而名字结构法本身以男性为比较基准,男性中心意识显而易见。

历史、现实中,也存在女名直用男性字的情况,比如取名大力、木森、卫国、铁军等,且随时代发展而有增无已。不过,无论名主还是别人,也都还希望男人要有个男人的名字,女人要有个女人的名字。传统性别观念仍然蟠结在人们的脑海中,男女名字有别仍然是普遍的现象。反之,就会给人不舒服的感觉(价值、伦理、审美观念的冲突或失落),就会被视为不正常(立足于旧有观念的态度与评价)。

(5)命名与汉字特点

中国人名的结构方法丰富繁杂、精妙迭出,不能不说与汉字的特点密切相关;名与字、乃至与姓的巧妙关联,也有赖于汉字的表现力。细加分析可以发现,国人的姓名(字)充分、绝妙地体现了汉字的特点。

汉字的显著特点是表意性和原子性,且二者紧密相关。所谓原子性,是说汉字能够单独表意,许多汉字又能增、减、拆、拼,随意结构。这就给使用者依靠结构表意提供了极其广阔的天地,国人的名字也正是依靠这一点达意致情、妙趣横生的。下面,从三个角度来剖析这种情形。

单从名的角度来看,中国人名充分利用、也反映了汉字的特点。如前所述,族名大多规定序辈字,其中包括偏旁,而以偏旁排辈序就表现了汉字的结构特点，它使单名也能够复合二重意义——单名用字本身的意义、辈分。如合二而一的朋、林、昌、圭、炎、羽表示一辈，合三而一的鑫、森、淼、猋、垚、晶表示一辈。此外，日昌、月朋、木林、木森等名字，以及根据五行观念所取的名字，也都利用了汉字的特点。

李汝珍《镜花缘》第八十六回里的一则笑谈，对汉字取名命意的神通，表现得可谓曲尽其妙：

有一家姓王，弟兄八个，求人替起名字，并求替起绰号。所起名字，还要形象不离本姓。一日，有人替他起道：第一个王字头上加一点，名唤王主，绰号叫作"硬出头的王大"；第二个，王字身旁加一点，名唤王玉，绰号叫作"偷酒壶的王二"；第三个，就叫王三，绰号叫作"没良心的王三"；第四个名唤王丰，绰号叫作"扛铁枪的王四"；第五个，就叫王五，绰号叫作"硬拐弯的王五"；第六个名唤王壬，绰号叫作"歪脑袋的王六"；第七个名唤王毛，绰号叫作"拖尾巴的王七"；第八个名唤王全……这个全字本归"入"部，并非"人"字，所以王全绰号叫作"不成人的王八"。

这一段文字，本是侍儿解人颐的笑谈，却也淋漓尽致地显现了汉字的表现力。这里，不仅弟兄八人的名互有联系，并且每个人名又都与姓联系，这便是命名表现汉字特点的另一种方式。这种方式的特点，是命名时尽量使姓、名在字形结构上关联起来。途径有三：增文：如林森、金鑫；省文：陈东、阮元、聂耳；分解：老舍原名舒舍予，再如雷雨田、张长弓、董千里等。

名与字、也往往因依汉字的结构特点而联系起来。如字为名的分文：谢翱字皋羽，章溢字三益，徐舫字方舟；字为名的省文：

顾媚字眉生，秦桧字会之；字为名的加辞：谢安字安石，杜牧字牧之。

以上所举，多是命名对汉字形体结构特点的反映；此外，命名也对汉字字意与声音也多所利用，兹不赘述。

## 四、拜认干亲与寄名神佛

命名是人生不可轻忽的事情，命名礼也并非人生礼仪中可有可无的仪俗。从前面的分析可知，一个人的名字往往体现着一定的社会关系，寄寓着个人情感、意愿或者他人的期许，命名的原则、方法往往隐含着一些原始信仰，折射着民族的文化精神。民间流行的拜认干亲和寄名神佛，就与命名相关，且具有更为广泛的文化意义。

### 1. 拜认干亲

拜认干亲也就是拜义父义母，俗称"拜干爹干娘"。由此结成的亲属关系，并非实际的亲属关系。它既不以血缘为基础，也不以姻缘为纽带，因而社会学家、人类学家称之为"拟制亲属"。

婴儿时期拜认干亲，又有其特别之处：此时拜认的干亲，可能是永久性的，即双方终身保持相应关系；也可能是临时性的，多则三五年，少则只是匆匆一晤，然后分道扬镳，从此各不相干。拜认的对象有的是成人，有的则可能是孩子；有的是物，有的则是非人非物的鬼。其行为的目的有二：一是怕孩子娇贵，不好养活，或是以前生子夭折，怕自己命中无子，借拜认干亲来保住孩子；二是孩子命相不好，克父克母，借拜认干亲来转移命相，以求上下和睦、家道昌盛。

拜认干亲的仪俗，也可谓五花八门、多种多样，这里约略举其数种。

上门拜认。即父母备认亲礼品，携小儿前往要拜认的人家认亲。干亲要回礼，并给孩子按自己家的排行取名，有的不仅更名、还要换姓。以后，每逢节日，孩子的生父生母，要替孩子送礼给干亲，干亲也要送孩子衣帽、饮食等。旧时杭州的此种关系，多以三年为期。有些地方拜认干亲，还有一套巫术意味很浓的仪式，比如给干娘做一条肥大的开裆裤，让小孩从裤裆穿过，以示为干娘所生，俗以为如此所认干亲较之不穿裤裆者要亲得多。认亲一般是命相好、子女多、品行端正的人，不过，为了保佑孩子平安，有的地方专门找有残疾子女的人去拜认干亲，俗以为上天已经惩罚这家人，小孩认他们做干亲，以后就会平安无事。

撞亲。在贵州盘县，曾有这样一种拜认干亲之俗：择黄道吉日，在大路之畔陈列果品，焚香烧钱，而后静候行人。第一个经过这里的，便认作孩子的干爹或干娘。此人无论如何也不能推却，只得承认，并为小孩更名换（己）姓。如果两家彼此相邻，便像亲戚一样来往，否则成礼以后，便告完结。① 当地人称这种风为"撞名"，由此申伸，我们称类似的拜认干亲仪俗为"撞亲"。撞亲遵行"顺序优先"原则，讲究的是"第一个"，就是把出门遇到或路旁等到的第一个人认作干亲，不论男女老幼。遇到外姓成年男女则认作干父母，遇到未婚者则暂时称作姨姨、叔叔，等他们结婚后再改称干爹、干娘。

拜物为亲。撞亲颇具随机性，因此难免等不到、遇不上的情形。这时，孩子的父母就只好冲石头、树木磕个头，权且认作孩子的干亲。此外，还有专门拜物为亲的。山东邹县有些地方认定山中某块大石头有灵，就在上面拴一截红头绳，认作干亲。泰安有的地方认麦场的碌碡为干亲：把碌碡竖起来，拴上红头绳，便算认

---

① 胡朴安：《中华全国风俗志》下篇卷八《贵州·盘县小孩之撞名》。

了干亲。此后每年除夕要去烧纸，供一碗水饺，感谢干亲的保佑。畲族孩子有病，要拜树为干娘，其后每逢年节，须给干娘挂红包，装米、麦、干果等物。若孩子忌讳某种东西，父母即将此物包在小红包里，并用竹箭头对准它，搁在树上，意思是让干娘知道，为其禳除不祥。

拜胡干爷。此种风俗，旧时多流传于杭州一带，所拜者，就是鲁迅先生文章中经常提到的无常鬼。拜干爹干娘不免破费，于是便有人舍求鬼，把孩子寄托供给无常鬼，俗称"拜胡干爷"。传说无常鬼是阎王爷所派"勾摄生魂的使者"，把子女寄托给这鬼，是希望他不勾了孩子的魂去，以保其顺利成长。世人对"无常"二字的意义不甚了然，遂讹为姓"胡"，称作"胡干爷"了。拜寄之时，父母要做一件新的白衣衫，到庙里换下胡干爷塑像的旧衣，供以烧酒、烧饼、香烛、银锭，然后焚化，并由庙里和尚给出寄的孩子取名。此后，每年七月胡干爷的生日，父母都要抱了孩子去庙里拜，直到十六岁为止。

### 2. 寄名神佛

为了保证孩子健康成长、幸福美满，父母、家人不仅在世俗、礼仪领域千方百计寻求途径、方法，也把思路扩展到了宗教信仰领域，寄名神佛就是典型的一例。

寄名神佛，指父母将婴儿或幼子送到寺庙，请和尚命佛门中的名号，以此在礼仪、象征的基础上将孩子寄托给佛门，从而缔结槛内外的亲属关系。之所寄名神佛，不外乎认为佛门乃超绝尘凡的所在，遁身其间，自然受菩萨、神灵的保佑，妖魔邪祟、祸患灾疾不易侵凌。

寄名神佛之习俗，在我国也是较早就普遍存在的。《红楼梦》第二十二、第二十九两回，都曾提到宝玉的寄名，前者云："过了一日，有宝玉寄名的干娘马道婆到府里来，……"；后者云："张

### 中国人生礼俗

道士哈哈大笑道：'……寄名符早已有了，前日原想送去，不承望娘娘来做好事，也就混忘了。'"不过，这里所寄的不是佛寺，而是道观，但用意则一致，所谓异曲同工、殊途同归。胡朴安《中华全国风俗志》详细记述了近代的寄名风习："大凡缺少子嗣之人家，忽然生下一个男孩，自然爱如珍宝。但是一方面却时时惶恐，或是多病，或是夭殇。因此，为父母者，往往带领小儿，到庙中焚香祷告，求和尚给小儿起一名，俗称'寄僧名'。其意盖谓自此以后，此孩便算出家。寄僧名之孩，往往作僧人之装束，直至十二岁跳墙还俗之时，才能更换。"[①]

寄名佛道之后，并非永不还俗、始终保持关系，因为始作俑者醉翁之意并不在酒，他们无意让自己的孩子遁入空门、为僧为道，只不过想借神佛仙道的保佑，躲避一时的灾厄。在认为孩子已经度过灵与肉的灾厄期，能够独自抵御外来侵害的时候，他们便要终止这种关系了。当然，关系的终止仍然要依托仪俗来达致，即通过某种仪节导致情境转换，从而使人们在观念意识中将前后两个阶段的对象区别开来。

在北京顺义，礼仪行为是"跳板凳"，也就是在孩子长大的时候，选择吉日，备礼到庙进供，庙主找碴儿责罚小儿，小儿便跳过板凳，回家留发[②]。在天津，跳墙还俗的过程颇为繁琐："跳墙事前，必须择选一吉日，买簸箕一只，毛帚一把，预备老铜钱八枚。及期，为父母者带领小儿，又向神像前焚香祷祝，一面使小儿持簸箕及毛帚，拂拭香案，洒扫地下。事毕，即令理发匠为小儿留发，随后，再使小儿立于板凳之上，左右手各持老钱四枚。旁观之人，喊声'赶和尚'，小儿便将手中所持之钱，向后撒去，

---

[①] 胡朴安：《中华全国风俗志》下篇卷一《直隶·天津小儿跳墙之风俗》。
[②] 北京《顺义县志》，民国二十二年铅印本。见《中国地方志民俗资料汇编·华北卷》，第21页。

跳下板凳，并不回头，直跑至家中。此即所谓'跳墙还俗'也。"[1]

### 3. 拟制亲属

亲属是依血统和婚姻缔结的人际关系。这种关系既具有生物性，也具有社会性。有亲属关系的人们之间，在遗传基因及其他生物特征方面具有共同之处，联系密切；同时，他们之间的关系为社会和法律所认可、所保证，当事人享有继承、领受的权利，也必须承担监护、育养的义务。这种关系既为当事人情感所认同，也受到社会伦理的约束。总之，这种关系是自然生成的，也是社会肯定、保护的。

亲属关系自古以来就是人与人之间最普遍、最牢固、最重要的关系，它绵亘数千年，经久不衰，一直影响着个人行为和社会整合。在现代社会，虽然人与人之间业缘的、政治的、经济的关系显得越来越举足轻重，但亲属关系仍然极其重要；而在传统深厚或较为落后的社会，这种关系仍占主导地位。

传统中国向来是以亲属关系为社会组织基础和运行秩序的，家庭、家族、亲族是社会的基础，它们的秩序是社会的组织原则，亲属关系像一张恢恢天网，笼罩着整个社会的政治、经济、文化，影响着它们的组织、运行。时至今日，这种情形并未太多改变。正因亲属关系在人际关系中的重要，人们才会依照亲属关系的原理来缔结拟制亲属。

顾名思义，拟制亲属是人为假拟的亲属关系。也就是说，当事人之间并不存在血缘、姻缘等生物性联系，只是具有社会性、文化性的联系而已。拟制亲属存在久远而广泛，因而也成为社会学、人类学领域的重要概念。日本的一些学者将原初意义的亲属与拟制亲属对等看待，大量使用"生物学的双亲""社会学的双亲"

---

[1] 胡朴安：《中华全国风俗志》下篇卷一《直隶·天津小儿跳墙之风俗》。

等概念，由此可以窥见其研究意义。

拟制亲属有多方面的表现形式，其中主要者，诸如：教亲关系，西方较为普遍的一种拟制亲属关系，依据宗教教义和仪轨拟定；养亲关系，因养育而成立，当事人之间认同感较强，关系稳固，近似于一般的血缘亲属关系；寄名亲关系，由前述寄名习俗而缔结；义亲关系，普遍流行的一种拟制亲属关系，由具有意识能力和行为能力的人自愿结成，基于志向、情趣、品格、操行而结合，是对自然形成的亲属关系的补充，最具社会意义和文化意义。

拟制亲属关系基本都是血缘性的，其中有父子女、母子女关系，兄弟、姐妹、兄妹、姐弟关系，也就是说，有纵向的，也有横向的。教亲、义亲、寄名亲则多是纵向的，义亲则两者皆有。

拟制亲属虽属假拟的，但却有着深广的社会文化意义。寄名亲反映了人们普遍的社会心理和民俗信仰；养亲承担抚育婴幼的责任，有助于减轻社会负担；教亲既可满足宗教情感，也有一定的在社会整合作用。义亲则多见于原初亲属关系一统天下，其他（诸如职业、政治、经济等）现代人际关系不发达的社会。普通亲属关系是自然的、先天的人际关系，它可以满足许多方面的现实要求，但局限性也很明显，即并不一定能满足人们交流思想、摇荡性情、切磋学艺、实现抱负等其他层次的需要。与此相对，义亲关系是人为的、后天的人际关系，它（尤其是同辈、同龄人之间的这种关系）建立在志向、情趣、操行等社会性、文化性范畴基础上，正可以补足自然的、先天的人际关系，因而具有重大的社会整合作用。

# 第四章　文化化过程

无论如何心不甘、情不愿，我们都得承认，初生的婴儿本身，其属性主要还是生物的。即便经过了三朝的"洗礼"、满月的出门"见世面"、百天的长命祈祝、周晬的人生预测，他依然难说是社会的人、文化的人。而一个人的成长、成人，正在于他的社会化、文化化；只有经过社会化、文化化，一个人才能长大成人。同样，传统社会人的社会化、文化化，诸多礼仪也是如影随形，甚至社会化和文化化的完成，也要由种种礼节仪俗来标示。

## 一、成为文化的人

### 1. 社会化·文化化

我们每个人进入这个世界的时候，都是以同样微不足道的方式：一个小小的婴儿，是那样自顾不暇，无所适应。而从那天起，我们就开始了戏剧般的变化和发展的人生，仅就社会化和个性发展这方面来看，这个刚出生的婴儿就面临着大量的、复杂的、必不可少的事情。[1]

---

[1] [美]E.齐格勒等：《社会化与个性发展》，北京航空航天大学出版社1988年版，第9页。

研究社会化的一本小册子里，如此描绘人初生之时的状况。是的，孩子出生之后，面对的是一个完全陌生的世界，面临的是一大堆事情。陌生的世界需要去不断认识，一大堆的事情需要他去学会处理。学习所在社会的所有规范性文化，认识并融入所在社会，这一过程就是社会化、文化化。

实质上的同一过程，社会学家、文化人类学家之所以不同，自然是基于视点的侧重。社会学家侧重社会的融入，故而谓之"社会化"；文化人类学家侧重文化的习得，故而谓之"文化化"。社会化、文化化，这是每个人的必由之路，而它对个人成长、民族性模塑、社会整合、文明进程也都是极为重要的。

当今学术界，社会学、文化人类学之外，许多学科都在涉足人的社会化和文化化课题，诸如心理学、生理学、文化学、伦理学、民俗学等等。人们研究婴儿期的哺乳与育儿，也研究青春期的生理状况与性角色成熟；研究婴幼时期的认知行为，也研究青少年的学习与年龄组织；研究社会化、文化化与个人成长、个性发展的关系，也研究它对社会、文化、国家、民族的作用。受到众多学科的追捧，正说明社会化、文化化之于人类社会的攸关紧要和多彩多姿。

人的文化化、社会化并不是一蹴而就的，学者们更多倾向于将之视作一个终生的过程。具体来说，这一过程若加分割，可以分成三个阶段，即婴幼儿期、青少年期的第一、二次文化化，以及成年之后的第三次文化化。不过，迄今为止，文化化或社会化研究的重点，仍然是第一、第二两个阶段，因为个人的基本特质在这两个阶段已经大致形成，此后进行的大多是局部的调整、修正。也就是说，经过前两个阶段，个人已经成为一定社会的人，成为一定文化的人。

## 2. 在礼仪中成长

如前所述，在传统中国，婴幼儿生活在文化设定的种种礼仪之中，尤其是在初生的一年。在这短短的一年里，各种礼仪活动不均匀地散布在时间链条上，为小小的生命竖起了一座座里程碑。这些礼仪活动不仅在于庆贺生命的诞生，更在于表达对婴儿幼年、乃至终身的祈愿、祝福，在于引导、催促婴儿尽快长大成人，也就是完成社会化、文化化的过程，成为社会的人、文化的人。

为了达到这一目标，周岁之后，各种礼仪活动仍然接连不断，一直要到长大成人。在这个阶段里，从不成熟过渡到成熟的成年礼仪——冠礼——最为重要；在此之前，还有许多;礼俗活动，诸如童蒙礼、圆锁礼、还俗礼，等等。不过，这些礼俗活动大多已经消失，或者代之以别的仪俗，而其中一些礼俗又很少文献记载，即或有也语焉不详，颇难描述其情状。因而，这里只是提纲挈领，概略讲来。

首先，一年一度的生日是连续性礼俗活动，孩子小时候一般都要举行的。孩子们重视它，大人们也以此来祈祷、祝福孩子顺利成长。旧时，到了六七岁，人们就要给孩子启蒙授书了，这就是传统的童蒙礼。至此，孩子需脱掉从小穿惯的开裆裤，穿上家里做的新衣，出外跟老师学习，或是请老师来家教授，开始新的读书生活。习惯上，延师就傅的童蒙礼也要热闹一番的，一来庆贺孩子的成长，二来款待孩子的老师。现代社会实行规范化的学校教育，学龄儿童一起到学校上学，几无家庭举行童蒙礼。但无论如何，家里的备办新衣、文具，学校的开学典礼，也都不无仪式意蕴，自然会给当事人留下深刻印象。

成年礼之前的一系列礼仪中，十二周岁的圆锁礼最为突出。在这个年岁，不管塞北还是江南，民间都有相应的仪俗，以图通过这一人生的"节日"，标示这一年岁前后的区别。这仪俗之所以普遍、突出，十二这一岁数是其关键。

确实，在传统中国的观念信仰中，"十二"是一个极其重要的数目。众所周知，在文化认知领域，数字从来都不仅具有数学意义，而且具有广泛的文化意义。中国亦是如此。就语言表达来说，"三"除作为基数词和序数词外，也表示数字之多，所谓"极言其多"。在古代哲学中，"一"有原始、本初、混沌的意义，"太一"中的"一"就是如此。同样，"十二"的含蕴也极其丰富：地支的数目是十二，生肖的数目也是十二；民间还认为，小儿到十二岁魂魄才长全……这说明，十二是一个周期，第十二则标志着周期的结束，显示着某种状态、行为、情境的圆满或完成。十二岁时的人生礼仪，恐怕正是基于上述观念和信仰衍化而来，因而也都有一个阶段结束或完成的意思。

诞生礼仪一节，曾述及婴儿满月或百晬时戴百家锁、长命锁。这种保佑婴儿身体康健、长命百岁的锁，一直要戴到十二岁。民俗以为，十二岁之前，孩子魂魄不全，易受惊吓而丢失，或被妖魔鬼怪摄走；满十二岁，孩子魂魄已全，也就无需护身符的保护了。于是，锁就要摘下来，此即所谓"圆锁"。后来，十二岁时的这类礼仪，又增加了成年式的意义："成年后之冠礼久废，惟十二岁时，于奶奶庙会，必亲到庙还愿，表示以后脱离奶奶之势力范围，亦成年之一种表示也。"[1]

圆锁礼在孩子十二周岁生日举行。这天，一般要铺排酒席、大宴宾客。来者多为女客，所携礼品各地不等。笔者故乡盛行此俗，客人所携礼品最突出的是面花，其中最具特色的是为当事人蒸发制的面盔和面项圈，并且要象征性地佩戴一下。

十二周岁时，与圆锁礼相类似的，还有"还愿""还俗"等仪俗。这种仪俗，分明与孩子早年的寄名有关。孩子幼时寄名神佛仙道，

---

[1] 河北《万全县志》，民国二十三年铅印本。见《中国地方志民俗资料汇编·华北卷》，第197页。

不过权宜之计,解脱关系是必然的。而神佛仙道保佑了孩子的顺利成长,就要给些酬报,表示答谢。这酬报是寄名时就讲好了的(许愿),此时要支付,也就是所谓"还愿"。此外,求子时对菩萨、奶奶或其他神灵许下的愿,这时也要来个结算,也要还清的。《中华全国风俗志》详细记述了天津北仓镇跳墙还俗的仪俗;《解县志》①记述当地还愿仪俗也颇为详尽:

> 解俗于生子十二岁,洁粢丰盛,张灯结彩,往祭后土庙(俗谓之"献娘娘"。五龙庙后土峪最盛)。是日,亲族来贺者若而人,里党来贺者若而人,烹羊炰羔,极其欢宴。富者甚有演戏数日,酬谢后土,谓之"还愿"。

## 二、传统家教

与多数动物相比,人类婴幼时期依赖他人的时间要长得多。他需要别人的哺育、抚养、照顾,由此才能成长、独立。在传统社会里,这段时间大多在家庭中度过,而这正是社会化、文化化最为重要的阶段,因而家庭也就成为社会化、文化化的重要基地,父母及其他家人则是社会化、文化化的重要动因。

诚如前述,家庭在中国社会文化中具有远较西方重要的地位,与此相应,家庭在其成员社会化、文化化过程中的作用也就更为显著。也正因如此,与西方的精神分析学说重视儿童早期经历一样,东方的伦理思想很重视个人成年之前的家庭教育。而我国的传统家教,也确实在培养国人的个性、人格以及塑造民族性等方面发挥了巨大作用,以现代视点来考察,既可总结出成功的经验,

---

① 山西《解县志》,民国九年石印本。见《中国地方志民俗资料汇编·华北卷》,第 691 页。

也应接受其惨烈的教训。

### 1. 家教传统

翻开中国历史，可以发现：早在战国时代，我们就有学校存在了，并且分门别类，诸如庠、校、序，等等。不过，近代意义上的学校，或曰近代意义上的教育，则是很晚近的事情。在漫长的中国历史上，家庭始终是传统教育的根本基地，家庭教育一直是传统教育最重要的组成部分。

对所有国家的传统教育乃至现代教育来说，家庭教育固然有其显著的意义，但在中国，这一点尤为突出。对中国人而言，家庭是终其一生的教育基地，家庭教育是终生的教育方式。大概正因如此吧，中国历史上有许多如父、如祖的典型人物，人强项，儿子也便刚直；老子贪官，儿子也便污吏。同时，职业上也多父子相承，所谓"士之子常为士，农之子常为农，工之子常为工，商之子常为商"；此外，学问技艺上出现过许多世家，写字的、画画的、说书的、唱戏的、治学的，如此等等，无不有之。

我国重视家庭教育的历史由来已久，古来奉为至圣、亚圣的孔子和孟子，便充分体现了这一点。孔夫子可谓我国第一大教育家，他不仅重视家教，并躬亲其事。《论语》记载说，有两回，儿子孔鲤快步走过堂前时，他关照要学诗、学礼，还说不学诗就无法酬答应对，不学礼就无法立身处世。[①] 关于孟子，则相传其母择邻而处，断机杼教子，《三字经》所谓"昔孟母，择邻处，子不学，断机杼"。其后，历代朝臣、百姓无不注重家庭教育。从文献可知，曹操、诸葛亮、陶渊明、杜甫、包拯、陆游、司马光、

---

① 《论语·季氏》："陈亢问于伯鱼（孔鲤，字伯鱼）曰：'子亦有异闻乎？'对曰：'未也。尝独立，鲤趋而过庭。曰："学诗乎？"对曰："未也。""不学诗，无以言。"鲤退而学诗。他日又独立，鲤趋而过庭。曰："学礼乎？"对曰："未也。""不学礼，无以立。"鲤退而学礼。闻斯二者。'"

郑板桥、曾国藩等人，都为此动过心思、劳过筋骨，至于颜之推、袁采、朱伯庐等人，则留下过洋洋大观的"家训""世范""治家格言"。革命先行者孙中山也很重视教育子女，临终除"国事遗嘱"外，还有"家事遗嘱"，恳切教子，殷殷情深。看来，我国家教的历史，真可算是"从孔夫子到孙中山"了。

两千多年来的传统家教，铸就了家教的传统。那么，我国的家庭教育为何在传统教育中特立独出、占有显著的位置呢？毫无疑问，这一方面缘于社会结构，一方面缘于社会意识。就前者而言，家庭是中国社会组织中最基本、最稳定的细胞，几乎无所不能、无所不包，这便给家庭教育的发展提供了土壤和条件。就后者而言，家庭观念是国人最为强固的社会意识，服从和要求别人服从是家庭成员的义务和权利，接受教育与施行教育也同样如此，如此则家教必然有力、也有效了。

还应注意的是，教育目标与教育内容具有连带性。传统教育旨在培养仁义君子，重德行而轻智巧，做人第一，谋生次之。德行如何，集中体现在人际关系的处理上，而相应的伦常礼数也便成为教育的主要内容。显然，对于这样的内容，身教比言教更为适宜，潜移默化、耳濡目染比说教更有效用。而身教与感染，却正是家庭教育的优势所在。有那样的教育目标，有那样的教育内容，家庭教育取得突出的地位也就不足为奇。

## 2. 内容和方式

一般认为，家教的基本内容包括两个方面，一是养育，即儿童体质上的摄护；一是训教，即受教育者精神的发展，此外也涉及父母的修养问题。[①] 我国传统家教在这两个方面都比较突出，这里着重谈后一方面。

---

① 张振宇：《家庭教育》，台北三民书局1965年版。

107

教育内容是以教育目标为指针的，有什么样的教育目标，就有什么样的教育内容。传统家教的目标是培养仁义君子，以图齐家、治国、平天下，因而其内容就必然以纲常伦理和入世入宦的本领为核心。如果要作简略概括，可以说我国传统家教的内容只有四个字：做人、读书。稍作历史的考察，可知事确乎如此。

"做人"是一个宽泛的概括，其内容比较广泛。就传统家教的实际来看，又可概括为两个方面，即为人、处世，前者指向自我，后者指向人际关系。自我的修养、历练是传统家教的重要内容，它关乎一个人的立身处世，是齐家、治国、平天下的基础。这方面的教育主要集中于伦理范畴，是品德的教育。具体来说，就是培养人们仁义孝顺、忠信笃敬、谦虚勤俭等优良品德。从现有文献可知，传统家教几乎涉及个人品德的任一方面，家长们事无巨细，耳提面命，极尽所能。

处理人际关系亦即如何处世，是传统家教的中心内容。在传统社会里，人从来都是关系链条中的一环，处理好上下、前后、左右等一系列人际关系，是人生最重要的事情之一。时至今日，这似乎仍然是国人最需重视的学问，所谓"关系学"，所谓"情商"，都是它的体现。宋人袁采所著《袁氏世范》，三门中有两门谈人际关系，可谓有力的佐证。传统社会的人际关系有"五伦"之说，即君臣、父子、夫妇、兄弟、朋友的关系；与此相应的是"五常"，亦即处理五种关系的规范。此外，亲戚、邻里、师徒等关系，也是中国乡村社会重要的人际关系，也是民众进行家教的重要课程。

"读书"作为传统家教内容的一个方面，同样不能狭隘理解，实际上，它与上述为人、处世都有联系。首先，读书可以陶冶性情、变化气质，有利于个人修养的提高。其次，读书可以使人明理、知礼，有助于认识世界和处理人际关系。此外，更重要的是，读书是谋取官职、实现人生理想的重要途径，甚至唯一途径。传统中国的人们未必以实现个人价值为人生理想，谋取高官厚禄、扬名显亲才是他们所追求的。而在漫长的科举取士的历史中，读书科考成了通向理想的康庄大道，因而，贵族世家、小康之家乃至贫民寒士，无不教导子弟走这条道路，读书也便成了家教的重要内容。

古人家教中教导子弟读书是极其细致的，涉及吟诵、阅读、理会、查考、抄录、作文等许多方面，家教大家在这方面做得更为突出。曾国藩是近代史上著名的人物，后人的评价仁智互见，但他家教之成功则众口一词。读读《曾国藩教子书》[1]，书中所选150篇家书，足以让人对传统家教内容获得具体了解。

家教的方式，密切联系着家教的内容和家庭的特点。总括来说，不外身教和言教，尤以身教最为重要。

传统家教的内容，决定了以身作则、实际示范最为有效，身教胜于言教。同时，家庭成员生活在一起，行止坐卧、接人待物的情形，均可亲临目睹，这就为身教提供了优裕的条件。因此，古人很重视以身作则、耳濡目染。清人左宗棠的家书里，要求儿子给孙子做榜样，指出："丰孙当渐有知晓，尔等能以身作则，庶耳濡目染，日有长进，不至流入纨绔恶少一派，否则将相习成风，不知所底矣。……小时听惯好话，看惯好榜样，长大或尚留得几分寒素书生气象；否则积代勤苦读书世泽日渐消亡，鲜克由礼，将由恶终矣。"[2]

古人重视身教、强调以身作则，还有一个因素，那就是家长作风。人们习惯于将自己的意志强加于子女，用自己的理想模塑下一代，以自己为榜样教育下一代，越是自己做得突出、自以为是的方面，或有所缺失、引以为憾的方面，就越是严格要求，希

---

[1] 钟叔河选编：《曾国藩教子书》，岳麓书社1986年版。
[2] 伍国庆等：《湘军十大将帅家书精选》（下册），天津古籍出版社1995年版，第51页。

望子弟能达到自己的水准，或弥补自己的缺憾。翻开历史，这种人百代不绝，代有其人。一代枭雄曹操告诫儿子曹植说：

吾昔为顿丘令，年二十三。思此时所行，无悔于今。今汝年二十三矣，可不勉欤！①

以为官清廉刚直、不阿权贵而受人钦敬的包公如此训告家人：

后世子孙仕宦有犯脏滥者，不放归本家；亡殁之后，不得葬于大茔之中。不从吾志，非吾子孙。②

曾在新疆栽过有名的"左公柳"的左宗棠说：

吾愿尔兄弟读书做人，宜常守我训。……我一介寒士，悉窃方镇，功名事业兼而有之，岂不能增置田产以为子孙计？然子弟欲其成人，总要从寒苦艰难中做起，多蕴酿一代多延久一代也。西事艰阻万分，人人望而却步，我独一力承当，亦是欲受尽苦楚，留点福泽与儿孙，留点榜样在人世耳。③

与身教相比，言教对年纪稍大的孩子更为有用。心理学理论告诉我们，幼儿（1—3岁）是模仿的社会化时期，其后才开始显露个人意识，才有个人行为，也才能"听得进话去"。言教又有直接和间接两个方面，前者指面对面的教诲、诱导乃至训斥、责

---

①② 史孝贵主编《历代家训选注》，华东师范大学出版社1988年版，第14、76页。
③ 左宗棠全集·诗文 家书》，岳麓书社1987年版，第141页。

骂，这是言教中最为常见的。间接的言教，尽管有请人传话一类，但主要载体为家书。家书是古代中国、乃至现代中国很值得研究的课题。众所周知，我国古人的家书，大多并不仅仅是报平安、通消息的书信，这方面的内容固然有，其他方面的内容则更值得研究论考。

"其他方面的内容"中，最重要的一条就是家教。古人为了做官谋事，常常抛家别子、外出异地，此时直接的身教、言教已不可能，剩下的只有间接言教了。由此，他们在家书中开拓出教子的阵地。此外，当子弟渐渐长成，外出求学、谋生的时候，家中父老仍不忘以家书教导他们。检索中国有关家教的历史文献，可以发现：家书占据很大比例，而且留下了千古名篇。封建时代结束以后的中国，家书仍然发挥着家教的作用，且曾发挥过其他方面的作用。

身教和言教之外，还应注意的是规范教育，就是家长或族长等制定有关的规范、教条，以供家庭成员遵照执行。广义来说，这或许可算作言教，但它毕竟不同于一般的言教：它不是即时的，不具有随时随地的明确针对性，却具有规范性，是制度化的、经常性的。这种规范具体表现为家礼、家规、家范、家训、家诫、家法、治家格言等，是古代家教文献中的重要内容。可以说，这也是我国传统家教中最为突出的一个方面，其根基仍然在于传统中国社会里家庭的独特性。

传统家教以严格著称，严教的表现之一就是体罚。俗谚有云："棒打出孝子""不打不成材"。古人相信这一点，现代人也相信；有些古人这样做了，有些现代人仍然这样做着。对此，无需多加评说，现实社会中的此类事件不止一次地做出了结论。

### 3. 家教名著与家教典范

"从孔夫子到孙中山"，传统家教历经两千多年，积累了丰富的资料,留下了许多不朽名篇。据统计,《中国丛书综录》记载的家教专门著作,南北朝1种,唐朝2种,宋代16种,元5种,明28种,清61种,民国初年4种,共计117种,可谓洋洋大观。此外,零星(如散见于家书)的文字、言论也不在少数。其中最为著名的有《颜氏家训》《袁氏世范》《朱子家训》等专门著作,诸葛亮、郑板桥、曾国藩、左宗棠等人的家书或其他文字。

在中国历史上,流传最为广泛、深入的家教著作,当属清人朱柏庐的《治家格言》;因作者之姓,世人亦称之为《朱子家训》。书中的"治家格言"凡516字,从读书、做人、治家、处世等方面正反举例,教育子女,颇具说服力;文字平易朴实,很少用典,但却发人深省。在旧社会,这部家训广为流传、家喻户晓,其中许多文句还成了警世格言,如"宜未雨而绸缪,勿临渴而掘井""言多必失",等等。

《颜氏家训》与朱柏庐的《治家格言》比较起来,不那么通俗易记,也就不那么传之广远,但它却是我国第一部全面系统的家教著作,有"家训之祖"之称。作者颜之推是南北朝时期的北齐学者,学问渊雅淹通,深知南北政治、俗尚和学术的短长,又长于文辞、音韵、训诂,校勘之学也颇有造诣。《颜氏家训》共两卷20篇,上卷为"序致、教子、兄弟、后娶、治家、风操、慕贤、勉学、文章、名实"10篇,下卷为"涉务、省事、止足、诫兵、养心、归心、书证、音辞、杂艺、终制"10篇,内容广泛,包罗宏富,几乎涉及家庭教育的各个方面。《颜氏家训》篇幅较大,也不取格言的表述形式,故而所论多能铺展开来,旁征博引,引喻取譬,把道理讲得恺切、中肯、透彻。时至今日,学术研究价值之外,这部家训仍旧不乏家教实用价值。

《袁氏世范》是宋人袁采所著,世人誉之为"《颜氏家训》之亚"。此书共三卷,分睦亲、处己、治家三门,内容也很丰富,所言入情入理，颇能给人警策。《四库全书总目提要》说："其书与立身处世之道，反复详尽，所以砥砺末俗者，极为笃挚。虽家塾训蒙之书，意求通俗，词句不免于鄙浅；然大要明白切要，使览者易知易从，固不失为《颜氏家训》之亚。"

零散的家教文字，有马援的《诫兄子严敦书》，诸葛亮的《诫子书》，司马光的《训俭示康》等。家书类中，最为著名的，有清人郑板桥、曾国藩、左宗棠等人的家书。郑板桥是诗画名家，他的诗文集《郑板桥集》收有家书16通，即有名的《与弟书》。在《十六通家书小引》中，他说："几篇家信，原算不得文章，有些好处，大家看看；如无好处，糊窗糊壁、覆瓿覆盎而已。"其实，这些家书涉及当时社会的各个方面，对品德修养、读书治学均不乏有益见解。

晚近的教子家书，首屈一指的当属曾国藩。在教育子女方面，他"可以说是获得了完全的成功"[1]。曾氏长子曾纪泽诗文书画俱佳，又以自学通英文，成为清末著名外交家；次子曾纪鸿不幸早逝，研究古算学也取得了成就。不仅儿子个个成材，孙子、曾孙也出了诗人、学者和教育家。曾国藩的教子之方，集中体现在他的家书里。他的家书共有230多封，是历史上保存家书最多的一个。从这些家书中，大略可见其家教的成功经验，概括起来有三点[2]：第一，对于子孙，只求其读书明理，不求其做官发财，甚至也不求其早日成名。第二，绝不为子女谋求任何"特殊化"。第三，无论在读书或做人方面，要求都极其严格，但又不是一味督责，身教重于言教，根据自己亲身体会，出之以讨论研究的态度，所以指导切实中肯，收效也就十分显著。[3]

谈到家教和家书，不能不让人想到《傅雷家书》。傅雷是著名的翻译家，毕生译著甚丰。他们夫妇都有高尚的人格和优秀的

---

[1][2][3] 钟叔河选编：《曾国藩教子书·编者序言》，岳麓书社1986年版。

文艺素养，且教子有方，两个儿子傅聪和傅敏，都在其所从事的领域取得了优异的成绩，堪称现代家教典范。傅雷夫妇的教子艺术集中体现在他们给儿子的家信中，辑结成集的《傅雷家书》，"是一部最好的艺术学徒修养读物"，"也是一部充满着父爱的苦心孤诣、呕心沥血的教子篇"[①]。

### 4. 传统家教与人格模塑

传统家教既然地位显著、作用巨大，也就必然显著影响人的成长。可以断言，传统家教对个人人格及民族性格的模塑，确实有着不可低估的作用。

如前所述，婴幼儿时期父母的养育、摄护，对孩子日后成长的影响不容忽视，哺乳、排便、看护等看似细微的方面，对孩子的人格构成、习惯等都有着或大或小、或好或坏的作用。我们的婴儿总是被人抱着、搂着，很少离开过大人的看护，遇到问题（饥饿、排便等）时，一哭就有人来给解决；进入儿童期，大人还像幼儿一样照顾、保护孩子，不让他们乱跑，怕他们出危险。显而易见，这种过度的看管、摄护，对孩子独立性和冒险创业精神的养成有很直接的影响。

概括来说，国人的无我、老成、知足等人格、性格特点，莫不与传统家教有关。

中国人的人格特点里，最突出的是"无我"，具体表现在以群体来界定人，缺乏隐私意识，以及他律他制、自我压缩等。当我们面对一个同胞的时候，别人不告诉你他（她）是谁，而这样向你介绍：他是××的儿子，××的孙子。而在我们幼小的时候，别人也是这样问我们的，家里大人也早就教会我们告诉别人父祖的名字。和父母同住的子女，白日里最好把门敞开，尤其是结婚

---

① 楼适夷：《傅雷家书·代序》，三联书店1984年版。

以后，因为传统告诉你：除非如此才不算失礼，否则自己也会觉着不安、内疚。妻子可以随便翻弄丈夫的口袋，母亲可以堂皇检查女儿的日记。孩子们从小被告诫要听话，他们的耳朵从父母、亲戚、邻居那里听来的总是"听话、乖乖""听话的孩子才是好孩子"。听话了，会得到表扬、奖赏，否则得到的可能是训斥、责骂乃至体罚。

自古以来，我们的孩子身边，总是有前辈传留下来的行为规范，一条一条，很是分明，只要按照这些规范行事，就错不到哪儿去。一切都要服从，一切都由别人安排妥了。这样，长大了的时候，虽然向往爱情，但还是需要家长、亲友帮助，甚至由父母去包办，自己总是不能独立行事。习惯了，所有事情的主动权便都交给了别人。父母总是让孩子"不要多嘴""不要管闲事"，不准他们表达自己的感觉、发泄自己的情绪、发表自己的意见，谚语也说："出头的橡子先烂。"长大了，人们便闭起嘴巴、合上眼睛、背转双手，不让自己太突出、太惹眼了，开会时把自己塞到角落，发言时把自己排到最后，即便是大人物，也常常"不敢为天下先"，要么就是"但开风气不为先"。

经过传统家教的熏陶、锻铸，自我与别人携起手来，能够体现自我的隐私完全曝光了，自我的那点弹性经过长期的压缩消失了，完全恰如其分地置入一个现成的结构之中，如此这般，中国人进入了无我的"化境"。"多子多福"的时代如此，"只生一个好的"时代还是如此。也许有人会说，"小皇帝"可是一言九鼎、霸道十足，"六人帮"围着团团转，怎么会"无我"？其实，所有的孩子都这样，一个模子行事，也还是"无我"；千万人一种德行，个性也就无从谈起。

较之其他民族的人来说，同一年龄阶段的中国人要成熟一些。人们往往显得"老气"一些，外在的言谈举止、内在的精神气质，都是如此。人们较少激情与冲动，处事沉着冷静。年轻人往往能与老年人和谐地相处,"爷俩儿"同声同气、步调一致;所谓"代沟"的出现,不过是晚近的事情。年轻人身上,更多的是成年人的特点;少年的身心,显然存在着某种老年化的迹象。

我们的青少年如此老气横秋、如此成熟,并不奇怪。生活在父系家长制家庭里,不用别人提示,孩子就会明白做家长的父亲母亲是核心,假如有祖父祖母,那么父母的地位也要降格,由此人们不能不深切体会"老"的意义。父母教育孩子要"懂事",这"事"当然是大人的事情。所谓孩子"懂事",就是像大人那样老成,不乱说乱动,能替父母操心。在大人谈话中插嘴时,家长会训斥:"小孩子知道什么,多嘴!"久而久之,有关年龄的价值观就树立起来。走上社会,这种业已形成的人格进一步淬火。人们用"老要颠狂,少要稳重"的格言策励青少年,社会舆论一致地导向对"老练""老成""老实"的肯定,而在就职、升迁等等环节中,又多是老成者取胜。如此这般,中国人必然老成。

传统家教的最大科目是做人,其中最为重要的内容,就是处理人与人之间的关系,礼的教育都是为此服务的。儿童、少年时期,日常生活、礼仪生活中的突出内容,就是家长以身教、言教的方式,教会孩子们分辨各类人际关系。比如来了客人,要了解自己和他的关系、父母和他的关系,并体味父母处理这些关系时的态度、行为。在礼仪活动比如长兄的婚礼中,要了解来客与自家的关系,要从礼钱的多少推断关系的远近亲疏。父母表面对某人如何、背地又如何,这更值得体味。

与别人家的孩子吵架、打架了,父母上来先给自家孩子一巴掌,让他知道是非对错无所谓,要紧的是内外人情之别。舅舅做错了事情,母亲偏向着他,无理也要搅三分。这样,孩子学会的不是依据是非判断、处置,而是依据关系、人情来处理问题。因此,在我们的社会某些人的处世哲学中,是非判断退到幕后,伦理抉择主导了一切,人情、关系不仅是办事必需的润滑剂,甚而成了社会运行的主轴。他们人格的独立性不见了,主体性没有发展起来,虑事总是把自己置于关系网中,遇事总是向关系中寻求出路。由此,国家、民族的利益往往受损害,关系、人情集团的利益则极度膨胀。这类事实从古到今,从未绝迹。

有比较才能有鉴别。尽管这里不能就传统家教对国人人格模塑等展开全面论列,但介绍一点比较教育的研究成果,想来还是有益的,它会让我们在比较中认识或明白一些问题。一位学者在所著《中西文化在子女教育上的异同》中指出:

> 中国的父母以感化的力量,慈爱的态度,缓慢而宽容,以忠孝教导子女;外国的父母以说理的方式,严肃的态度,积极和法治,教导子女的守法精神。中国的子女不活泼,由于长年受礼教之约束,悲观、消极、退缩、过分严肃、过分谦卑、甚而虚伪,不实际、重感情、与家庭关系密切;外国子女活泼、精力充沛、自由、独立、乐观、积极、进取、轻松、自傲、真实、理智,与家庭关系疏远。
>
> 中国文化以士农为主,重视伦理道德。西方文化以工商为主,重视物质文明。中西国家子女教养的不同,是基于文化背景的差异。中国以儒家思想为主,使人性向善;西方以基督思想为主,人因畏惧而向善。中国注重精神、伦理,讲求人格之完美、仁义,较重于人情、家族,都是和人有关的。而西方是重于物质、科学,讲求利而不计义,谈理而不谈情,忽视人情、人伦,重视个人、独立、自由、民主。中国可以道德和艺术来代表,西方可以法律、科学来代表。
>
> 一般来说,中西的父母都希望自己的子女能好好读书,有好的成就;但两方在目的上有一些差异:中国人

有光宗耀祖的想法，而外国人则纯为孩子个人。①

从孔夫子到孙中山，上下两千多年的中国传统家教确实有着丰富的文化蕴涵，对此作些总结、分析，应当是很有意义的，诚如鲁迅先生所言："中国要作家，要'文豪'，但也要真正的学究。倘有人作一部历史，将中国历来教育儿童的方法，用书，作一个明确的记录，给人明白我们古人以至我们，是怎样被熏陶下来的，则其功德，当不在禹（虽然他也许不过是一条虫）下。"②

## 三、成年礼仪

1. 年龄·分层

年龄本该是一个生物性的标记，可它又从来都不那么单纯，而是具有丰富的文化意义。它不仅与人的生理状况衔接，而且伴随着一定的礼仪，伴随着一定的角色变换，与一定的权利和义务相应。无论传统的还是现代的，无论野蛮的还是文明的，年龄在任何社会都是一把闪光的标尺。

以纵式结构组织的中国社会，年龄是尤其重要的标尺。尽管历史上对某一年龄层的人有过判若云泥的社会态度，比如远古的弃老、后世的敬老，然而，对不同年龄段加以区隔而形成的年龄分层，始终在政治、法律、经济、教育、伦理、礼仪等许多领域担当着度量裁剪标尺的作用

《礼记·内则》曰："六年（六岁），教之数与方名。七年，男女不同席，不共食。八年，出入门户及即席饮食，必后长者，

---

① 侯玉渝：《中西文化在子女教育上的异同》，（台北）中央文物供应社1982年版，第4、59、60页。

② 鲁迅：《我们怎样教育儿童的？》，《申报·自由谈》1933年8月18日。

始教之让。九年，教之数日。十年，出就外傅，居宿于外，学书计，……十有三年，学乐，诵诗……"这里说的主要是教育。《礼记·王制》说：周朝的时候，老人五十岁由乡里抚养，六十岁由国家抚养；《礼记·祭义》又说：七十老人上朝可以拄拐杖，国君有话问的时候要给设席；八十老人则无需上朝，国君有事要登门造访。这些，是伦理规范，也是政治规制。如此等等，不一而足。

尽管年龄分层是传统中国社会文化中的一种重要现象，但一般来说，硬性的规定较少，而是更多存在于观念形态领域，反映在社会意识之中。"老马识途""姜还是老的辣""老凤清于雏凤声"，这样的谚语、格言都旨在说明：老年人在技能、智慧等方面都超过青壮年，应该是人生的舵手、生活的向导。与此相反，"三十未过，还是孩童""嘴上没毛，办事不牢"等，则指出青年在经验、才能方面的局限，是对年轻人的励策，也是对一般世人的谆谆告诫。

俗谚又有云："三十无子平平过，四十无子冷清清，五十无子无人敬，六十无子断六亲，老来无子真的苦，苦比黄连胜三分。"这里，把无子的情形描绘得淋漓尽致，反映了一种社会共识。俗谚"二十岁爱妻，三十岁爱财，四十岁爱子"，则反映了一种男性心态，实际上体现了男性人生旅程几个阶段的中心课程，暗示对不同年龄男子的角色期许。

至于孔老夫子"吾十有五而志于学，三十而立，四十而不惑，五十而知天命，六十而耳顺，七十而从心所欲不逾矩"（《论语·为政》），虽说是圣人的人生总结，也却因此而被推而广之，成为世人的一种普遍的要求和期许。

类似的年龄分层，也反映在民俗信仰中。俗谚"七九六十三，不死鬼来趱"，把63岁前后的人分成两组，并与死亡联系起来，不能说毫无科学根据；而所谓"逢九"（明九、暗九）当有灾厄，则与人的新陈代谢过程无多关系，纯粹是信仰的产物。

年龄分层反映在礼仪领域，最突出的便是成年礼。这种礼仪把人分为成人和非成人两个先赋性的非自愿群体，也将人的一生分为成熟和不成熟两个阶段。

## 2. 成年礼仪

经过漫长的文化化过程，一个人逐渐走向成熟，开始承当起社会赋予的权利义务。在这个时候，又需举行一系列的礼仪，祈祷和标志当事人由不成熟向成熟的通过，这种礼仪就是成年礼。由于男女的差别，成年礼又分为成丁礼（或成男式）和成女式，传统中国则称作冠礼和笄礼。

无论传统社会还是现代社会，成年礼都是重要人生礼仪之一，而且具有多重特性。在原始人或现代部落民族那里，成年礼必不可少，每当一个人长到所在集团规定的成年年龄，人们就要为他举行隆重、庄严的成年礼，祈祷、标示、祝贺人生历程中又一次艰难通过。一般论者认为，成年礼的肉体痛苦以及伴随的情绪反应，强化了年轻人、仪式施行者以及周围助阵者之间的连带感；同时，肉体的变化又使个人自觉意识到社会地位的变化，也认识到通过严格考验才获得的社会地位的重要。

原始的成年礼仪，一般包括三个方面的内容。首先是进行能力、尤其体力的考验。非洲塞芒人要进行摔狮子的试验，北美霍皮人要承受神灵的鞭打，有的部落民族则是把当事人送到远离村寨的地方，使之像鲁滨逊在星期五岛上那样孤立无援地生活，以进行能力的综合考察。其次是性的允诺。性的成熟是成人的重要标志，成年礼在这方面做文章不言而喻。性的允诺多为通过某些仪式，赋予当事人性的权利，人所熟知的"割礼"就是如此。再次是身体变形与装饰，旨在造成成年前后身体本身及其装饰的变化，以区别成年和未成年。这是成年礼最为突出的表现，也是最常见的成年仪式。具体来说，文身、染牙齿、佩戴耳、颈、腕或其他身体部位的装饰品，变换发式和服饰等。

在现代社会，原始的成年礼仪大多不复存在，尤其是严酷的考验、残忍的肉体摧残，已不为现代人所接受。不过，无论古代文明还是现代社会，象征性的成年礼仪仍旧存在。我国古代的冠、笄之礼正是如此，一如《礼记·冠义》所云："三加弥尊，加有成也；已冠而字之，成人之道也。见于母，母拜之；见于兄弟，兄弟拜之；成人而与之为礼也。玄冠玄端奠挚于君，遂以挚见乡大夫与乡先生；以成人见也。"

据《礼记》记载：古时男子二十行冠礼，女子十五行笄礼。男性中心的中国传统社会，冠礼之行远较笄礼郑重。古人认为，冠礼是"礼之始"，是"嘉事之重者"（《礼记·冠义》），因而受到极高的重视，并且规定了一整套周密严整的仪式。传统的冠礼，大略情形如下：

冠礼在宗庙举行。将加冠的青年的父亲先要用筮（一种占卜方法）决定行礼的日期，并且用筮决定请哪一位宾来为青年加冠。确定后，把日期通知宾家。到行礼那一天，早晨将一切准备好，将加冠的青年立于房中。其父请宾进门，入庙就位，将加冠的青年出房就位，然后行礼。宾把规定的服饰加于青年，共行三次，称为始加、再加、三加，于是以酒祝青年。青年由西阶而下，去拜见他的母亲。见母后，回到西阶以东，由宾给他起一个字（名字的字）。于是礼成，青年之父送宾出庙门。被加冠的青年见他的兄弟姑姊，随后再见君和乡大夫、乡先生等。其父以酒款待所请的宾，送他束帛、俪皮，最后敬送出家门。[1]

---

[1] 李学勤：《古代的礼制和宗法》，见《中国文化史讲座》，中央广播电视大学出版社1984年版，第140页。

《礼记》所载周代冠礼十分繁杂，因而后来逐渐简化，或与其他礼仪（主要是婚礼）合并。劲挺《延安风土记》谓，延安人婚礼前三天行冠礼，"新郎挨户拜族里长者，为长者斟酒。亲朋共饮，新郎的父亲为儿子加冠。次日，用红纸写'乳名××，今值弱冠，更为官名'，贴在门前，表示成人"[1]。这里的冠礼，实质上已经并入婚礼，成了婚礼一部分。而晚近以来，冠礼的"成人"之旨，正是多以婚礼来体现的。

近代以来，师法的古意冠礼，在一些地方也还存在。河北《定县志》云："定俗于男子及冠之年，则请于年长有德者而字之。亲友具酒食为贺，书其年庚、名字遍张衢市，称曰'贺号'。相沿已久，迄今不废。此即冠礼之遗也。"[2] 从此以后，则"呼其号而不名"[3]。只是所谓"号"，有时候并非原初意义上的"字"，而是区别于小名的大名，也就是从此不叫小名叫大名了。不过，择定大名，"书于红纸，榜示通衢"[4]，或者遍告亲友等，确属冠礼遗义。

男子的冠礼涉及鬓发，女子的笄礼更其如此。在古代，无论男女，幼年时都要结发，多是垂发，头发自然下垂；间有将头发扎成两撮垂于脑后的，叫"总角"，也不加修饰。成年时，则要把头发挽起来，用笄（簪子）簪上，以示成年。笄礼的详情如何，已不可考。后世笄礼也如冠礼，不那么郑重了，但女子的所谓"上头入月"，总是标志着成年的。"上头"是笄礼的俗称，"入月"

---

[1] 劲挺：《延安风土记》，西北大学出版社1986年版，第9页。
[2] 河北《定县志》，民国二十三年（1934年）刻本。见《中国地方志民俗资料汇编·华北卷》，第323页。
[3] 河北《高邑县志》，民国三年（1914年）铅印本。见《中国地方志民俗资料汇编·华北卷》，第102页。
[4] 河北《高邑县志》，民国三年（1914年）铅印本。见《中国地方志民俗资料汇编·华北卷》，第102页。

则指月经初潮,前者是装饰变化,后者是身体变化,都是成熟的标志。

冠笄之礼久废,婚礼也便有了成年礼仪的意义。对于女性来说,婚礼中的一种仪俗明显标示了这一点,那就是"开脸"。我国东西南北都有开脸的仪俗,或在婚典之前,或在婚典之后。开脸的原初意义,是指将久蓄未剃的额发、腮部汗毛修去,后来也包括了理妆、加钗,实质上与上头、加笄相同。婚礼上虽然没有与古代冠礼相类的仪俗,但大婚之礼本身就宣告了当事者的成人。玩味一下末代皇帝溥仪婚后的感受,或许很容易就能够明白这一点:

在这闹哄哄之中,我从第一天起,一遍一遍地想着一个问题:"我有了一后一妃,成了家了,这和以前的区别何在呢?"我一遍又一遍地回答自己:"我成年了。要不是闹革命,是我'亲政'的时候开始了!"[1]

### 3. 名与字

古人有姓、有名,还有字,姓、名、字三者结合,才构成了我国古代姓名的结构体系。

如前所述,一个人降生不久就有了名,称作"乳名"或"小名",入塾开蒙时又有"学名"("大名")。在未成年之前,是没有字的,所以说"童子无字"。只有长大成人,行过冠礼,才会有字,所谓"加冠命字"。

加冠命字,意味着字首先是成人的标志。《礼记·冠义》曰:"已冠而字之,成人之道也。"旧时女性年龄有"待字"、"字人"

---

[1] 爱新觉罗·溥仪:《我的前半生》,群众出版社1964年版(1982年第六次印刷),第135页。

之类的别称,说的虽是订婚与否,但根子还在笄礼或在字,可以看作未成年与成年的同意语。

字不仅是成人的标志,还是社会用以肯定乃至褒扬一个人的媒介。清人王应奎指出:"古者名以正体,字以表德。"(《柳南随笔》卷三)"成人,则贵其所以成人,于是乎命以字之。字之为有可贵焉。《春秋》以书'字'为褒,二百四十二年之间,字而不名者,十二人而已。昌黎墓志数十篇,标题概称官阀,惟李元宾(李观)、柳子厚(柳宗元)、樊绍述(樊宗师)称字,以见其人不必以爵位为重,是亦所以贵之矣。"(《柳南续笔》卷四)

名与字性质不同,用途也就不同。名是阶段性的称呼,幼时称小名,及长则称大名,成人命字,就不该再叫名了,而应以字相称。这时,名便成了应该避讳的;若叫了名,尤其是叫了小名,便是对名主的不敬甚至侮辱。人们一向偏执地认为曹操是白脸奸臣,故而一味地称他小名"阿瞒",露出不屑和侮慢的态度;相反,称曹孟德则是尊敬了。《春秋》里只有12个人走运,以字相称;其余的都称名,这等于一种贬斥。直到近现代,以字相称仍旧意味着尊重,在许多名人通信里,可以清楚地看到这一点。

名与字既然同系于某人一身,人们必然看重它们之间的连带关系,并且在内容和形式上表现出来。古人的名字多有连贯性,《白虎通》所谓"闻名即知其字,闻字即知其名"。名与字的这种连带关系,形成的方法不外以下数种:

(1)同义互训。诸葛亮字孔明,屈原名平字原,亮与明,平与原,都是同义词,可以互相训释。

(2)反义相对。韩愈字退之,黄损字益之,愈与退,损与益,都是反义词。

(3)连义推想。关羽字云长,由羽毛而推想到云。赵家驹字千里，驹为少壮之马，日行千里，驹与千里，也是连义推想。

（4）连义指实。赵云字子龙，陆云字士龙，由云的联想而指出云中的实物龙。清人赵承恩原名曙，字扶桑，曙即晓，指天亮，扶桑则是太阳升起的地方，也是连义指实。

（5）辨物统类。如范泰衡字宗山，蔡琬字季玉，周鼎字伯器，泰、衡为山类，琬为玉类，鼎为器类。又，卢翻字仲翔，李琰字景珍，翻是飞翔的一态，琰是珍宝的一种。

（5）原名加辞。如杜牧字牧之。

（6）干支五行。郑石癸字甲父，秦白丙字乙，纯属天干相合。楚公子午字子庚，郑印癸字子酉，天干地支相配。

（7）形体离合。如宋玫字文玉，尤侗字同人，张翚字羽军，姚椿字春木；又如毛奇龄字大可，卢文弨字召弓。

（9）形体增省。如秦桧字会之，顾媚字眉生。

（10）成语贯串。有的照抄成语，如魏哲字知人，本"知人则哲"；钱谦益字受之，本"谦受益"。有的照抄诗文，如薛玉壶字冰心，本"二片冰心在玉壶"。有的则着意发挥，或增多，或延伸，如陈鹤龄字鸣九，本"鹤鸣九皋"；李宗仁字德邻，本"里仁之为美""德不孤，必有邻。"

（11）表白思慕。如顾祖禹字景龙，雷渊字希颜，名直取仰慕者之名（祖禹，渊），字作注释，并提示姓氏（范、颜）。又如宋学朱字用晦（朱熹号晦庵），章如旦字希周（周公姓姬名旦），名字都表白仰慕之情及所仰慕者姓氏名字。[①]

实际上，名与字的连带关系并非以上11格所能概括。比如，宋人刘过字改之，名字在语义上有联系，但不是"连义推想、指实"所能概括。中国名与字的连贯（尽管并非全部如此）艺术，着实是光华熠熠、异彩纷呈。不妨再看一例：《越谚》作者清人范寅

---

[①] [马来西亚]萧遥天：《中国人名的研究》，国际文化出版公司1987年版。

字啸风，寅为地支之一，十二地支又与十二属相配合，子鼠丑牛寅虎，寅与虎相属（人名中有"寅虎"者），虎为山林之王，乃"兴风狂啸者"（鲁迅先生《答客诮》诗有句云："知否兴风狂啸者，回眸时看小於菟。"）寅与啸便连贯了起来。如此几经连环，真可谓曲尽其妙。

# 第五章　走向独立

在成年礼之前，人们总是在父母家人的照拂之下，即便已经少年甚至，也很难说是独立的。即如西方"斯芬克斯之谜"所暗示的，人只有在"中午"的时候，才是两条腿走路的。不独身体如此，就是在精神方面，一个人"站立"的时间也是有限的，并不与生命相始终。基于这样的身心原因，一个人也并非初生之时就开始在社会文化中"两条腿走路"，只有当他成人之时，才结束爬行，开始走向独立。

那么，这个"中午"，又在多大年龄？准之以古来"人生七十古来稀"之说，孔夫子所谓"三十而立"，可谓正当其时。说来也巧，在这里，中西文化似乎有些不谋而合了。

## 一、三十而立

### 1. 人生的目标

孔老夫子在两千年前总结自己说："吾十有五而志于学，三十而立。"（《论语·为政》）所谓"立"，其实就是成家立业。有据为证，《礼记》云："人生十年曰幼，学。二十曰弱，冠。三十曰壮，有室。"（《曲礼上》）又云："二十而冠，始学礼……三十而有室，始理男事……"（《内则》）《礼记正义》注释说："有室，有妻也"；"男事，受田给政役也"。显然，"有室""理男事"就是"成家立业"；"三十而立"，是说人到30岁就该成家立业了。这里，圣人和经典为人们明确了人生目标，描绘了生活理想，虽然还只是原则性的，不那么具体。

三十而立的首要方面是有室、成家，这是国人最低层次、也最基本的人生目标。说最低层次，是因除此之外，还可以有其他比较不易达到的目标，诸如受田给政役，光宗耀祖，显亲扬名，封妻荫子；说最基本，是因为即使高层次目标未能达到，仅此也就可以算完成了人生一世的使命，实现了人的价值；反之则一事无成，既未能尽忠，也未能尽孝，白活一场。

为什么呢？众所周知，中国人的家族、宗族观念极其强固，其中内容之一就是保持宗族纯洁、维持家族世系的信念，无论平民百姓、朝臣乡绅还是皇帝老子，都希望自己的家族、宗族能够永远存在下去，千年不替、万年不衰。要达到这样的目标、实现这样的理想，首要最基本的，就是必须保证家族成员的再生产；而这一点，又只能通过缔结婚姻来实现（过继、收养等均属下策）。因此，一个男子只要结了婚，他便开始为所在家族做着贡献；假如出有子嗣，那便立下汗马功劳，仅此就足可以活得心不虚、气不馁，昂首阔步，得意洋洋。反之，只要没有结婚、无出子嗣，即使博得了显赫的功名，也算白搭，照样在族人、邻里、同事面前抬不起头来，而且要背上"大不孝"的骂名。可见，结婚是人生最基本的事业，也是实现基本人生价值最便捷的途径。

三十而立的另一方面，是理男事、立业。古人说男事为"受田给政役"，讲得并不全面。老百姓是拿不到俸禄，也不会去收租的；他们也无由去当官理事，为国家所做也不过交交税金，服服劳役。只有社会的上中层人物，才谈得上受田给政役。由此看来，这个方面的业又可以分成两个层次，前者较低，后者较高。

较低层次的"男事"，跟结婚、生子差不了多少，不过是种田糊口，以简单再生产的方式维持生存。不过，低层次"男事"和结婚生子，满足的绝不仅仅是人们的低层需要；否则，它们也就不会成为国人最基本的人生事业和实现人生价值最便捷的途径。这是因为，在这些基本行为和事业上，也体现着、满足着人类的高层次需求。只要把它们与家族理想、社会价值观等联系起来考察，问题就极其清楚了；说不准，在这些行为事业中，还实现了人们的审美需求呢。

当然，更高层次的理想构成了更高层次的事业，这就是前文述及的光宗耀祖、显亲扬名、封妻荫子。显然，高层次的这些事业，都必须建筑在基本事业之上，否则就是空中楼阁。倘若能在维系家族、宗族香火不绝、世代绵延的基础上更上一层楼，那人生的价值就更大了。而这正是古来有志者所追求的。

《水浒》里的宋江，原本乃一刀笔小吏，生活倒也过得去。后来偶遇横事，逼上梁山，坐了水泊梁山的第一把交椅，名扬天下，便想着"封妻荫子"，接受招安，结果连老命也赔了进去。秦王嬴政剿灭六国、一统天下，想的也是秦朝传之千世、万世，结果却二世而亡。恰恰缘于实现这理想的困难，成就这事业价值的巨大，许多人便不懈地追求这份功名，实现更大的人生价值。

值得注意的是，中国人的人生价值从来都不仅体现在个人身上，而更是体现在祖父子孙的纵式关系链条中。一个人的价值不在于他个人是否成功，而在于他对家族的贡献，假如某人的一生对家族的维系未能做任何贡献，他的个人创造发明再多，其人生意义也就大打折扣。人生的事业是家族的事业，人生的理想、目标是家族的理想、目标。要说有个人的事业、理想，那么它也只能是家族事业、理想的一部分；游离于家族的个人事业、理想，在传统社会那里无法存在的。

## 2. 婚姻的意义

无论文化人类学家、社会学家，还是普通人，大家都不否认婚姻是个人得到配偶、获得新的社会身份的媒介。只有到成家立业之时，个人才能在真正意义上成为社会的成员。甚至认为，从婚礼直到第一个孩子诞生，这种身份变化才算真正完成。

我国古代曾有过甚为繁冗的成年礼仪——冠礼，但后来久已废弛，婚礼实际上承担起了成年礼的职分。因此，婚礼可以说是实际上的成年礼，是佐助青年"通过"的手段，是个人完成社会人角色的必要条件，它标志着人的成熟，标志着完全社会成员身份的获得。

对于女性来说，更是如此。中国女性对出生家庭来说是"外人"，因而在结婚之前，她的身份在某些方面始终处于未定状态；只有结婚，她才获得了确定的家庭、家族地位。古诗文说得好：女性出嫁等于回家，"之子于归，宜其室家"（《诗·周南·桃夭》）；"妇人生以父母为家，嫁以夫为家，故谓嫁曰归"（《公羊传·隐公二年》疏）。

对个人来说，婚姻不仅是成熟的标志，是获得完全社会成员身份的途径；同时也是完成性的手段，是使人在身体方面成人的媒介，是使人获得完全人格的桥梁。人们所谓"女人使男人成为男人""男人使女人成为女人"，说的就是这个道理。有家教著作在谈及结婚对女性五个方面的益处，大多也是就此而言：可完成女性美；可发挥伟大的母爱；可治先天性的疾病（如神经质、萎黄病），可改正变态心理（如洁癖、孤芳自赏、规避生育）；可使人长寿。不独妇女，男性亦是如此。[1]

婚姻不仅对个人重要，对社会同样重要。它的社会成员再生产功能，它的社会整合作用，都堪称意义巨大。我国从古至今，

---

[1] 张振宇：《家庭教育》，台湾三民书局1965年版。

社会都极其重视婚姻,称之为"终身大事"。一个人终身不婚,会成为人们眼中的另类,甚至不为社会所容。对于家庭、家族,婚姻也关系至巨,甚至是寄托着家庭、家族的宏伟理想,《礼记》所谓"将合二姓之好,上以事宗庙,下以继后世"。因此,中国人习惯上称结婚为"娶媳妇",就是说,是为父母娶了媳妇来;与此相应,儿子降生时,那男子便应该对父亲说:"生孙子了。"

婚姻的重要性,对整个人类文明来说亦属当然。由婚姻缔结而组成的家庭,直接承当了人类两大生产任务之一——人的再生产,而完全、和美的家庭则有利于为社会培养健全的人才。而这些,都推动了人类文明的进程,为人类社会的发展做出了贡献。中国古代哲人直觉地认识到了这一点,他们把人类诞生之后的万般情事,都归之于男女婚媾,就如《易经》所言:"有天地然后有万物,有万物然后有男女,有男女然后有夫妇,有夫妇然后有父子,有父子然后有君臣,有君臣然后有上下,有上下然后礼仪有所错。"(《序卦传》)

### 3. 职业与就业

在传统中国,似乎很少存在失业的问题。社会成员有着始终的依靠,那就是血缘关系结成的共同体——家庭与家族。这个共同体功能齐全,当然也是生产的协作单位。在这里,人们互相协作,男子和男子、女人和女人几乎都干同样的工作,老人和孩子虽然不去工作,但也没有衣食之虞,所在的协作单位因了他们已有的贡献和即将做出的贡献而赡养或抚养他们。这也就是说,即使不去工作,衣食温饱还是有所保障。在这里,家庭或家族承当了当今的社会保障事业。

其实,老人和小孩不工作,不能算是失业。青壮年则都有一份工作,但却并非谋职于外在的机构,而是作为共同体成员而工作,他们永远不会被解雇。那些为国家做事情的,也都是家庭、家族共同体中的一员,即使被罢了官、免了职,他们也还能在共同体中找到一份工作,尽管这份"工作"可能只是赋闲。在一个园艺式农业经济占主导地位的国度里,失业几乎是不存在的,从事这种职业的人"失业"实属不可思议;而那些在朝做官的人,也都是农民出身,一旦"失业",他们也会站在坚实的土地上。

没有失业,就业也便不成其为问题。一般来说,到了一定年龄,具备了劳动能力,也就自然有了一份职业。不过,职业训练也还是需要的。园艺式农业靠天吃饭、精耕细作,时令季候、生产技术的掌握至关重要,学习、训练过程又需要相当长的时间。因此,在农村,孩子们很早就承担起力所能及的工作,跟着大人劳动,耳濡目染,朝夕涵泳。

手工艺匠的职业训练,不像农业那样纯粹自然无为。它有一定的规矩,但终竟还是"无为而为之",师傅几乎不开口传授技艺,只是自顾自地工作。小徒弟刚来,连师傅干活都看不到,只能烧茶扫地、充作杂役。以后跟师傅一起做活,看得到师傅如何操作,可仍然没有"授受"的环节,学徒只能靠自己的领悟、摸索掌握本领。商业领域,情形也是如此。

士农工商四大职业中,只有科举取士这一门,其"职业训练"算是来得正规。孩子很小便延师就傅,教与学不再自然无为,"授受"环节明确。这个方面,古来的规范、说教等等,可谓连篇累牍,翻翻家训、家书、家礼等文献,不难了然,这里也就毋庸赘述。

学徒与读书,都要请师傅和先生的,于是,中国人生礼仪又多了"拜师""出师"一类的仪俗,只是不那么普遍而已。

关于中国的职业,向来有"七十二行"之说,并依从事行业的不同而分出"三教九流"的等次。概括来说,传统中国最基本的职业,就是上述士、农、工、商四大类。

农是从业最普遍的一种职业,旧时,农业人口占全国总人口的十之八九;即便到了20世纪,这个比率依然很高。传统中国以农为本、以农立国，因而农这一职业地位较高，居于第二。观念意识里，老农从来都把下地种田看作正经营生。在思考职业问题时，农人们很是朴素，他们从饮食温饱的需要出发，认为生产粮食的行当最为重要。从而建立了一种道德自豪感，他们说："没有乡下泥腿，饿死城里油嘴。"

工指手工业，在传统社会里，它从来都只是农业的补充，为农业生产和日常生活提供工具和用具。而且有时候，小手工业者本身就是农民，他们农时下田，农闲务工。独立的手工业，是伴随经济社会、尤其是市镇的发展而逐渐走向独立的。由于技艺性比较突出，手工业的分支也就最为琐细，所谓"隔行如隔山"，指的也主要是手工业以及其他艺匠。

商在四民之中，社会地位可谓最低，历史上屡受抑制。人们朴素地认识到了它不事生产、只在流通领域赚钱的特点，觉得商人的钱来得蹊跷、不踏实，甚至认为都是骗来的。此外，儒家的"义利"观主张先义后利，由此而在道德上形成对商人、商业的贬抑。

唯一超越农民地位的职业是士。士指读书人，亦即现代社会所谓"知识阶层"。这是一个特殊的阶层，也可以说是一个独特的职业集团。他们的职业就是读书，中举以后再去做官。读书本不该成为一种职业，而应是谋取职业的训练。但中国有些特殊，由于科举制度的影响，确实有不少人青灯黄卷、皓首穷经，一辈子读书；读书中举的，又有不少进了翰林院、国史馆，也不外读书、修书；得了其他官职的，也是不忘读书；告老还乡之后，还是读书。这样，读书便成为可以谋取饮食温饱甚至高官厚禄的途径，不啻于一种职业。读书是一种高雅清洁的职业，更是走上仕途的捷径，也是一般人实现光宗耀祖、显亲扬名、封妻荫子理想的唯一途径，因而人们认为"万般皆下品，唯有读书高"，士便成为居于首位的阶层。

## 二、婚姻奇风异俗录

婚姻作为人类社会最重要的一种文化现象之一，有着极其丰富的内容，在纵向、横向两个方面显现出千般变化、万种风情。从纵向看，人类社会迄今历时数千年，婚姻制度缓慢变化，呈现出几个关键性的历史层次；而具体的婚姻仪俗则更迭兴替，变化比较快捷，反映了不同时代的风貌。从横向看，世界之大，民族之众，造就了千差万别的婚姻俗制，姹紫嫣红、五彩缤纷。

中国历史悠远漫长，大体全面展示了人类婚姻发展的层次风貌；同时，960万平方公里的土地上生活着56个民族，婚姻的地方差异、民族差异也比较明显。过去、现在的每一个中国人，都遵行他所处时代的婚姻制度，也都按本地区、本民族的仪俗规制完成自己的终身大事——结婚。

### 1. 婚姻制度漫谈

人类并不是一开始就实行现代社会的一夫一妻婚姻制度的。把人类历史的累积层切割开来，从横剖面上可以看出人类婚姻制度的几个层次。大略说来，可以将人类的婚姻制度分为杂婚、选择婚、对偶婚、专偶婚四个层次。

杂婚也称"乱婚"，是人类社会最早存在的一种"婚姻"关系。在远古社会，人类的始祖们过着杂乱的两性生活，性伴侣不经选择，也没有固定的配偶形式，从而也就未能构成任何形式的家庭。孩子只知其母，不知其父。这种"婚姻"制度在各民族神话传说中多有反映。不过，那种杂乱的两性关系实在算不上"婚姻"。

在杂婚之后出现的，便是有选择的两性关系。其实，杂婚之外的所有婚姻关系都是选择性的，但这里在较狭的意义上使用。婚姻关系的最初选择是排除父女、母子间的性交、通婚，而保留在直系和旁系兄弟姐妹之间。其后的选择是进一步排斥同胞兄弟

## 第五章　走向独立

姐妹通婚，而保留旁系兄弟姐妹的通婚关系，并扩及其他同辈亲属的婚姻关系。但是，与杂婚一样，这时的婚姻还未确立一对多或一对一的关系，仍然是群对群的，可以统称为"群婚"。

婚姻对象的进一步选择就是摈除群婚（共夫共妻），同时排除任何血缘关系，使男女有明确的婚姻对象、缔结明确的婚姻关系，这就是对偶婚制。这种婚姻制度厘清血缘与姻缘纠缠不清的婚姻关系，也为父权制的确立开通了道路。不过，对偶婚姻还不是一对一的关系。

对偶婚之后通行的是专偶婚，这是我国周秦以来一贯的婚姻制度。专偶婚与私有制和父权制的确立有着互相促进的关系，由于这种婚姻制度的确立，开始产生向自己子孙传递财产的私有继承观念，也开始了男权世系的发达。现代社会通行的仍然是一夫一妻的专偶婚，并逐渐摈弃了私有的、不平等的因素，正在走向人类理想的婚姻。

与婚姻制度相关的另一种婚姻俗制，称作"婚姻居住规制"，指年轻人结婚后在哪里安家落脚，由此而形成的俗制。传统中国占主导地位的居住规制是从夫从父居，而在我国部分少数民族或其他国外民族，还曾存在其他几种规制。

毫无疑问，从夫从父居是父权制、大家庭的产物。这种居住规制规定，青年人结婚必须女到男家，婚后与男方父亲一起居住。中国传统社会是父权家长制社会，是男性中心社会，男人在社会生活中占据主导地位。婚姻关系上也是如此，婚后女到男家乃理所当然，否则就是反常。同时，传统中国的家庭一般为扩大家庭，就是说，结婚的儿子媳妇还要与父母生活在一起，有的终身如此，少则也需一两年。不仅如此，中国式从夫居的意蕴还在于男女结婚之后，女的就成了男家的人，要"嫁鸡随鸡、嫁狗随狗"，生时要用丈夫的姓，死后要进男家的祖坟。生育的孩子随父姓，为夫家所有。妻子不仅没有继承财产的权利，连她本身也不过是夫家的财产。从夫从父居不仅存在于中国，也是许多父权制社会通行的婚姻居住规制。

与从夫相对的，是从妻居，即结婚后男到女家，与女方的父母一起生活。我国旧称这种婚姻规制为"上门婚""招养婚""倒插门"，是一种特殊的婚姻情况。男子入赘后，其地位一如女到男家，孩子随母姓，为女家所有，丈夫亦无财产继承权。在一些地区、一些民族那里，这种婚姻居住规制是主流，当然也就被视为异常。

综合上述两种特点的，叫"双方居"，也就是既与女方父母一起生活，也与男方父母一起生活，或者轮番居住，或者先彼（从妻）后此（从夫从父），然后固定不变。云南某些地区的上门婚就属后者，男女双方说亲时要商定从妻居时间，长短数年、十数年不等。

古老的婚姻居住规制还有从舅居和分别居。前者可谓舅权制的遗存，指男女婚后与男方的舅舅一起生活。后者则指各自居住在自己家里，与原来的家人一起生活，如福建惠安的婚俗，云南永宁纳西族的"访妻"婚等。

在现代社会，最为常见的婚姻居住规制是独立居，即男女青年结婚后，脱离原有家庭，独立居住、生活。这种新的婚姻居住规制，如今在我国城镇已经相当普及。在广大农村，这种俗制也同样渐趋普及。这种婚姻居住规制改变了传统的家庭结构，使扩大家庭日趋减少，核心家庭迅速增加。

### 2. 婚俗万花筒

如果将世界各国、各民族的婚姻习俗加以搜集整理，得到的一定是块色彩缤纷的百色板，定会令人感到新鲜、有趣。尽管并非每个人都会这些婚俗，但了解它们，对理解我们的传统文化、现实社会，或许会有所助益。

## 第五章 走向独立

（1）偷来媳妇抢来妻

历代文学作品，不乏恶霸强抢民女为妻为妾的描述，那里的抢是实质性的。在婚姻仪俗中，还有一种仪式性的掠夺、偷窃婚姻。在一些地区，曾经流行过偷娶媳妇之俗，即在夜深人静之时悄悄地偷着迎亲。而相关的民间传说，则为此做出解释，诸如当地恶霸强抢新娘糟塌，于是人们便在夜里偷偷娶亲，由此而历久成风。这种偷悄悄娶亲的婚俗，与古礼中的黄昏亲迎颇有相似之处。

我国少数民族也有"偷婚"的习俗，比如傣族的"纳少奔"、德昂族的"登用"以及侗族、哈尼族的此类风习。这种情形大多是在青年男女倾心相爱、父母一时不允的情形下发生的。傣族"偷姑娘"习俗多见于云南德宏地区，相爱的年轻人商量后，姑娘背着父母，趁黑夜跟小伙子逃到公婆或亲戚家，随身带走个人财物，交给男方，以示爱情的坚贞。偷婚男女无论到了哪家，都受到热烈欢迎，表现了傣族人民对纯真爱情的肯定和赞赏。姑娘一经逃走，就表示男女双方情意坚定，社会上也认为"生米煮成了熟饭"，不能再拆散。离家的第二天，男方便约请村中老人或由男方父母去看望女方父母，代儿女"讲情认错"，使女方父母精神上得到安慰，在村民中"有脸面"，从而同意这门婚事。[①]

娶妻迎亲不仅可以偷，还可以抢，这就是所谓"掠夺婚"（俗称"抢婚"）。掠夺婚曾是许多民族婚姻史上存在过的婚姻习俗，中国也是如此。《周易·屯》六二爻辞云："屯如邅如，乘马班如，泣血涟如。匪寇，婚媾"，描写的就是古代马蹄踏踏、哭声阵阵的抢婚场景。旧时，在西南彝、傣、阿昌、侗、傈僳、瑶等族以及西北的土族，也有抢婚习俗。这种行动多在男女青年的自主婚姻受到阻拦时发生。晚近之时，云南禄劝一带的彝族仍然盛行抢

---

① 《西南少数民族风俗志》，中国民间文艺出版社（云南版）1981年版，第175-176页。

婚，但性质有所变化，旨在为婚礼增添喜庆热闹的气氛。娶亲那天，男家挑选精壮的未婚小伙到女家抢亲，女家则组织姑娘们守护新娘，如此一抢一护、一攻一守，打闹得难解难分。当然，胜利的必然是小伙子，当小伙背起抢到的新娘撤走时，姑娘们穷追不舍。走过一二里地，姑娘们摇身一变，充当了送亲的角色，婚礼顺利进行。①

（2）嫁儿子、娶女婿

在我们的社会里，婚姻一般是嫁女儿、娶媳妇，这是普遍的、正常的；相反，嫁儿子、娶女婿则比较少见。不过，历史上、现实中，无论汉族还是少数民族，这种现象都是存在的，而且在一些民族那里曾经是长时期的历史存在。这种婚俗叫"招养婚"，俗称"上门""入赘""招女婿""倒插门"等。

由于传统夫权观念的影响，一般男子不愿做赘婿；而不得不做赘婿的，不是家庭贫困，就是和女家有亲属关系，或者还有其他原因。电影《老井》里旺泉子做了人家的上门女婿，不仅在姓氏、承祧、继承方面要屈从女家，而且还要像娶过来的"媳妇"一样倒尿盆——这是居于从属地位伺候人的象征性标志。旺泉子是因为穷困才做赘婿的，爷爷希图"嫁"出大孙子，得些彩礼，来给二孙子娶媳妇。

女家招女婿的目的在于传宗接代、延续香火，或者父母只有独生女儿，希望招个女婿在家照顾自己，颐养天年。因而，赘婿有"养老女婿""布袋"之称。"布袋"之谓，解说纷纭，有人认为指赘婿入赘，如入布袋，无由出气；但另一种解释更有说服力，即"布袋"为"补代"的讹传，"人家有女无子，恐世代自此而绝，不肯嫁出，招婚以补其代，故谓之'补代'耳"（王应奎《柳南续笔》卷一）。

---

① 邓立木：《西南民族抢婚习俗浅析》，《中央民族学院学报》1990年第2期。

（3）亲上加亲辈辈亲

在古老的母系社会，母舅享有特殊的权力，其中之一便是儿子娶姐妹之女为媳的优先权。我国的傈僳、水、苗、怒、布依、土家等民族，都曾存在这种现象。姑姑家的女儿出嫁，要得到舅父的应允；只有舅父之子不娶时，才能另嫁别人。有的则是姑母之女外嫁，要付给舅父一定的礼金，俗称"舅爷礼""舅爷钱"。这种婚俗，显然是舅权制的孑遗，诚如俗谚所云："树最大的是杉木，人最大的是母舅。"而姑母之女嫁回舅父之子，或者另嫁别人时支付礼金，可以看作对当年姑母出嫁的补偿，体现了婚姻的"互惠性"。

与上述这种"回头亲"相反，另一种发生在姑舅之间的婚姻关系，是舅父的女儿嫁给姑母的儿子，汉、满、拉祜等族都曾有过这种婚俗。不过，汉族人认为，舅家儿子娶姑家女儿是"骨血倒流"，不吉利，禁止通婚。此外，"姨表"之间通婚也曾较为流行。此类姑表、姨表之间形成的婚姻，习称"表亲婚"。舅权之外，这种婚俗的成立还基于两个因素，一是亲族之间存在固有的感情基础，又容易培养新的感情，再缔结婚姻，可以"亲上加亲"；一是为了更有益地处理财产继承关系，所谓"肥水不流外人田"。

表亲婚在古代及近代曾很是盛行，文学作品多有描述。《红楼梦》里一大群姐妹的婚姻多为表亲婚：宝玉与宝姐姐是姨表婚；而他想与林妹妹结的亲，则是姑舅表婚；王熙凤嫁给姑母王夫人的堂侄儿，也是表亲婚。巴金小说《家》里，觉新倾慕梅表姐，虽未能终成眷属，但也折射了表亲婚俗。

表亲婚属于近亲结婚，对后代的健康危害极大，已经为现代社会所摈弃。我国现行《婚姻法》明令禁止"直系血亲和三代以内的旁系血亲"结婚。不在此例的较远的血亲结婚，对后代也有影响，不宜提倡。现在，人们已经比较清楚地认识到了这一点，表亲婚必将走向绝迹。

（4）特殊财产的继承

中国有句俗谚，叫"买来的马、娶来的妻，任我打来任我骑"，是说娶来的妻子与买来的马匹一样，都是私有财产。确实，历史上曾经存在将妇女当财产继承的婚俗，这就是转房婚，学者谓之"逆缘婚"。其具体表现，诸如：兄亡弟娶嫂子，姐死妹嫁姐夫，嫡子继承父妾，弟亡弟妇转嫁兄长，伯叔殁伯叔母转嫁给侄儿，等等。继承可以是同辈之间的，也可以是两辈之间的；顺序继承，父亲、叔伯不允许继承儿子或侄儿的妻妾。

我国古代文献有"兄死弟继""父死子继"的说法，是指弟弟可以继承长兄留下的遗产——嫂子，儿子可以继承老子留下的遗产——庶母和父亲的媵妾。《史记·匈奴列传》记载匈奴有"父死，妻其后母；兄弟死，尽取其妻妻之"的习俗。

转房婚俗在我国许多地区、许多民族中都曾有过，在一些地区、一些民族甚至具有一定的普遍性。在现当代，转房婚仍有个别存在，只不过大多建立在平等自愿的基础上，且须符合国家法律法规。

转房婚具有明显的财产继承意义，可以看作财产继承、转移的变异形式。有的民族寡妇另嫁，新夫必须偿还亡夫迎娶时所支付的"买姑娘钱""奶母钱"。这正说明娶来的媳妇是财产，再嫁别人等于财产的转移。不过，转房婚的意义不至于此，继承人在继承"财产"的同时，也担负起了养育前夫子女以及其他方面的义务，对于维护原有的家族系统和姻亲关系也有一定的意义。

（5）换亲夫妻没感情

在古代氏族社会，曾流行过一种氏族外婚的形式，即两个氏族的男子议定互换其姊妹为妻，或互换其女儿为媳。学术界称这种婚姻为"交换婚"。不过，氏族社会的交换婚发生在氏族之间，是集体与集体的交换。交换婚也表现在姑表婚的两代人交换上，姑母出嫁生女后，又回到舅父家做媳妇，这是亲族之间的个体交换。

此外，我国还曾存另外一种交换婚形式，民间称作"换亲"，即两个男子交换其姐妹，各以对方的姐妹为妻。这种婚姻的出现，主要是由于家境贫寒，无法支付彩礼，或者男子本身条件差，比如年长、丑陋、残疾等。基于此种原因，家长不得不以女儿为筹码，与另一个和自己情况近似的人家交换女儿，从而给儿子换来媳妇。这样，双方达成一种互惠关系，无须请人说媒、锱铢计较，谚语所谓"姑娘调小子，两下都省事"。

要说的是，在交换婚里，妇女往往是纯粹的牺牲品，婚后多无幸福可言。一支山西民歌这样唱道：

攒的眉头抽的筋，
换亲夫妻没感情。
黑了睡在一打打，[①]
好像腊月挨上冰。

（6）胎衣与襁褓里的婚姻

婚姻本来应该是当事双方自己的事情，别人不应横加干涉。然而在传统中国，婚姻不仅为金钱所锈蚀，也被父母所包办。在父权家长制的家庭里，家长常常将自己的意志强加于儿女的婚姻，不仅在他们当婚当嫁的年龄，也在他们尚未成人、尚不更事，甚至还未出生的时候，由此而缔结奇特的胎衣与襁褓里的婚姻。

《中华全国风俗志》载：

（湖北）黄陂儿童初生之时，即有媒人前来说媒。如双方满意，便请媒人饮筵，名曰"呷准酒"，以表示允

---

① 一打打：晋北等地方言，意为一起、一块儿。

许之意。于是就日者择一吉日，排起筵席。席毕，将男女生辰，书于庚帖之上，彼此各执一纸，以为证据。至结婚之前一二年，男家每逢时节，必须送妆饰品及鱼肉等至女家，名曰"送礼节"。迨男女年龄至二十五六岁之时，始择期迎娶。①

  这里所记载的，就是襁褓里的婚姻，俗称"娃娃亲"。
  娃娃亲的用意，大约在于父母想及早为子女敲定终身，了结心愿，同时也反映了民间强固的家族、宗法观念。显然，娃娃亲是有违人情事理的陋俗，因而当代已经基本革除。
  有人说西方文化是"杀父的文化"，中国文化是"杀子的文化"。也就是说，中国传统文化给了父亲过多的支配、处置子女的权力，给了子女过多的对家长孝顺、屈从的义务。就家长可以任凭自己的意志支配、处置子女，从而可能断送他们的幸福这一点来看，中国文化算得上"杀子的文化"。
  家长对于子女的粗暴蛮横，莫过于"指腹婚"，父亲因为自己的友情、爱好，乃至一时的冲动，就可以为尚未出生的子女缔结婚约、敲定终身。指腹婚又称"胎婚"，当两家女人怀有身孕时，他们的丈夫指腹相约，约定产后若为一男一女，便结为夫妻（都生男结干兄弟，都生女则结干姊妹）。山东旧俗，指腹为婚时，要割妇女衣襟以为信物，故有"指腹割襟""割襟换酒"之称。
  指腹为婚，大约兴起并盛行于两晋南北朝时期。那是一个门阀观念极强的时代，婚姻极为讲究门当户对。可阀阅之家毕竟是少数，如果未能抢占先机，就可能无法如愿，于是便抢"先"到儿女尚未初生就定下了婚姻。
  后世情形有所不同，大多在于双方家庭的关系，即两家或为

---

① 胡朴安：《中华全国风俗志》下篇卷六《湖北·黄陂风俗志》。

世交，或为新友，或为乡邻，家长为了将上代的友好关系延续下去，便把自己的意志强加于子女，试图以子女的婚姻来达到目的。历史上，这种婚姻曾受到强烈的谴责，元代法律明令禁止，如今已经绝迹。

（7）十八大姐周岁郎

男女双方的婚龄，谁大谁小应该怎样才算合适，历来聚讼纷纭、莫衷一是。我国民间习俗与法律规定，一般取男大于女的意向，且总归要年龄相仿。民间虽有"女大三，抱金砖"，"妻大两，黄金日日长；妻大三，黄金积如山"的俗谚甚至美谈，但总的来说，男大于女才是主流。

说起来，尽管男大于女是普遍取向，而女大于男且年龄相仿的婚姻，在生活中却也比比皆是。特别的是，有的不仅女大于男，而且大得悬殊。这种的婚姻"源泉"之一，就是童养婚。

毫无疑问，童养婚是封建家长制制造的畸形婚姻，同时又具有剥削的成分：童养媳多是抱养或买来的贫苦人家的幼女，幼时做养女，长大时完婚转为儿媳。一般来说，不为生活所迫，父母不会让自己的女儿去做童养媳，与此相对，童养媳幼时虽说是养女，实则是婢女，伺候一家老小，地位低下，生活劳苦。

童养媳有的是主家已有儿子时抱养，有的则是尚无子嗣时就抱养的。后一种情形的出现，一方面是主家希望得到廉价的劳动力，另一方面也有民俗信仰"以媳召子"的因素。这种童养媳需要等郎，等来了就结成"等郎婚"；否则再另嫁他人。有时候，郎要到十二三岁才能等来，于是男女婚龄就出现了较大的差额，所谓"十八大姐周岁郎"。

此外，旧时人们为了尽早抱上孙子，以图五世同堂、香火绵延，往往有儿子十来岁就给完婚的，媳妇则多选择身体、心理成熟的女子。这样，儿子一有生育能力时，媳妇便可受孕生子；与此同时，成人的媳妇，还可以在生活上照顾年幼的丈夫，可谓"一举两得"。

总之，无论童养媳还是小女婿，它们都是封建宗法观念和剥削意识的产物，是畸形的婚姻。现在，尽管这种婚姻已基本绝迹，但我们不该忘却历史，不该忘却被侮辱被损害的中国妇女的怨艾：

十八大姐周岁郎，
每天每晚抱上床，
睡到半夜要吃奶，
劈头脑，几巴掌：
"只是你妻子，不是你娘！"

（8）二套马车拉得欢

在世界历史上，有些民族曾有过共妻的婚俗，即几个男子共同与一个女子结婚，或者共同拥有一个女子。在我国，共妻亦曾存在，且起码有过两种变异形态。

旧时，西藏地区有兄弟共妻婚俗，诸兄弟之中以长兄为主夫，其余为副夫，子女以生育次序分配，长子女归长兄，其下依次类推。据说这种婚姻是出于经济上的考虑，如保持兄弟财产的始终统一，另外则标志了家庭的和睦。在汉族的一些贫穷地区，也曾有此类共妻现象，多是男家无钱娶妻，从而兄弟合娶一妻，一妻事二夫，二夫养一妻、数子。

另一种形态，是所谓的"拉帮套"。这种情形的造成，多为已婚女子的丈夫患病不能扶养妻儿老小，家境又很是困窘，不得已招一个鳏居的男子，共同承当家庭负担。而被招的男子又多为家境贫寒、无以娶妻者，接受这种现实，既可以完成性生活，有时候也可以因契约而得到子嗣、延续香火。被招男子与女子，形成了事实上的婚姻。

第二种婚姻情形的形成，也有已婚女子因丈夫被判刑，或者长期外出、杳无音信，为了维护家计、养老扶幼，不得不与另外的男人结合。丈夫出狱或归来,仍旧继续维持现状,形成两马拉车的所谓"二套马车"的情势。许地山小说《春桃》里的两位男主人公与春桃,事实上就是这样的关系。

(9)借"妻"生子

我国民间有一句俗语,叫"借上娃娃过满月",用来嘲讽、挖苦那些借别人东西炫耀、风光的人的。借娃娃过满月的事情,恐怕少见;但借老婆生孩子的事情,却绝不是没有的。柔石小说《为奴隶的母亲》,讲的就是这样一个故事:穷苦的丈夫为了生计,只得把自己的妻子出典给乡绅。这妇人在乡绅家里做活、生子,记挂这边的孩子;等到给乡绅生子并且奶养,典期届满回到原来的家里,又记挂那边的孩子,如此两难境地,真让做母亲的心都碎了。

这种特殊的婚姻,叫"典妻婚""承典婚"。男方一般是出于子嗣的需要,女方夫妻则是迫于生计的困窘。在出典当中,承典者要支付对方一定的钱财,并规定承典时间;而出典者则主要完成生子的任务。实质而言,这说不上一种婚姻,倒是一桩如假包换的买卖,其丑恶与残酷,令人不齿、切齿。

## 3. 包办与自主

《红楼梦》第五十七回里,宝钗的母亲薛姨妈曾说了这样一番话:"……自古道:'千里姻缘一线牵。'管姻缘的有一位月下老儿,预先注定,暗里只用一根红线,把这两人的脚绊住,凭你两家那怕隔着海呢,若有姻缘的,终究有机会作成了夫妇。"不知薛姨妈的这番话是否在为宝玉、宝钗的金玉奇缘张目,但那月下老儿却并不一定有那样本领,或者竟是"乔太守乱点鸳鸯谱",倒是父母之命、媒妁之言来得实在,比那红丝的力量大得多。且不说姻缘如何吧,那《红楼》里的傻子宝玉就是稀罕林妹妹,不待见宝姐姐,他日思夜想的就是与林妹妹结成百年之好;可老太太（贾母）、太太（王夫人）、老爷（贾政）一句话，他还不是与宝姐姐配了对儿？

宝玉的婚姻是包办的，中国古代无数青年的婚姻也多是包办的。在《诗经》的时代，青年男女有时候尚可自由约会、恋爱，甚至结合。但《诗经》中同时就有"娶妻如之何？必告父母""娶妻如之何？匪媒不得"的句子，说明婚姻的包办性质已经发端。其后，这方面的戒条越来越多，"男子非有行媒，不相知名；非受币，不交不亲"（《礼记·曲礼》）；"男不自专娶，女不自专嫁，必由父母，须用媒妁"（《孔子家语·嫁娶》）；甚至家长连孙子的婚事都要管起来："凡诸孙论婚，须先禀知，切勿径许"[①]。

随着古代历史的发展，青年的婚姻自由越来越少，乃至完全丧失了。父母凭借自己的意愿、标准等挑选儿媳、挑选女婿，全不把儿女的心愿放在心上，好像结婚的不是他们。酒鬼的父亲跟另一个也是酒鬼的父亲一起醉酒，在神经麻痹的情况下，就会为他们的儿女订下终身；一个有"爱莲癖"（喜欢小脚）的老子偶然见了姑娘的一双小脚，就给儿子找到了媳妇；贪钱财的父母为了几两银子，就可能将女儿投入火坑。就是那些深爱着自己儿女的父母，也大多不能爱以其道，让孩子们自主婚姻。青年男女在他们的婚姻中，只是受编派的演员，"仿佛两个牲口听着主人的命令：'咄，你们好好地住在一块儿罢！'"[②]假如他们自作主张，那便是忤逆不孝。包办婚姻不仅是封建时代的陋俗，时至今日，它仍然有着一定的市场，父母"棒打鸳鸯"仍是屡见不鲜。

包办婚姻往往导致婚姻悲剧，这种事情历代都有、代不绝书。著名的乐府诗《孔雀东南飞》记载的，正是父母包办婚姻的悲剧；

---

[①] 左宗棠：《与宽勋同书》，《左宗棠全集·诗文·家书》，岳麓书社1987年版。
[②] 鲁迅：《热风·随感录四十》，人民文学出版社1973年版。

宋代大诗人陆游与表妹唐婉的婚姻悲剧,也是父母干涉的结果。在近现代史上,许多著名的人物都曾有过父母包办的婚姻,比如鲁迅等。这些人由于受到新思潮的熏陶,毅然迈开了婚姻自主的步伐,从包办婚姻中解脱了,但另一方的女子大多没有解脱出来。这些男女都是包办婚姻的受害者,后者则更是牺牲品。

正是因为社会生活中包办婚姻的普遍存在,历代文艺作品对此也多有反映。一部《红楼梦》,其中的少男少女不少,可大多未脱包办的羁绊,迎春、探春、史湘云、贾宝玉、薛宝钗无不如是,完美的几乎没有,有的丈夫早死,有的丈夫是无赖,有的夫妻合不来,有的夫妻闹别扭,宝玉则撒手遁入空门。一曲《梁祝》,唱尽了包办婚姻的悲歌,也唱出了对自主婚姻的礼赞。

包办婚姻的社会基础无疑是家长制,在这种制度下,子女只能唯父命是从,而家长也把操持子女的婚姻当作权力、责任。此外,社会普遍的婚姻观对此也有重大的影响。古人认为,婚姻根本不只是婚姻当事者的事情,它更是家庭、家族的事情,它具有许多功能,其中还有些神奇的功能。它可以使两个家族亲上加亲,也可以变仇雠为戚属;可以从中获取名利、官职,利用婚姻结成的裙带关系,一个人可以从平民而陡然官居一品、显贵尊荣。中国古来的婚姻附带了太多的社会内容,人们怎么会交给热头热脑的青年人自己去处理呢!还有,封建的纲常礼教完全剥夺了年轻异性之间的交往,他们没有机会去结识、了解异性,自主也就无从说起。

然而,两性相悦、情结百年毕竟是人类最神异、最美好的事情,因而许多人都想自觉地把握情感海洋中的舵柄。尽管中国历史是包办婚姻的一统天下,但婚姻自主始终是不向狂风大浪屈服的小舟,披风斩浪,勇往直前。在中国婚姻史上,始终跳跃着一个响亮的音符——"婚姻自主"。

青年男女为了纯洁的爱情,冲破家庭牢笼和封建礼教的束缚,勇敢的相恋、结合，或者殉情，这类事件在历史上俯拾即是，留下了许许多多可歌可泣的篇章。不过，面对强大的封建势力及其代言人的家长们，青年男女的恋情大多被扼杀了，难以由此而走向自主的婚姻。在这种情况下，他们的唯一出路就是以身殉情，以死来向封建势力挑战。民间故事《梁山伯与祝英台》，为我们塑造了祝英台这样一个永远闪光的形象。

### 4. 彩礼·买卖婚·互惠性

人类学家、尤其是社会学家，通过考察不同地区、不同发展阶段的社会文化，进而得出结论：人类任何的交往都是有条件的，都涉及利益问题，由此而将"互惠性"命题广泛运用于各种文化现象的诠释。

互惠性指人类活动中普遍存在的一种利益关系，即某些集团、某些人的利他行为都在期待着得到相应的回报，得到利益的集团或个人则应有所贡献，由此而达到互惠互利。学者们把这种互惠性分成几种类型。比如不明确期待回报的互惠性，它存在于原始社会和部落氏族，人们共同狩猎，所获基本均分，不管某人这一天是否有收获，都能分到一份食物；同时，人们也并不明确地期待这人在什么时间、用什么东西来回报，而当他有所猎获时，也同样要分给他人。有些互惠性则明确规定回报的时间、方式和对象物，有的甚至一如现代的商品交易。——这是另外两种类型的互惠性，是普遍存在于私有制社会和商品经济中的。基于这些理论可知，人类的任何行为都带有互惠的性质，连爱情、婚姻也不例外。

在对偶婚出现以来，婚姻就有互惠性存在，部落集团之间群婚的前提条件，就是相互提供性的对象，是一种均衡的互惠。我国曾经存在的"换亲"也是为此，只不过提供性对象的不是部落集团，而是家庭罢了。

## 第五章 走向独立

　　私有制产生以后，它与专偶婚制共同构成了婚姻互惠性的基础。考察一下历史上存在的所有形态的婚姻，几乎都可以找到互惠的影子，只不过互惠的内容、方式、时间等不同而已。换亲是性对象的均衡互惠，双方的得益和给付是相同的，时间也有大体的限定。劳役婚则是性对象与劳动的互惠，女方给男方做妻子，男方则需为女家做工，或者在未聘娶之前，或者结婚之后与妻子一起为女家干活，劳役时间的长短，与该社会有关妇女的价值评定相关。入赘婚亦复如此，是权益与财物的互惠，女家给付男方一定数量的财物，男子却要放弃姓氏、继承等诸种权益。转房婚也是权益的互惠，幼弟可以承继长兄的孀妻，同时也要抚养长兄的子女。拉帮套一类的招养夫婿，与劳役婚相差无几，即原有夫妇家庭为孤身男子提供性对象，这男子则承担养育一家老小的义务。至于承典婚，它的商品交换特点十分明显，是完全的互惠。此外的表亲婚、童养婚乃至冥婚，都有互惠的性质。婚姻史发展到今天，自由婚姻占据了主导地位，尽管有人仍然可以说这种婚姻是纯粹的情感和性的互惠，但它与历史形态的那些婚姻毕竟有了本质的区别。

　　互惠性在婚姻形态上的典型表现就是买卖婚。这种婚姻表现为婚姻双方性对象和财物的互惠。其他形态的婚姻尽管具有互惠的性质，但商品化特点不那么赤裸裸，而买卖婚则是婚姻双方赤裸裸的商品交易，是完全的互惠。在这种婚姻当中，男方支付的是财物，人类学家谓之"婚资"，重义轻利、爱面子的国人则称之为"彩礼"。婚姻为人生喜事，关系到两个家庭、家族的联合，用钱财作为媒介并直呼其名曰"婚资""财礼"实属不雅，富于创造力的民众拈出了"彩礼"一词，既未丢掉实质性的内容，又有了好听名称可以掩人耳目。不过，彩礼终究还是婚资，是银元、纸钞，是绸缎布帛、金银玉器、家具什器，甚至是原本无价、实则身价颇高的各种证照、名分，如此等等。

买卖婚姻的历史与婚姻的包办一样，在我国大约已有两千多年的历史。《礼记·曲礼》指出："男女非有行媒，不相知名。非受币，不交不亲。"可见那时的婚姻中，"币"就起着一定作用——尽管不无象征意义。不过，古时候的"六礼"之中，所携礼物并不昂贵，数量也小，不过是雁什么的。到了汉代，就连纳彩所携礼物也不下十种，更不用说纳征了，发展可谓迅速。至宋，朱熹将六礼改为三礼，将"纳征"干脆改作"纳币"，婚姻索取钱财之风盛行，女家要嫁女儿，不问男家人品门第，先问彩礼多少，以至于立下契约，写明财物多少，与市场交易相差无几。

应该说，买卖婚姻与商品经济难脱干系，因而宋代以后，婚姻买卖之风略无稍减。现代中国农村，直至20世纪末，此风依然盛行。虽然彩礼不仅限于钞票、银元，随行就市，以至于后来一时间几条腿，一时间几大件，一时间又新几大件，五花八门，既有古雅，又显新潮。

买卖婚姻的恶俗，早为有识之士所认识、所批判。越是婚姻买卖风炽之时，就越有人站出来口诛笔伐，谴责声讨。南北朝时，颜之推的《颜氏家训》，就曾对买卖婚姻给予抨击："近世嫁娶，遂有卖女纳财，买妇输绢，比量父祖，计较锱铢，责多还少，市井无异。……贪荣求利，反招羞耻，可不慎欤！"（《治家》）宋代司马光也对此种恶俗表现出极大的愤慨："婚姻之论财，夷虏之道也。夫婚姻者，上以事宗庙，下以继后世也。今世俗之贪鄙者，将娶妇，先问资装之厚薄；将嫁女，先问聘财之多少。至于立契约云'某物若干，某物若干'以求售某女者，亦有既嫁而复欺绐负约者。是乃驵侩鬻奴卖婢之法，岂得谓之士大夫婚姻哉！"（司马光《书仪·婚仪上》）

买卖婚姻强有力地影响中国传统、现代婚姻，根源是多方面的。首先是经济的落后，越是在经济落后的地区，买卖婚姻的风气就越盛。落后的地区没人愿意去，便只能出高价娶媳妇，相应地也就不得不高价嫁女儿。家境贫寒,却又儿多女少,为了给几个儿子都娶上媳妇,也就只好在女儿身上打主意,索要更多的彩礼。这一点充分证明,贫穷确实是导致买卖婚姻的根源。其次是包办,婚姻不由当事人做主,不是出于情感,就必然在门第、彩礼上多所计较。此外,社会意识也起着不可忽视的作用。倘若某家嫁女不索或少索财礼,有人就会说这家的女儿不值钱,或者患有隐疾,或者人品不端。当然,婚姻当事人婚姻观不正确,也会导致买卖婚姻。

买卖婚姻的陋俗必须移易、革除,这是历史的必然。在不久的将来,人类婚礼进行曲中最强烈的两个音符,必然只能是人性与人情。

5. 媒

我国传统婚嫁总要用到媒人,所谓"男女非有行媒,不相知名""父母之命,媒妁之言"。即便当今,媒也还以某种形式存在着,或者客串,或者兼职,或者专门;或者个人,或者团体,或者企业。

在传统中国,媒人是一种职业,专司婚嫁双方的联络、协商等事宜。大约在专偶婚制产生以后,媒人就诞生了。之后,它在中国婚姻舞台上跑前跑后,奔东奔西,摇舌鼓噪,信口雌黄,相当活跃,表演得可谓淋漓尽致。

媒人在传统婚姻舞台上,是个了不起的重要角色,总是被待为上宾,吃香的、喝辣的,且看:"新婚之家,必有媒介。当亲迎之日,为媒介者,峨其冠,华其服,高视阔步,大有唯我独尊之概。主人必先于其大门之外,设方桌一席,席置水果醇酒若干,择饮士二三,立待于其前。俟媒介至,一声恭喜,强令痛饮,……

然后……迎接升堂，款以上宾之礼，为客中重要人物矣。"[1]

同时，媒人又确确实实是一个丑角儿，丑得无以复加，在人们的心里、口里、眼里、耳里乃至鼻子里，都是奇丑无比。人们痛恨、厌恶她，在青年男女的心中，它是十恶不赦的魔鬼；人们嘲讽它、咒骂她，说什么"狗馋跑圩，人馋做媒""夜猫子叫唤没好事，没头鬼媒人要死呀"，几乎所有的民间谚语、歌谣都是从反面来描写媒人的；人们蔑视她，很少人正眼看她，在人们的眼里，她是妖婆；人们耳里听到的，几乎都是对媒人的嘲讽、咒骂，以及因为"父母之命，媒妁之言"造成的婚姻悲剧；青年们对她嗤之以鼻……媒人就是这样，身具两面性。

媒人古称"媒妁"，古人解释说，媒合二姓曰媒，斟酌二姓曰妁，又说男为媒、女为妁。早在《诗经》的时代，就有媒妁的存在，《诗经·卫风·氓》中有"匪我愆期，子无良媒"的句子。《周礼·地官·媒氏》载："媒氏掌万民之判，凡男女自成名以上，皆书年、月、日、名焉。"说明了媒的社会职能。

古代除了媒氏的记载，还有媒官和媒互人的记载，《三国志》有"为设媒官，始知聘娶"（《吴书·薛综传》），是设立专门的官职，按正统的礼数指导、管理婚嫁。媒官又称"媒互人"，是官方身份的媒人，是整个政府中独特的一员。《元史·吕思诚传》载："镇民张复……叔母孀居且瞽，丐食以活……思诚怜其贫，令为媒互人以养之。"此外，宋代冥婚盛行，还有为鬼作媒的"鬼媒人"。

媒在历史上有过许多别称，诸如月老、红娘、冰人等，说媒同样也有许多别称，如执柯、作伐等。月老是月下老人的简称，是冥间专管婚姻的官。唐人李复言的《续玄怪录》里，有一篇叫《定婚店》，讲的就是他的故事：

---

[1] 胡朴安：《中华全国风俗志》下篇卷五《江西·萍乡婚嫁之恶习》。

## 第五章 走向独立

杜陵地方有个叫韦固的小伙子,父母双亡,想早些娶媳妇。一次外出,途中住在宋城南店,遇到一位老人倚靠口袋而坐,借着月光看书。韦固探头去看,只字不识,心想:我也念过几天书的,连梵文都懂,这书上的字怎不认识呢?便问老人,老人说是"婚牍",专写谁娶谁人、谁嫁谁人的。又问口袋里是什么,老人说是红绳子,用来系夫妇的脚腕,说是即便山水阻隔,或是世代仇雠,系住了就没跑,总要结成婚姻。

韦固急切之下,问老人自己婚事如何,老头说他的妻子是店北卖菜瞎老婆子的女儿,才三岁,要等到17岁时才能嫁过来。小伙见是个丑陋的女孩,一怒之下便派仆人行刺,伤了女孩的眉际,然后逃之夭夭。14年后,韦固做了相州参军,刺史王泰很赏识,把女儿嫁给了他。这位女子容貌端丽,只是眉间常贴个花钿,问了才知是过去刺伤的那个女孩,被郡守收养了的。自此以后,韦固与这女子恩爱至笃。

由此,后世人称媒人为月老,称订婚的男女为"赤绳所系"。

称媒为"冰人",也有所本,事见《晋书·索纨传》。孝廉令狐策梦见自己站在冰上,和冰下的人说话。索纨解释说:冰上为阳,冰下为阴,主阴阳之事。你在冰上和冰下的人说话,人阳语阴,主为人说媒。因而,你当为人做媒,冰河开了,婚姻也就成了。由此,后世人称媒人为冰人,明人谢谠《四喜记》中《忆双亲》曰:"这一曲《鹧鸪儿》,就是我孩儿的冰人月老。"金庸先生的《倚天屠龙记》,写到张翠山、殷素素和"金毛狮王"谢逊乘冰山浮向北极,张、殷二人原本两情相悦,在生死危难中终成姻缘,而两人陷于这种境地,皆谢逊所为,谢便无意中成了"冰人"——这实在可谓"冰人"的绝妙注脚。

称媒人为红娘，这是众所周知的，出典于《西厢记》。不过，红娘之为媒，全然不同于世俗间的那些媒婆子，她是美满婚姻的使者，为青年男女所钦敬。正是由于这种原因吧，当代为青年婚恋牵线搭桥的人，从来都被别人称作红娘或自称红娘。

然而，无论如何，媒——尤其是传统意义上的媒人，似乎都应该成为人类婚姻史的过去，都应该在未来逐渐隐去其身形。民间谚语说得好："初浆的衣裳不用捶，美满的婚姻不用媒。"

## 三、婚礼进行曲

婚礼乃人生大礼，向来为国人所重视。早在两千多年前，制礼作乐的圣贤们就指出："昏礼者，将合二姓之好，上以事宗庙，而下以继后世也。故君子重之。"（《礼记·昏义》）初婚夫妇"敬慎重正而后亲之，礼之大体，而所以成男女之别，而立夫妇之义也。男女有别，而后夫妇有义；夫妇有义，而后父子有亲；父子有亲，而后君臣有正。故曰：昏礼者，礼之本也"（《礼记·昏义》）。由此，古人创设了一整套繁冗复杂的婚姻礼仪，后世传承过程中，虽有遗失与变异，但发展趋势似乎始终是正方向的，讲究更多了，仪俗增加了。经过近、现代的洗礼，传统的婚姻礼仪渐趋简化，但人们的重视程度有增无减，婚礼仍然在人生历程上闪烁着耀眼的光华。

### 1. 传统的六礼

早在先秦时代，我国婚嫁的程序就已经确定了，那就是所谓六礼：纳采、问名、纳吉、纳征、请期、亲迎。据当时的礼书记载，周代的婚龄是男子三十，女子二十。女子因故晚嫁的，最多不超过23岁，可见当时的婚龄是相当晚的。俗语有云："百代皆沿秦制度。"其实，后代在政治、经济制度方面沿袭秦帝国，其他典章制度则多承继两周。

## 第五章 走向独立

从杨树达《汉代婚丧礼俗考》可知，汉代的婚礼大多沿袭古礼，仪式大体相同，只是婚龄大大提前了，男子有十五六岁而娶的，女子有十三四岁而嫁的。其后，婚姻"六礼"一直延续着。至宋，朱熹裁剪六礼为三礼，即纳采、纳币、亲迎，但内容未变，大意仍存，只是其中仪注与古礼不同。到近代，诸多文献资料都指出，婚礼不事繁冗，古代的六礼有所省减，仅存其必要的部分，至于仪注与习俗更是变化多端了。

传统婚姻程序的六礼，《仪礼·士昏礼》有过详尽的描述，这里结合后世仪俗，加以简略概述。

（1）纳采

所谓"纳采"，即男家请人向女家提出缔婚的请求，相当于后世所谓"提亲""说媒"。汉郑众《婚礼谒文赞》云："纳采，始相与言语，采择可否之时。"（《艺文类聚》卷四十引？传统中国盛行包办婚姻，青年男女没有自主权。到当婚、当嫁之时，男家家长便请媒人向物色好的门当户对者提亲。

纳采要携礼物，古礼用的是雁，因为"雁候阴阳，待时乃举，冬南夏北，贵有其所"（郑众《婚礼谒文赞》，《艺文类聚》九十一引），实际上等于告诉女家"男大当婚，女大当嫁"，应该像大雁那样适时择其所。后世纳采的礼物大大丰富了，有的多达30种，诸如合欢、鸳鸯、九子蒲（或墨）、双石、五色丝、长命缕、蒲带、棉絮、卷柏、嘉禾、鱼、鹿，等等。这些礼物都有吉祥象征意义，比如合欢取合家欢乐的意思，胶漆象征夫妇如胶似漆，蒲节喻娶妇柔顺等等。

（2）问名

纳采既获允准，即女家收下礼物，接下来就是婚仪的第二步——问名，也就是问清女名及其年庚八字，以便回去占卜吉凶，相当于后世的"请八字"。古人阴阳等信仰观念较重，有五行相生相克之说，又有属相相合相冲之说，一事不合，婚事便没有成功的希望。比如，木命碰到火命、水命碰到土命，火焚木，土掩水，便没法结合；"龙虎相斗，狗兔不合"，也是不能缔婚的。若是相反，碰到相生的命相，或者蛇兔那样的相合属相，婚事就有了成功的可能。

不仅如此，婚姻命相问题还有更为复杂的内容，诸如面相、骨相、手相等。这当然并非问名所能知晓，但也是必须查访、考虑的。比如，民间以为，颧骨过高的女人克夫，眼下有黑痣俗称"滴泪眼"，这样的女人都以不娶为宜。王昭君本有"闭月羞花之容，沉鱼落雁之貌"，但毛延寿因她不肯行贿，在画像上多画了颗痣，便未被皇帝选入后宫，只好远嫁胡天朔漠。《孔府内宅轶事》也记载了类似的事情："乾隆有个女儿，是孝圣贤皇后所生，对她十分钟爱。这位公主脸上有块黑痣，据相术说这块黑痣主灾，破灾的唯一办法是将公主嫁给比王公大臣更显贵的人家，这就只有远嫁孔府了。"[1]

无论古礼还是后世，择偶考虑的并不仅仅是上述的命相等，因而问名还包括问清女子为谁氏所生，是亲生还是收养，是正室还是继室所出。在中古世族门阀风气极盛的时代，这是至关重要的，而各方面门当户对也是必须重视的。

问名也携礼物，古礼也用雁，恐怕纳采、问名是一次进行的，后世的纳采、问名就是如此。有的地方问名之后，男女双方要交换"草帖子"，也就是互相通告各自的情况。

（3）纳吉

郑玄注《礼记》"纳吉"云："归卜于庙，得吉兆，复使使者往告，婚姻之事于是定。"纳吉与否，标志着是否订婚，可见其重要。据《汉书》记载，王莽想把女儿嫁给当时的皇帝做皇后，

---

[1] 孔德懋：《孔府内宅轶事——孔子后裔的回忆》，天津人民出版社1982年版，第24页。

以便恃裙带关系而自重。太后不愿意，但终究还是提亲了："太后遣长乐少府、宗正、尚书令纳采见女。还，奏言：'公女渐渍德化，有窈窕之容，宜承天序，奉祭祀。'有诏遣大司徒、大司空策告宗庙，杂加卜筮，皆曰：'兆遇金水王相，卦遇父母得位，所谓"康强"之占、"逢吉"之符也。'"（《王莽传》）这段文字详细记载了问名归卜的经过。不过，古礼虽只说到男家归卜，但后世则女家亦不例外，是两家都有这一仪注的。

纳吉之后，"婚姻之事于是定"，说明它相当于后世的"订婚"，或今天的领取结婚证。自此以后，男方女方都要受到社会伦理的约束，婚姻的终止再不是随便的事情，而要经过双方的协商或外人的调解。在宋代，此时要"起细帖子，序三代名讳，议亲人有服亲、田产、官职之类"（孟元老《东京梦华录·娶妇》）。

（4）纳征

"征，成也，使使者纳币以成婚礼。"（《仪礼·士昏礼》郑注）这项仪注，也就是后世所说的送嫁妆、下彩礼、过礼。只有此一仪注完成，男家才可娶过女方来。

纳征是我国婚姻习俗中最重要、也最具特色的一环，由此，我们的传统婚姻被称作"买卖婚"。古礼纳征所用物品是玄纁、束帛、俪皮（两张鹿皮）。到汉代，从史籍记载可知，多用金银。其后，这种风气愈演愈烈，受到许多人的抨击，北齐颜之推即谓之"卖女纳财，买妇输绢，比量父祖，计较锱铢"（《颜氏家训·治家》），不成体统。

然而，世俗的力量如此强大，个别有识之士的抨击根本不可能力挽狂澜。到近代、现代，这种情形发展到了极致，即使在当代中国，比量钱财（不仅彩礼，还有身家）仍是一些人结婚所考虑的"硬指标"。

（5）请期

所谓"请期"，就是男家占卜择定合婚的吉日良辰，让媒人告知女家，征求女家的同意，相当于后世的"下日子""送日子""探话"等。古礼请期用雁，后世用各色礼品，一些地方曾时兴"四色礼"，即烟、酒、糖、茶。

请期过程中，要进行婚礼的第二次占卜活动，大体与问名后的占卜相同，主要是选择适当的迎娶吉日、合婚良辰，以及合适的迎亲、送亲之人。占卜选择的中心，仍是八字与属相。首先是选择吉日良辰，民间一般选双月双日，如二月二、四月八、六月六等。不过，嫁娶月份一定不能犯男女双方的属相忌讳，否则"犯月"；合适的月份诸如"正七迎鸡兔"等，则为"行嫁月"，可以嫁娶。迎亲、送亲的人，也不能犯属相的忌讳。

古时请期似乎是口头进行，后世则口头、书面皆有，尤其是世族大家或小康之家，多以书面形式进行，这也就是所谓"下婚书"。婚书形式各地不同，山东的婚书形式是这样的——

谨遵坤命，选择嫁娶期
1. 行嫁利月：兹择于本年×月×日，全吉。
2. 娶送男女客人，忌×相，大吉。
3. 上下车轿，面向×方迎喜神，大吉。
4. 安庐坐帐，宜用×屋×间。
5. 冠戴：面向×方迎贵神，大吉。坐帐：面向×方迎福神，大吉。
6. 路逢井、石、庙宇，用花红遮之，大吉。
天地氤氲，咸恒庆会，金玉满堂，长命富贵。

×年×月×日[①]

（6）亲迎

亲迎是婚礼的最后一道程序，相当于后世的婚礼大典，或者

---

[①] 山曼等：《山东民俗》，山东友谊书社1988年版，第183页。

狭义的婚礼。古时的亲迎仪式不是一天就完成的，有时要持续两三天。近世的传统婚礼多为三天，大典之前的一天，女家派人来"铺房"，或"暖屋"；中间的一天是迎亲日，迎来新娘后要拜堂合卺，这是正式的婚礼大典；次日回门。有的地方婚礼为两天，有的只有中间一天。在婚礼正日，从迎娶到闹房，其间的仪俗丰富多彩，其数有几十种之多，容后详述。

### 2. 现代人的脚步

在古代中国，尽管六礼随时代推移而有所变异，但大意仍存，尤其是其中包办、买卖的成分一直存在，略无稍减。这是因为在漫长的两千多年里，社会制度、观念意识都没有多大变化。现在，这些都发生了变化，婚姻礼俗也随之有所改变。当今的中国，无论是都市还是农村，六礼已经"退市"，繁文缛节不仅没有存在必要，也失去了存在的条件。大多数青年自由恋爱，由恋爱而订婚而结婚，构成了现代婚姻的三部曲。

现代青年男女相识而恋爱，有的自发，有的则经人介绍。由于传统观念意识的作用和交际范围的限制等，经人介绍而相识者仍占较大比重，其中，社会服务性的"婚姻介绍所"、借助大众传媒的"征婚广告"，也都起了一定作用。

男女相识以后，要经过一段时间的接触和了解，才确定正式的恋爱关系，并向家庭、亲属以及社会公开。恋爱的过程是进一步深入了解、适应的过程，也是双方父母以及亲友接触、了解对方的过程。在这一过程中，根据自己的意愿，参考他人的意见，男女双方都各自将发展方向确定了下来。如果男女双方满意，恋爱便要向前迈进一步。

经过一段时间的恋爱，男女双方都明确要由恋爱走向婚姻的时候，就要订婚，把婚姻关系初步确定下来，或者进而领取结婚证。订婚以后，男女双方便不以卿卿我我的热恋为主要内容，而是忙于结婚的准备——家具什器、衣服被褥、住房，等等。订婚之后，男女双方分开的情况就比较少见了，大多是在忙碌奔波中走向结婚大典。

在现代婚姻程序中，与传统婚姻程序吻合的方面已不多见。自由恋爱不同于传统的"父母之命，媒妁之言"，程序中也省却了不必要冗赘，变得明朗、诗意多了。然而，现代中国毕竟是在传统基础上建立起来的，现代礼俗毕竟是从传统礼俗发展过来的，因此，它们之间仍然存在着相同或相近的方面。在现代婚姻中，比量钱财的情形依然存在，大操大办的婚礼传统不但没有消逝，反而有了进一步发展。

### 3. 传统婚典大纲

有人说，结婚是人生舞台上的第一幕戏，事实未必不尽然；但把婚礼大典比作一幕喜剧，却不无道理。一对胸佩红花的男女手挽着手，微微侧身脉脉地相互注视着，在庄严的《婚礼进行曲》中步入教堂，接受宾客的祝福，这是我们通过不同方式见到的西方婚礼，像看了一幕西式戏剧。中国人演惯了大戏，演惯了喜剧，也看惯了大戏、看惯了喜剧，所以我们的婚礼总是热闹火爆、喜气洋洋，又总不是独幕剧，而是一折接着一折，演起来没完没了。

先秦时代的六礼，最后一道程序是"亲迎"，就是将新娘迎来，然后举行一系列的礼仪活动，这相当于后世的婚礼大典。那时的程序还算简单，主要有几个节目：父命子迎，女家礼遇，新婿奠雁，夫御妇车，婿揖妇入，同牢合卺。古籍对此有过较为详尽的描述，并对一些仪俗的意义作了解释。《礼记·昏义》云：

> 父亲醮子，而命之迎，男先于女也。子承命以迎，主人筵几于庙，而拜迎于门外，婿执雁入，揖让升堂，再拜奠雁，盖亲受之于父母也。降，出御妇车，而婿受绥，

## 第五章　走向独立

御轮三周。先俟于门外，妇至，婿揖而入，共牢而食，合卺而酳，所以合体同尊卑以亲之也。

后代婚礼的仪俗，发展得越来越繁琐，其间的节目增多了不少，综括起来不下数十个。请期之后，女家要为女儿"开脸""上头"；临近婚期，男家给女家送"催妆礼"；之后女家要"过嫁妆"，把陪嫁送到男家；婚典前一天，女方要派几位妇女来男家，整理新房，此事或由男家安排，谓之"铺房""暖屋"；新郎到戚友家行礼，称"行家礼"，有的则表示成年的意思，叫做"告冠"；娶亲的一天，首先是新郎"迎亲"，或者"等亲"，准备好"花轿"，轿里放父母双全的"压轿童子"压轿，然后鼓乐喧天一番，到女家迎亲；到女家门口，要"拦门"，然后行礼、"奠雁"，女家或者邀村中姑娘"哭嫁"，或者父母劝诱女儿"宜其室家"，然后由兄长将新娘抱至轿中，"泼水"以示女儿如"泼出去的水"；起轿后，一路上鼓乐齐鸣，新娘子要从轿里扔馒头，引村童争拾，见了井、桥、庙等要用红毯遮起来，或者贴个喜字帖，若两家迎亲的相遇，还要换换新人胸前的红花；到男家后，先要闭了大门"憋性子"，以便新娘子过门后和气孝顺；进门要"撒谷豆"驱邪，要"传席""跨鞍"；然后"拜堂"，一拜天地，二拜高堂，三夫妻对拜；入洞房后，新郎"挑盖头"，家里人要"撒帐"，新娘要"坐帐"，小夫妻要"同牢""合卺"；与此同时，主家排开筵席、大宴宾客，新人要由父母领着向来宾敬酒，"异人"们则来道喜、大唱喜歌；这些节目结束后，人们都去"闹洞房"，出一个个的难题，为难新郎新娘；待夜深人静，新人要休息时，又有人扒窗沿"听房"；次日"回门"，三日"下厨""庙见"……至此，一场红火热闹的婚礼才算结束。

在古代，"六礼"逐渐失去约束作用以后，婚姻仪俗发生了很大的变异，不同地区、不同民族，人们都按自己的观念意愿以及实际生活状况来增删编改,形成了区域的、民族的婚姻仪俗风貌。同时,都市与农村、大户与小家、朝廷与百姓,其间在婚姻仪俗上的差别也是存在的。平民百姓婚嫁,不过递个话、捎个信,说明嫁娶时日,邀请亲友邻里做客;官宦、大户人家,则要给客人送请帖、张告示。孔子第七十七代孙孔德成结婚时的请柬如下:

孔 德 成 启 事

谨詹于国历十二月十六日午刻与孙琪芳女士举行结婚典礼洁治喜筵

  恭候

台光

孔德成谨启

(礼堂设曲阜大成至圣先师奉祀官府)①

孔德成结婚在民国二十五年(1936年),"西风"已经在中国吹了很长些日子。因此,这位衍圣公的大婚盛典并不是传统的,而是半新半旧:新娘穿新式礼服,白纱拖地长裙,高跟鞋,新郎穿长袍马褂;新娘两头坐花轿,中间坐汽车,花轿从孔府仪门进去,新人面向正东方下轿,迎喜神,这是老规矩;而花轿进门,便有穿西装的记者迎上来,闪光灯不断,这是新气象;新人行一跪四叩大礼拜天地,然后坐帐、喝交杯酒……②

末代皇帝溥仪的婚典,比末代衍圣公的婚典却要威严、整肃得多,几乎都是按传统礼教进行的,婚礼的全部仪程多达五天,

---

① 孔德懋:《孔府内宅轶事——孔子后裔的回忆》,天津人民出版社1982年版,第139页。

② 孔德懋:《孔府内宅轶事——孔子后裔的回忆》,天津人民出版社1982年版,第139—142页。

具体如次:

| 十一月二十九日 | 巳刻,淑妃妆奁入宫。 |
| 十一月三十日 | 午刻,皇后妆奁入宫。 |
| | 巳刻,皇后行册立礼。 |
| | 丑刻,淑妃入宫。 |
| 十二月一日 | 子刻,举行大婚典礼。 |
| | 寅刻,迎皇后入宫。 |
| 十二月二日 | 帝后在景山寿皇殿向列祖列宗行礼。 |
| 十二月三日 | 帝在乾清宫受礼。[①] |

4. 现代婚典巡礼

时代变迁,风俗移易,这是历史发展的必然。现代中国的结婚典礼,固然有传统的承继,又不乏调整、改变,同时又有崭新的创造。

在广大的农村,现行结婚典礼多是从传统发展而来的,但要比传统的更为简洁、明快,迷信落后的成分少了,新的观念注入其中。其程序大体不外催妆、铺房、迎亲、拜堂、宴客、闹房、回门之类。这里介绍河北一带的婚礼,它展现了农村现行婚礼的一般状况:

结婚时讲究所谓"催装(妆)礼"。男女送龙凤饼、肉、衣物等礼品,由媒人陪同送到女方家里。女方要将嫁装(妆)交媒人一同带回男家。当晚,请一位父母双

---

① 爱新觉罗·溥仪:《我的前半生》,群众出版社1964年版(1982年第六次印刷),第133页。

全、丈夫健在的妇女到新房中安放被褥。娶亲时以"红"示"喜",放鞭炮,打红灯笼,还请仪仗队和吹鼓手奏乐,新郎乘轿或骑马,或坐车,到了岳父门前,新郎被引至客房吃茶点。女方以插花戴到新郎帽子上,将披红挂在新郎身上或轿前。新娘多穿红绸衣服,头戴红花,脸敷香粉,唇抹口红,在迎亲曲中上轿。有的轿后还系把水壶,不断滴水,谓之"长流水",取两家往来不断之意。新娘娶回,要绕村串庄,不准走原路,谓"不走回头路"。新娘以绸盖头,下轿后同新郎拜天地。此日,亲友都来致贺送礼。这时请德高望重者念喜歌,歌词都是吉庆的,诸如"新房一闪红花开,家有金斗供龙牌""相府门上挂彩绸,千金小姐配王侯"一类。新婚之夜闹洞房。入洞房之前,堂屋桌上放置核桃、枣、花生、栗子,取夫妇合投到老、早生贵子之意。[1]

城镇的婚典与乡村不同,大多是在预订好的饭店宴客。结婚典礼大多选在节假日,比如春节、五一劳动节、五四青年节、国庆节或者周末等。主家事先择定地点以及开宴时间,通知亲友。大喜之日,男家用轿车迎接新娘,由司仪代表主家介绍有关情况,说一些喜庆祝颂的话,间或有领导或其他亲友顺致祝词,接着便开宴待宾。席间,新郎新娘依次敬酒,受礼者又有一番祝颂之词;遇到同辈青年,便要求新人介绍恋爱经过,表演各色节目。宴毕,亲友各自散去,新人回到新居,亲近的戚友又一番嬉乐,婚典便告结束。次日,女家一般也有类似的活动,略等于传统婚礼的回门。

以上流行于城镇、乡村的婚典形式,与传统婚典有着千丝万缕的联系,是目前常见的形式。此外,一些全新的形式也被创造

---

[1] 《可爱的河北》,河北人民出版社1984年版,第699-770页。

出来并逐步推广，风移俗易，气象更新。

集体婚礼是最为常见的婚礼新形式之一。这种婚姻多由单位或群众团体等组织，参加婚礼的青年男女几对、十几对、几十对不等。婚礼多在一般节假日或其他特殊纪念日举行，后者如厂庆日、教师节、建军节等，有着明显的行业、职业性质。地点场所由组织者统一安排，场所大多宽敞、明亮，装饰华美、典雅。一般很少请客，参加者多为有关领导和青年同事，也不大吃大喝，只是适当准备一些水果茶点。这种婚礼，既不失传统婚典欢快喜庆的气氛，又简明雅致、经济易行。

旅行结婚也是很受青年欢迎的婚礼形式。临行前，亲人团聚，开一席家庭便宴，新郎新娘便踏上旅程，到他们选好的风景名胜去旅游观光。旅途中，新婚夫妇互相体贴照顾，倍觉温馨幸福。他们观光名胜，游览古迹，恣情山水，寻幽小径，既可以领略万物、陶醉于无我的爱中，又能够增长识见、陶情怡性。旅行归来，身心健康，又能以无限向往之情投入新的生活。旅行结婚不失为增进情感联系、充分表现个性的良好婚礼形式。

传统婚礼大多大操大办，大宴宾客，鲸吞龙饮，耗资耗力，得不偿失。有些地方的婚礼宴客多达数百人，当事者负重不堪，随礼的也啧有怨言。前些年，有的农村青年结婚不再排席请客，而是请来电影放映队，请父老亲友看场电影，举行所谓"电影婚礼"。然而，这些年来，"移风易俗"的成果打了水漂，婚礼大操大办较之过去有过之而无不及。

传统婚礼的另一特点，是由家长一手操办；而如今，当事青年也有了相当的自主性。有一段时间曾经时兴音乐舞会婚礼，就是当事青年自己操办的，参与者也主要是年轻人。这种形式的婚礼，既欢快活泼，又雅致蕴藉，具有现代风韵，也能表现青年特点。

然而，传统的惯性力量是非常强大的，如今的婚礼传统的大宴宾客之外，西式婚礼模仿也颇为流行。一如我们曾经推测或曰希望的,今后婚礼的发展,应该笃定两个方面:一是要有纪念意义,二是要能体现个性。

### 5. 未既婚的区别

任何礼仪都具有象征性,有的还要在事后留下一些象征性的标志。成年礼仪中的文身、文面、染齿、拔牙,是在身体上直接留下的象征性标志。我国古代的成年礼仪冠、笄,也留有这种象征标志,那就是头饰和发式。婚礼作为人生礼仪中最重要、最完备的礼仪,也是如此。

在古代中国,未婚、既婚的象征性区别,主要体现在女子方面。这固然是由于女性的装扮、衣饰复杂多样,容易表现这种差别,更重要的则在于纲常伦理的规定,由此而将女性的几个不同时期(孩童、少女、婚妇等)区别开来,以外在的形式影响女性的心灵,并且将她们置于社会监督之下,迫使她们守妇德、遵妇礼。

《礼记·曲礼上》云:"女子许嫁,缨。"缨,实即系着的带子,郑玄注谓:"女子许嫁,系缨,有从人之端也。"陈澔《礼记集说》也说:"许嫁则系以缨,示有所系属也。"这就是说,缨标示女子身有所属,从此开始"有所系属"的"从人"生活。缨这条带子,真的是"三纲"之"纲"的形象体现。

后世妇女未既婚的区别,主要表现在妆容、发式、服饰、佩饰等方面。妆容方面,主要指是否开脸、是否施粉黛等。过去,有些女性婚前不施粉黛,婚后才涂脂抹粉、描唇画眉。开脸则是更普遍的未既婚区别,《红楼梦》第十六回写贾琏见过香菱后的一番话,就提到了这种仪俗:"我才见姨妈去,和一个年轻的小媳妇子刚走了个对脸儿,长得好齐整模样儿。……叫什么'香菱'的,竟给薛大傻子作了屋里人,开了脸,越发出挑的标致了。"

依靠服饰标识未既婚是最普遍的方式之一,古已有之。到近现代,这种区别仍然存在,只是不那么严格了。近代苏州女子

## 第五章　走向独立

年少时穿花裙，婚后改穿蓝色衣裙。在我国一些少数民族那里，这种区别则比较明确、严格，比如：广西白裤瑶无论男女，年幼时都穿裙子，婚后，男子不再穿裙，而改穿裤管只到膝头的白色裤子。

发式不仅是区分性别的标志，也是最为常见的未既婚区别标志。我国古人年幼时，无论男女，通行垂髫、总角等发式；成人结婚之后，则要用簪子簪起来，女子还要加钗子等装饰品。近代北方女性发式是：婚前少女时代大多梳长辫，有的长及腰、踵，婚后则挽一圆髻于脑后，俗名曰"纂"。《中华全国风俗志》云："女子未嫁，一律发辫，故一望可知其为处女。若至既嫁之后，则一律结髻。发辫也，结髻也，实不啻女子嫁否唯一之标识也。"[1]

我国众多少数民族，传统上也多有用发式区别未既婚的风俗：哈尼族妇女婚前将发辫绕于头顶，结婚生孩子后，除去发辫，挽成一个独角。侗族姑娘出嫁，有"解双髻"的习俗，婚前，侗家姑娘要盘两个发髻，做媳妇后就要改成一个了。改髻时，村上的姑娘和房族的嫂嫂、婶婶都聚来给新娘送行，一起唱"解髻歌"和"盘髻歌"。

不仅女子，男性以发饰区别未既婚的风俗也曾存在的。白裤瑶少男少女发式相同，近似于古代的"垂髫"，头发自然下垂，长到一定长度全部剪去，如此反复。婚后，男子梳发辫，盘于头顶，用头帕包扎。

一般的佩饰也有区别未既婚的作用。这些佩饰更多是与服装、发饰结合使用的。比如藏族："西藏妇女之妆饰，两分其发，束之如绳，垂于脑后，以细为佳。女子未嫁时，脑后别分一辫，辫上戴宝石、珍珠、瑚（珊）瑚之类；若已受夫家之聘，则头上戴

---

[1]　胡朴安：《中华全国风俗志》下篇卷六《甘肃·狄道女子之装饰》。

夫家所聘之物。已嫁，则不打复辫，以示区别。"[1]

单独使用以区别未既婚的佩饰也是有的，比如戒指。在当代中国，传统的未既婚区别标志已日渐消失，而从西方学来的以戒指区别婚否则渐成时尚。其实，戒指并非舶来品，我国古已有之，只不过古代的戒指，最早是后宫嫔妃能否"当班"的标志，并不用来区别未既婚。

## 四、婚礼仪俗剪辑

作为人生大礼，婚礼仪俗十分丰富。中国普通民众的才智，很少贡献于逻辑性的科学，而对人文性的仪俗则不遗余力，成就辉煌。与此相应，民众又极其珍视自己的创造，一遍又一遍地搬演这些仪俗，在这种平平常常又不乏意蕴的行为中获取生活乐趣，实现人生理想。在婚礼过程中，每一种用具、每一个行动，都饱含着民众的满怀情愫。

婚礼仪俗有的源自原始信仰，有的反映民众心愿，旧的有旧的讲究，新的有新的意蕴。旧时婚礼迎亲时，花轿前要有两人先行，各持红毡，逢井、庙、大石、大树，都上前遮起来，以恐触犯神明，与原始信仰（万物有灵）有关。甘肃新婚夫妇要去井边抬水，刚进院门，冷不防有人扔石块到桶里，用"沉石"谐音"诚实"，希望新媳妇为人诚实。旧时撒谷豆为了驱邪避魔，现今新娘下轿（车）撒花红纸屑，则为了祝吉喜庆；旧时人们专门在米袋上铺红毡"传席以入"，为的是讨"传代"的口彩，现今人们利用现成的楼梯，让新郎官背着新娘子爬，为的是取"步步登高"的吉利。

---

[1] 胡朴安：《中华全国风俗志》下篇卷十《西藏·藏民女子之服装》。《西藏见闻录》（清抄本等）亦云："至妇女服饰，发从顶分，左右结组如绳，两股交脑后，稍以绳束。处子脑后另行一辫，戴以珠宝；若许字，将夫家之金镶绿松石戴于辫上；嫁则弗辫矣。"

## 第五章　走向独立

人生大礼上的仪俗，丰富多彩，这里稍作剪辑，删繁就简，省文避复，展示其中的几个场面。

### 1. 从青庐到厅堂

婚礼重要仪式之一的拜堂，大多在宽敞、肃穆的正堂举行，这正堂自然是家庭、家族最显要的去处。不过，古时候的拜堂仪式，有的是在庭院里举行的，唐段成式《酉阳杂俎·礼异》载："北朝婚礼，青布幔为屋，在门内外，谓之青庐，于此交拜。"乐府古诗也说"其日牛马嘶，新妇入青庐"（《古诗为焦仲卿妻作》）。敦煌壁画第445窟所画唐代婚礼场面，也有"青庐"。青庐交拜流行于北方，应该是游牧民族的仪俗。

后代婚礼多在堂中拜礼，但在庭院里进行也非绝无仅有。在黄河与长城交汇的秦晋北部、内蒙古西部，传统婚礼交拜礼，大多在庭院举行。人们把两面红旗挂在窗户上，窗下设案，司仪在案边主持仪式，新郎新娘站在案前铺好的毡子上，面对红旗。这或许是因为一般人家没有宽敞厅堂容纳众人的缘故，或许是青庐古俗的遗风。

拜堂俗称"拜天地"。实际上，众所周知，拜堂并不只拜天地，而是"一拜天地，二拜高堂，三夫妻对拜"。不过，这也只是三拜而已。在笔者的家乡，传统婚礼的拜堂叫"拜人"，所拜者为所有来客中放礼钱的，主要是亲戚，也不无乡邻、朋友等，只要比新郎辈分大或年龄大，都要放"拜礼"，都要受新人之拜。拜人时，司仪按预先拟好的礼单唱名，然后由"接礼的"找唱到者接礼，接来后，司仪唱"×××礼钱××块，磕下哇"，新郎新娘鞠躬行礼。客人多的时候，这种仪式要持续一两个小时，无论寒冬或是炎夏，都是如此。这种仪俗的中心并不在于钱，而在于由钱及礼单排列次序所体现出来的亲戚关系的大小长幼、远近亲疏，是这种关系的大检阅和重新确认，有明显的社会化作用。

169

## 2. 欢天喜地闹洞房

闹洞房又叫"闹房""闹酒""戏新娘",是旧时几乎任何婚礼都少不了的仪俗,也可谓是婚礼的高潮,热闹、有趣。婚宴结束后,平辈的、晚辈的、长辈的,亲戚、朋友、同事,纷纷拥入新房,小孩子抢脱新娘的鞋子、头巾等,换糖换烟;大人们则让新娘子点烟剥糖,并故意为难。最起劲的是年轻人,他们极尽所能,想出种种游戏节目,让新郎新娘当众表演,以逗乐取笑。俗说"新婚三日无大小",这期间人们相互间较为随便一些是礼俗所允许的。因此,"无论如何喧闹,主人不但无言,且以为愈闹愈发,喜可加倍焉"[1]。相反,新娘子要是翻脸生气了,会被认为新人任性,人缘不好,以后过不了好光景。

从史籍可知,闹房习俗古已有之,汉代已经比较流行。东汉仲长统《昌言》云:"今嫁娶之会,桠杖以督之戏谑,酒醴以趣之情欲。宣淫佚于广众之中,显阴私于族亲之间。污风诡俗,生淫长奸,莫此之甚,不可不断者也。"(《群书治要》引)想来,当时闹房已经相当热烈火爆,甚而至于有违礼数、污秽视听。

不过,尽管有人激烈反对,后世闹房仪俗仍是盛行不衰。如今,不只乡村的旧式婚礼上此俗犹存,城里人的婚礼上也少不了这样的场景。旧有的节目继承了下来,新的节目又不断涌现,喝和合茶,打传堂卦,唱歌、诵诗、点烟,谈恋爱经过,咬糖、喝酒、啃苹果,舔筷子、按电铃、摸虼蚤、摘黄瓜……五花八门,应有尽有。

唱歌、诵诗是现代文明戏,多是年轻人在席间给新人出的难题。报告恋爱经过也是自由恋爱的产物,只是人们多要求新郎新娘说得"透彻"一些。婚礼上,人们都希望吃一块新娘亲手剥的糖、抽一支新娘点的烟,那是一种福气;有人则顺便为难新娘,使出"嘴上功夫",让新娘一次次地点了灭、灭了点。这些节目纯粹是为

---

[1] 胡朴安:《中华全国风俗志》下篇卷四《浙江·湖州风俗谈》。

## 第五章 走向独立

了取笑逗乐。

喝和合茶是旧时的仪俗，要求新郎新娘共坐一凳，新郎以左足置新娘右腿上，新娘同样，新郎左手与新娘右手相互放在肩上，其余手的拇指和食指合成正方形，放一个茶杯喝茶。和合茶的匠意大体与古礼的"合卺"类同。古礼，新人入洞房后要一起吃饭，叫"同牢"；一起喝酒，叫"合卺"。卺是由瓜、瓠等制成的瓢。合卺进一步发展，成为后世的喝"交杯酒"（亦称交心酒、合欢酒、合婚酒、卯颜酒等），其形式有的是用红线系住两只酒杯的杯柄，夫妇一起举杯饮酒；有的是同时喝掉一半，然后交换杯子，喝尽杯中酒；有的则类似于和合茶。古礼的合卺标志男女的完婚，有祝福和合的意思；后世的和合茶、交杯酒也是如此，但增添了逗趣的成分。

我国少数民族婚礼也有类似闹洞房的习俗。保安族的"闹宴席"也有个"闹"字，但只是围着篝火歌唱舞蹈。旧时蒙古族闹洞房有"拘审"一个节目，"拘新郎作囚，奉新妇为承审员，以洞房为法庭，令新妇（郎）跪而听审，新妇须说'哥哥请起'"[1]。湖南衡阳的"打传堂卦"类似于"拘审"，但更为"生香活色"：

> 衡州闹房之风盛行，稍文明者为抬茶。……此外又有"打传堂卦"之名。公举戚友中之滑稽者作堂官，以墨涂面若丑角，著外褂，黼黻以荷叶为之，朝珠以算盘子为之，首冠大冠，红萝葡为顶，大蒜为翎，旁立差役若干，皆戚友中之有力者。拘新郎新妇及其翁姑跪堂下，命翁姑教新郎新妇以房术，新郎新妇既听受，必重述一过，否则以鞭笞从事，亦不敢出怨言。[2]

---

[1] 胡朴安：《中华全国风俗志》下篇卷九《蒙古·蒙古婚嫁及杂俗》。
[2] 徐珂：《清稗类钞·婚姻类·衡州婚夕之闹房》，中华书局1986年版。

现代闹房习俗还有咬糖、啃苹果、舔筷子等。咬糖是将糖块用线从中间系了，挂在高处，让一对新人同时咬下来，雅称"甜甜蜜蜜"。啃苹果也大体如此。舔筷子是将抹了油、糖的筷子置于瓶中，外露一小截，让新人用舌同时舔出，雅称"旱地拔葱"。

不过，闹房的一些节目不无淫言秽行，甚至不堪入目。现如今的闹房习俗，较之过去有过之无不及，甚至时有悲剧发生，比如鞭炮引燃房屋，新人不堪而发生死伤，等等。毫无疑问，这些都是应当坚决革除的陋习、恶俗。

闹房除了祝吉、逗乐，还有其他的意义，诸如把洞房闹得热闹红火，驱除冷清之感，增加新婚的欢乐气氛，因而有些地方又称"暖房"；旧时男女结合多是经人介绍，相互并不熟悉，闹房能够让他们丢掉生涩之感；闹房还可以使亲友熟识起来，显示主家宾朋满座、兴旺发达，增进亲友间的感情、邻里间的和睦。热闹和美是中国民众生活美学的理想，闹房正是臻于此境的手段之一，所以必然大闹特闹，有诗为证：

洞房耳鬓尽斯磨，未过三朝热闹多。
喝酒豁拳叉麻雀，大家团聚乐如何。

### 3. 玩笑关系与避忌关系

中国乡间的婚丧寿诞大事，大多是一箭双雕、双管齐下，并不专门指向当事人。比如一些地区婚礼的"拜人"、丧礼的"点纸"，显然等于亲族关系的大检阅，它使参加者以及围观者明确一定的人际关系，起到一种社会整合的作用，也是未成年人社会化的生动教材。在这样的乡里社会，不是法律、而更多的是礼俗，规定着人们相互间的关系，确定人们在社会关系网络中所处的位、点；同时，礼俗还创造着人际关系，赋予人们一定的角色。

礼俗造就人际关系，前文已经述及，拜认干亲和寄名神佛建

## 第五章 走向独立

立起来的,就是这样的关系。婚礼也造就这样的关系,有的是临时的,有的则是一成不变的。

传统社会的礼仪活动中,常有一种类似商号东家与掌柜的关系,一方面是主家,另一方面是代理人。这代理人叫"代东",因代替东家、东道主而得名。他是东家请来,临时代理人全权处理礼仪活动的各项事务。举凡大型礼仪活动,诸如婚、丧、寿、诞等等,都可以请代东的。一般来说,传统婚典的前一天,主家要预先张贴红纸"襄事单",写明代东××,厨房××,喜帐××等。《红楼梦》里凤姐生了巧姐儿,大家举礼庆贺,贾母不时吩咐尤氏等:"让凤丫头坐上面,你们好生替我代东,难为他一年到头辛苦。"(第四十四回)尤氏等的临时角色,就是由礼俗决定的。

人生礼仪具有通过的意义,礼仪活动的结束就是对既成事实的肯定。礼仪过程中的一些行为是至关重要的,无论这些行为是主动的,还是不以人的意志为转移的。因此,人们便积极活动于礼仪过程,做出有益的努力。传统婚礼上常有"劝性子""塞婆嘴""洗和气手"等仪俗,目的就在于礼仪性地调整人际关系。

劝性子主要针对的是新娘,旨在使新娘婚后性情温顺,孝公婆、敬丈夫。江苏某地迎亲花轿来到时,男家"必闭门一小时,始令轿入,谓之'劝性子'"[1],算是文雅的方式。有些地区的方式则未免粗鲁不驯:"新郎新娘拜过堂后,由全福之妇女,伴送新娘进房。房中预备火炉一具,中烧木炭,故意火不旺,黑烟四出,让新娘团(围)火炉圆转",云亦"系磨拆(折)新娘之性情者"[2]。

---

[1] 胡朴安:《中华全国风俗志》下篇卷三《江苏·溧淮间婚嫁风俗》。同书亦载有闽地类似仪俗。

[2] 胡朴安:《中华全国风俗志》下篇卷五《安徽·六安之婚嫁风俗》。

俗谚有云:"婆媳是冤家。"婆媳关系自古就是难处的人际关系,其表现形式多为婆婆苛待媳妇,横挑鼻子竖挑眼,所谓"公婆一面鼓,到处骂媳妇"。为了避免这种情形,新娘子便在婚礼过程中加以预防。安徽寿春,新娘用红布缝荷包放在怀里,叫"塞婆嘴";浙江湖州,新娘初到男家时要站一站门槛。

不仅婆媳,就是新婚夫妇本身,有时候也要多一个心眼儿。比如新娘暗地里坐坐新郎的衣角,以便日后"吼得住"丈夫。如今娶亲多用轿车,新人上车时讲究同时迈步一齐上,据说不这样,俩人将来在地位、寿命等方面就可能不那么和谐。

要列举礼俗制约的人际关系的精彩例证,莫过于婚礼上的"闹洞房"。"新婚三天无大小",就是说,新婚未过三天,无论老少男女,都可以找新娘子逗笑、戏耍。在陕北,只要画成大花脸,不论是谁,都可以不拘常礼,可以尽情嬉笑逗乐,插科打诨。

不过,礼俗更重要的是规定、制约日常生活中的人际关系,尤其是明确区别特殊的人际关系——玩笑关系和避忌关系。所谓"玩笑"或"避忌",即礼俗允许或限制超出一般情形的关系。它们是人类文化的一种普遍现象,是饶有兴味的学术课题,也是"入乡问俗"的必备功课。

玩笑关系,指关系中的人们被允许出格,可以有超出一般的言笑、举动,可以开过分的玩笑。在我国民间,姐夫与小舅子、小姨子之间,长嫂与小叔子、小姑子之间就是这种关系。俗谚有云:"姐夫小舅子,不要害痘子。"也就是说,有玩笑关系的人们之间,可以比较随便地相处,可以嬉笑逗骂,捶捶打打,被动者不能变脸、恼怒。当然,玩笑也是有限度的——只是能开玩笑,不是无限玩笑。

礼俗限制人际交往是常见的情形,古语"男女授受不亲",就是说男女间不能有直接接触。不过,这是一般的常礼,是通则。避忌关系则超出常礼的限制,有避忌关系的人们之间,交往中要比一般人多些忌讳,应尽量回避直接交往,更不能开玩笑。在我国民间,公公与儿媳、大伯子与弟媳、叔伯与侄儿媳妇之间,就是这种关系,有谚为证:"公公不搭媳妇肩";"公爹给儿媳妇揩鼻涕,好心成了不良意";"大伯背了弟媳跑,搭上力气不讨好"。《红楼梦》第五回宝玉想休息,侄媳秦可卿无奈,要他到自己屋里去,犯了忌讳,一个嬷嬷见不成礼数,便忿忿道:"那里有个叔叔往侄儿媳妇房里睡觉的礼呢?"

### 4. 衣饰习俗

婚礼衣饰莫过于新郎新娘的妆饰打扮。旧时婚礼,新郎穿长袍马褂,新娘则凤冠霞帔。隆重一些的现代婚礼,新郎西装革履,新娘曳地礼服。凤冠是饰有银制或其他质地凤凰模型的妇女冠饰,冠戴给人艳丽、娇媚之感;霞帔则是红色的披肩,既可保护上衣,又有装饰作用。一般来说,新娘穿红绸袄裤,绣花鞋也是红底,上绣鸳鸯、梅花、莲花等吉祥图案。在甘肃民勤县,新娘到夫家只有换上婆家的衣鞋,成为夫家的一员,才能进洞房。在安徽,新郎新娘到洞房门口要互相换鞋,以求同偕到老。

盖头也是旧式婚礼新娘的主要装饰。盖头又叫"蒙头红""蒙头巾""埋头红"等,是蒙在新娘头上的一块红布。盖头从新娘离开闺房时蒙上,一直要到拜过天地、入了洞房才揭去。考究其渊源,大致可知它残留有古代婚俗的痕迹,或是受到了民间信仰的影响。上古婚礼在傍晚举行,且有抢婚习俗,盖头或许就是抢来新娘后用以蒙面的。此外,有些地区姑娘出嫁,往往要涂灰抹黑,打扮得奇丑无比,以防路上被邪祟掳去,盖头或许就是这样蒙上的。不过,后世的盖头则分明也有封建礼教在作怪。

新郎新娘胸前的大红花是重要的佩饰,是婚礼主角儿的标志。旧时红花用绸布扎成,碗口大小;现在则多是绢花,且有写明"新郎""新娘"的飘带。红花在新郎迎亲到女家的时候,由新娘的弟妹或其他晚辈佩戴,并且力求同时戴好,取的也是琴瑟调和、白头偕老的吉祥寓意。

被褥铺设，当然也是婚礼用品的重要部分。旧时，这些东西都要突出一个主题和一种色调。主题指龙凤双喜，被面、褥面多选择织有龙凤及双喜图案的。色调指红色，婚礼是"红喜事"，诸物皆当红色。末代皇帝溥仪大婚之日，对此有过深切的感受：

按着传统，皇帝和皇后新婚第一夜，要在坤宁宫里的一间不过十米见方的喜房里度过。这间屋子的特色是：没有什么陈设，炕占了四分之一，除了地皮，全涂上了红色。行过"合卺礼"，吃过了"子孙饽饽"，进入一间一片暗红色的屋子里，我觉得很憋气。新娘子坐在炕上，低着头，我在旁边看了一会儿，只觉得眼前一片红：红帐子、红褥子、红衣、红裙、红花朵、红脸蛋……好像一滩熔化了的红蜡烛。……"①

5. 饮食俗信

婚礼宴会以饮食为主，但并无多少俗信，不过在于讲排场、争面子。在秦晋北部，旧时一桌（六人）上六盘菜就不错了，一般是软三盘（无肉）、硬三盘，但必须有爬条肉。后来，争攀比附，以至有十二盘之多。现代都市婚礼宴客，要上十几、几十道菜，无非水里游的、地上跑的、田里长的、天空飞的。

许多地方婚礼用蒸糕。苏州迎亲时要带两盘大的圆蒸糕，放在新娘床前，新娘穿新鞋踩在蒸糕上，取"步步登高"的吉兆，祝福婚后生活蒸蒸日上。山东等地也有此习俗。

鸡蛋。这是给新娘吃的，故意煮得半生不熟，新娘吃的时候，

---

① 爱新觉罗·溥仪：《我的前半生》，群众出版社1964年版（1982年第六次印刷），第135页。

别人故意问"生不生",新娘答"生",讨个"早生贵子"的口彩。鸡蛋之外,子孙饽饽、儿女馄食(饺子)等,也可以用来表达这层意思。

交杯酒也是婚礼饮食仪俗的一个方面。浙江湖州还有喝"和气汤"的习俗,新郎新娘回房后,预备莲子桂圆汤一大碗,先新郎、新娘,次来宾,依次均饮一口,以呈和气之象。

还有一种食俗,很是有趣。新郎迎亲或回门到岳家,要吃饺子。此时,小姨子和妻嫂便乘机逗弄新郎官,在饺子里包上辣椒面、胡椒面、花椒面等调料,或者豆类、干草节等。若是新郎不在意吃了,自然是一出精彩好戏,小姨子心满意足,同时敬慕姐夫心眼少、人忠厚;若是新郎早已有准备,小姨子便来一番劝诱、逼迫,软硬兼施,落得开心。

## 6. 道具俗信

在婚礼上,许多用品具有象征意义,折射了民众的观念和意愿,也反映了民众象征性创造的奇妙运思。这些用品存在于一个个仪节之中,就像戏里的道具。除前文述及者外,这里再摘要介绍数种:

秤杆。是挑盖头用的。一般解释为秤谐音"称",取"称心如意"的意思。旧秤一斤十六两,十六颗星,南斗六星,北斗七星,再加福、禄、寿三星,正应十六星之数,所以有"吉星合到、大吉大利"之意。

弓箭。有的系三支羽箭在花轿上,有的置于男家院里香案上的米斗中,有的则由两人拿着夹花轿而行。应用方法,有的是在女家拉弓射箭,孔子七十七代孙孔德成迎亲时就这样干过;有的则在男家,北京满族旧日婚礼上,新郎要拈弓搭箭,向未揭盖头的新娘虚射三次。据说这种仪俗旨在破除邪祟,同时也多少透露出古老抢婚的遗风;也有说弓箭乃武士所用,是取宜男之义。

马鞍。多放在男家门口,花轿到来时,新人出了花轿,必须双双从马鞍上跨过,取"平安"之义,诚如有些地方的仪式歌所云:"新人跨马鞍,一世得平安!"

斗。放在男家院中或香案上,盛五谷,红纸封口,或插弓矢、秤杆,取义"粮食满仓"。

镜。或用来装饰花轿,或为新娘来时所怀,或置斗中,照妖驱邪,破暗宜家。

### 7. 婚姻的文学

我国传统礼俗活动中,大多有相应的文艺形式相伴,简单文辞之外,更有大段的歌谣,甚至成本大套……这些实用的文艺样式,把礼仪活动装点得有声有色,绚丽多姿。

传统婚礼上的文学样式,主要是婚联、喜幛、喜歌。喜幛是客人送给主家的,上写吉庆、祝福之词,外加抬头、落款,多送给男家,通例如下(应为竖式):

××大人令郎花烛之喜
　　天作之合(或鸾凤和鸣、龙凤呈祥等)
　　　　　　　　　　　　　　　××贺

婚联亦称"喜联",是婚礼上最突出的文学样式,运用最为广泛。喜联有自己写的,贴在各处,如大门口贴:

共结丝罗山河固,永偕琴瑟地天长。
良辰喜逢三合日,典礼正遇吉庆时。

拜天地的厅堂正面贴:

文鸾对舞珍珠树，
海燕双栖玳瑁梁。

以上两处的喜联用意要恢宏深远，遣词要严正典雅，无非志喜祝吉。其他地方的则要有些针对性，写来有趣味。有韵致。比如喜棚（厨房）写：

良师煮出美味肉，
妙手烹来酒菜香。

横批缀一"人人满意"，则可谓恰如其分。

洞房的门联说起来容易，写一幅"洞房花烛夜，金榜题名时"就可应景，或者写"红梅多结子，绿竹又生孙"，表达家族万代的宏愿。但这都有些平常，难见精彩，因而人们多精心撰写精妙的联句，以契合人物身份和当时情景。

一如寿联，婚联也有别人送的，意在祝颂。有将联语写或刻在其他礼品上的，如1922年12月1日末代皇帝溥仪大婚，英国女王维多利亚赠时钟一座，上面刻汉字喜联：

日月同明，报十二时吉祥如意。
天地合德，庆亿万年富贵寿康。

也有单独装裱婚联，作为礼品或与其他礼品送的。溥仪大婚，当时的"中华民国大总统"黎元洪送礼四色，并联一幅，联语是：

汉瓦当文，延年益寿。
周铜盘铭，富贵吉祥。

在民间传统婚礼上,更为常见的文艺样式是喜歌。喜歌是民间实用文学样式之一,是一种仪式歌,除用于婚嫁,还用于贺生子、新年、建屋、开张等。与其他民间文学样式一样,它富有生活气息,活泼有趣,深受民众的喜爱。在传统婚礼上,几乎每一仪节都有喜歌伴随,铺房有歌,拦门有歌,上下轿有歌,跨(坐)鞍有歌,拜堂有歌,宴客有歌,撒帐有歌,闹房有歌。喜歌有司仪唱的,有一般行为者唱的,也有"异人"唱的。其作用不外烘托热闹喜庆气氛,祝颂富贵吉祥、幸福安康。

铺房喜歌是娘家人到婆家铺房时唱的。山东铺房有两项任务,一是安床,一是铺床。床要紧靠山墙,寓"有靠山"。床由儿女双全的婶子和嫂子来铺,铺时以问答形式唱喜歌:

"床上铺的是什么?"
"是豆秸,养活儿来做秀才。"
"床上铺的是什么?"
"是麦穰,一代一个状元郎。"

花轿到女家和男家,都要拦门出难题或"憋性子",这时司仪要唱"拦门喜歌"叫门。此后请新娘上轿下轿也要唱喜歌。《儿女英雄传》第二十七回,新郎到新娘家门外,赞礼的傧相高声念道:

满路祥云彩雾开,紫袍玉带步金阶。
这回好个风流婿,马前喝道状元来。

这叫"拦门第一请",接着请新娘上轿,念上轿喜歌:

天街夹道奏笙歌,两地欢声笑语和。

## 第五章 走向独立

吩咐云端灵鹊鸟,今宵织女渡银河。

此谓"拦门第二请",接着请新娘下轿,唱下轿喜歌:

彩舆安稳护流苏,云淡风和月上初。
宝烛双辉前引道,一枝花影倩人扶。

新郎新娘进入洞房,坐床撒帐要唱撒帐喜歌,简单的如"一把栗子一把枣,小的跟着大的跑",复杂的如湖北汉口撒帐歌,要撒遍、唱遍床的东南西北、上下前后;上海的也要东南西北撒遍、唱遍。话本小说《快嘴李翠莲》里的撒帐歌,也是东西南北、上中下、前后撒遍,与民间仪俗实情毫无二致:

张狼在前,翠莲在后,(张宅)先生捧着五谷,随进房中,新人坐床,先生拿起五谷念道:
撒帐东,帘幕深围烛影红,
佳气郁葱长不散,画堂日日是春风。
……
撒帐中,一双月里玉芙蓉,
恍若今宵遇神女,红云簇护下巫峰。
……
撒帐后,夫妇和谐长保守,
从来夫唱妇相随,莫作河东狮子吼。

闹房喜歌意在营造气氛,进行角色的转换,以图戏逗、捉弄新郎新娘。其词雅致者有之,卑俗者有之;有的含蓄些,有的直露些。直露者如:"房上一捆柴,风刮腰子开。××解玉带,

××爬上来。"①安徽芜湖的一首闹房喜歌比较委婉,但意思也全到了的,其词曰:"美尔行行气概,又是一番世界。新人美貌又多才,怎不令人心爱?衣未解,心先快,恍如刘阮到天台,洞口徘徊,夹岸桃花带露开。蝴蝶恋,蜜蜂来,爱把花心采。无拘无碍,常常自在。"②

此外,宴客请酒也有喜歌。笔者故乡半新不旧的婚礼上,代东要领新人代东家给来客敬酒,进门后念请酒喜歌:"一朵莲花遍地开,东家让我满酒来……"

婚礼上最为常见的喜歌,是外来道贺者唱的。这种人与主家并无任何关系,只是偶然或专意来贺喜的。日本有民俗学者称这种人为"异人"。在我国传统婚娶喜事上出现的异人,大多是"叫花子"。他们来贺喜,也要放礼的,往往是红纸包几角、几元钱,进院门后用手捏着,一步一念地走来:

登贵府,喜气先,斗大的金字黏两边,
八抬轿,大换班,旗锣伞扇列两边,
金瓜钺斧朝天镫,黑红帽子老虎拳。
走喜街,越喜巷,走到阁老喜门前,
掐喜顶,撤喜竿,新人下轿贵人搀。
铺红毡,倒红毡,喜毡倒在喜堂前。
南京做官带来的檀香木,
北京做官带来的喜香檀,
鲁班雕刻的八宝紫金鞍。
新人一步跨过去,一年四季保平安。
这边站的天仙女,那边站的喜状元。

---

① 腰:方言读 yào,指捆柴火的草绳或麻绳。
② 李家瑞:《谈嫁娶喜歌》,《歌谣》周刊第二卷第二十五期(1936年11月21日)。

一拜地，二拜天，三拜喜婆喜当然，
四拜妯娌也是喜，五拜五子登科喜状元。……①

## 五、家

1. 大家庭与小家庭

家庭是社会的细胞，在现阶段的任何民族、任何文化中，都占有比较显著的位置。一般人类学家、社会学家从结构、特性等不同角度对家庭作了划分。

从结构来分，有核心家庭和扩大家庭。核心家庭是夫妻与未婚子女组成的家庭，其中只有一对配偶，规模较小。扩大家庭是核心家庭的扩展，是夫妻与成年已婚子女以及更多成员组成的家庭，其中可能包括数对且不同辈分的配偶关系，规模较大。着眼于其规模之大，有时也称为"家族"。它可以是几个核心家庭的联合，故又称"联合家庭"。介于核心家庭和扩大家庭之间的结构模式，则有的家庭社会学家称之为"折中家庭"。

从家庭特性来分，可分作出生家庭与生殖家庭。出生家庭又叫"生长家庭""人生取向家庭"，是一个人所由出生并接受抚育的家庭。生殖家庭则是个人通过婚姻进一步组织的家庭，它可以是脱离出生家庭后组织的，也可以是在原有家庭中组织的。它们与核心家庭、扩大家庭的关系是：核心家庭只有一个生殖家庭，扩大家庭则最起码有两个，甚或两个以上的生殖家庭。

在人们的一般印象里，似乎中国只有大家庭，没有小家庭。在我国历史上，确实存在过无数的大家庭，人口之众、规模之大，世界少有。同时，大家庭的共同生活一直是人们的理想，"累代共爨""五世同居"始终是官家提倡、百姓追求的。从历史记载

---

① 徐芳：《北平的喜歌》，《歌谣》周刊第二卷第十七期（1936年9月26日）。

来看，古代大家族首推唐代的江州陈崇家，十三世同居，长幼凡七百口。此外，唐张公艺家九世同居。唐代累世同居之风颇盛，全国家庭平均人数达七八口之多，形成了异于汉代的"唐型家庭"。

唐型家庭的形成有它的根源。清人赵翼《陔馀丛考》（卷三十九）指出：累世同居之风，起于汉代末年。唐代皇帝极力鼓励大家庭，例如寿张人张公艺九世同居，唐高宗亲幸其宅。江州陈崇数世未尝分异，唐僖宗诏旌其门。此外，律例也禁止父子兄弟分居，例如当时有诏令曰："百姓中有事亲不孝、别籍异财，玷污风俗，亏败名教，先决六十，配隶碛西；有官品者，禁身闻奏。"（《册府元龟》卷六一二）宋代遵唐制，宋太祖诏："荆蜀民祖父母、父母在者，子孙不得别财异居。"（宋史·太祖本纪）元、明、清三代，亦多因唐律，将别籍异财，悬为厉禁。同时，历代统治者还经常旌表突出的大家庭，称之为"义门"。经过历代倡导，遂形成父子兄弟同居共财的家庭模式。

不过，家庭社会史研究显示，虽然我国历史上存在过累世同居、奇大无比的大家庭，并以之为家庭结构的理想，但大家庭在家庭总数中所占比例还是较少的。据统计，除晋代每户人口7.1人外，其余各朝代的家庭平均人数都在5—6人之间，最少的时候不到2人，总平均数是4.84人。也就是说，常见的、普遍的，还是五口之家。另一份20世纪80年代的统计资料也说明了这一点。据1984年底统计，山东泰安徂徕乡15023户中，一代之家3006户，占20.4%；两代之家7690户，占51.3%；三世之家3712户，占24.7%；四世之家551户，占3.6%；五世同堂的，只有两户。在现代都市，大家庭已经渐趋消失，代之而兴的是折中家庭和核心家庭。[①]

---

[①] 潘允康：《家庭社会学》第六章"家庭关系与家庭结构"，重庆出版社1986年版。

## 第五章　走向独立

在家庭的内部，家族成员按一定的秩序组织，也形成一种结构。中国传统家庭的这种结构模式，最大的特点是家长制，此外还有一些其他的内容。传统大家庭又称"家族"。按宗法制度来看，家族又分大宗、小宗，始祖的嫡长子、孙这个系列下来的为大宗，其余则为小宗。旧时我国第一大家族——曲阜孔氏家族——以孔子为始祖，由孔鲤、孔伋一系延续下来的为大宗，继承衍圣公封爵，其余则为小宗户。

此外，传统的大家族不只包括血缘家属成员，还包括仆人、婢女、佃户等。《红楼梦》里的贾氏家族共有500多口，除荣、宁二府的族人外，还包括下人、丫鬟等。孔氏大宗户700余口人，除衍圣公一家人外，还有仆人若干，平常500余人，多的时候700余人；还有礼生80名，乐舞生120名。此外还有各种户人，也就是专门为孔府服务的一干人，其中有种田的佃户，如皇帝赐给的"钦拨佃户"，租种祀田的"寄生佃户"，还有洒扫孔林孔庙的"庙户"，以及屠户、猪户、羊户、牛户、笤帚户、挑祭户、鸭蛋户、花炮户、司茶户、烧火户、哭丧户等凡17种。这些户人属孔府的"户籍"，孔府可以拘捕、审讯、行刑。

当然，平常的大家庭大多不能像孔府那样煊赫，即便有仆人、婢女也为数不多。在这种大家庭里，体现最明显的不是大宗对小宗的统治，也不是主人对仆人的支使，而是家长对其他家庭成员的约束、管教、控制。在旧时代，家长在家庭里享有至高无上的权力，具有绝对的权威。《仪礼·丧服疏》云："父是一家之长，尊中至极。"他对内一手处理各种家庭事务，对外全权代表家庭处理各种社会事务。"一户之内，所有田粮，家长主；所有钱财，家长专之。"（《清律辑注》）"诸凡卑幼，事无大小，毋得专行，必咨禀于家长。"（《朱子家礼》）其他家庭成员都要听从家长的吩咐，维护他的尊严。古语云："天下无不是之父母""子孙受长上苛责，不论是非，但当俯首默受，毋得分理"（均见曹端《家规辑要》)。

此外,家长之妻为"内当家",有一定的处理家庭内部事务的权力;家中长子为"家督",也有监督弟妹的责任,左宗棠曾在给长子孝威的一封家信中说:"家中大小事件,尔宜留意。家有长子曰'家督',尔责非轻。"

### 2. 家为邦本

亚圣孟子有云:"人有恒言,皆曰'天下国家'。天下之本在国,国之本在家,家之本在身。"(《孟子·离娄上》)《大学》又曰:"古之欲明明德于天下者,先治其国;欲治其国者,先齐其家;欲齐其家者,先修其身。"(《大学》第一章)这些论述,都把治国平天下之本归于修身,但同时也突出了家庭的中间、甚至中坚地位,表明治国、齐家原理一致,只要家庭职能圆满完成,国家机器也就可以正常运转,乃至长治久安。

社会赋予家庭的最基本职能,是实现人口的再生产,由此家庭成为生育机体。在古代社会,生儿育女不仅是家庭的愿望,也是国家的需求。国家严格要求适龄青年及时婚配,及时生育,否则要给以一定的处罚。在封建王朝如汉代等,国家还有帮助平民子弟择偶婚配的措施。这些,都在要求家庭及时、圆满地完成生育职能,为精耕细作的园艺式农业生产提供劳动者,也为徭役、征战提供充足的劳役和士兵。家与国的双重要求,社会意识、经济基础的双重要求,使生育职能在我国古代家庭中被强调到了无以复加的地位,尤其是妇女,她们在家庭、社会上的地位、意义,只有靠生育才能获得。

中国古人历来的人生理想,就是希望自己显亲扬名、名垂千古。这个事业的完成,不仅在于个人,更在于家族世代的纵式链条。个人可以将自己的理想、事业移交给下一代,因为那本来就是家庭、家族的。为了完成事业、实现理想,首先要延续自己和后代

## 第五章　走向独立

的生命，由此，家庭遂成为一个经济单位。在这个单位里，自耕农男耕女织，维持自给自足的家庭经济，各家庭成员间通力合作，联手共进。一般地主家庭雇长工、短工，家庭成员除了组织管理，也要亲身参加劳动。贵族大家成员一般不直接参加劳作，也不直接参加具体的管理，而是雇用佃户、仆人、管家一类的家庭从属成员，组成一个更大的、也同样自给自足的经济单位。总之，在传统社会，家庭几乎是唯一的经济实体，主要的经济活动都局限在家庭范围之内，很少打破家庭界限的集体协作性质的生产活动。

家庭还是独特的教育机构。在这里所进行的教育，当然主要是品德修养、为人处世的教育，此外还有生产技能、生活知识。一般的家庭教育只局限于这两个方面，只有那些贵族大家、小康之家，才有可能对子女进行文化知识的教育。传统家庭教育出来的人，必然符合社会的一般要求。由于传统社会家与国原理、机制的同形同构，社会基本上无需对家庭培养出来的人进行任何加工，就可以派他们到不同的岗位上去工作。

传统中国社会可以说是以伦理治国的，法律规制虽然存在，但在伦理纲常面前颇显黯然，或者不过是后者的"刚化"。古代伦理纲常有所谓"五伦""三纲六纪"，前者指君臣、父子、夫妇、兄弟、朋友五种人伦关系，后者指君臣、父子、夫妇、诸父（叔伯）、兄弟、族人、诸舅、师长、朋友九种伦常关系，它们虽然互有重复，但基本特点一致，即家庭中的伦理关系占有绝对优势，家庭之外的关系不过是家庭伦理的延伸。因此，可以说以伦理治国，也就是以家（家庭的伦理道德）治国。由此，家庭又承当起了执行伦理规范的教化职能。

传统家庭的教化职能，与教育职能和谐统一，协同进行。有的家庭、家族制定有一整套的伦理道德规范，如族规、家范等，它们是家庭教育的教材，也是家庭成员的行为规范，违犯这些教条，就要动用"家法"，给予惩戒、裁制。所谓"家法"，也就是家庭规约,是旧式家庭训诫和裁制家庭成员的规条,它与一般族规、家范的区别在于增加了有关处罚的内容。在旧社会,人们常常说"动用家法",就指上述惩戒、处罚的规条,有时进一步指执行处罚的械具。

此外,传统家庭还承担着提供社会福利的职能。这一点最突出表现在养老方面。在我国历史上,老人晚景凄凉、老无所养的情形相对少见,大多数老年人老有所养,不仅生计无虞,而且备受子孙孝顺,乡邻晚辈尊敬。同时,现代社会的其他福利事业,也全部由家庭承担;就此而言,传统家庭可谓"全能的社会机构"。由此亦可知,国人对家庭的必然需求以及脱离家庭的困难。

### 3. 三十亩地一头牛

民间有句俗语:"三十亩地一头牛,老婆孩子热炕头。"说的是一般平民百姓的理想生活,这里的田地、耕牛、居宅都属家产的范畴,甚至老婆、孩子也不例外。

家产古称"家缘",俗称"家财、家私、家业、家计、家当"等,指一个家庭所拥有的一切财物和产业。我国古代的私有制,始终以家庭私有为中心,个人私有未得到发展。因而,家产在社会意识与实际行为中占有重要的位置,在传统社会中起着决定性的作用。

家产可分动产和不动产两种。不动产主要指田地、房屋、林圃以及坟茔等,是人们最为看重的。在传统社会,田地是家庭的命脉,也是国家的命脉,无论平民百姓还是贵族大家,保有祖宗传留的田地、增置田产,是家庭事业中最重要的方面。在传统民间故事以及现代革命故事中,围绕土地展开情节的实在不少,有的涉及继承、分家,有的涉及占有、转让,有的正常合理,有的毫无道理,有的公道,有的霸道,但故事的中心总是土地。在外发了财的人,往往不是首先投资于扩大再生产,而是回老家广置

## 第五章 走向独立

田产,甚至买几块坟茔地。

田产之外,人们历来似乎更为重视的,是所谓"安身立命之所"的房产。这一点在当代社会也仍旧十分突出,先富起来或稍有积蓄的农民,首先想到的是盖房子。没房子的盖,房子少的盖,房子旧的翻新,甚至刚建不久又推倒重来,修建更阔绰、奢华的房宅。即使那些"吃皇粮"干部,在商品房尚未兴盛的年代,若有条件,也要设法建筑私房。这些干部建私房,与传统社会人们出于同样的心理,可见他们依然蹲在传统的窠臼里。

家产的另一方面是动产,对传统社会的人们来说,主要的是耕畜和农具,此外如家具、家畜家禽、金银财宝之类。在现代社会,家具、家电、轿车等在动产中占了重要的位置。

家产是所有家庭成员共有的财产,合族而居的大家庭财产归公,小家庭或个人不得私蓄。个人偶尔有的私蓄,也只有妇女的妆奁,以及新媳妇、小孩子在礼俗活动中得到的财务,如拜年钱、压岁钱等。此外,有的大家庭还按时给家庭成员一定的零花钱,《红楼梦》里的各小家小户,除了吃大锅饭,每人每月还有一定的例银、份子。家产由大家长全权掌管,其他人不得擅自处置。

假如家庭成员中有人要独立出去,或者兄弟分家,那就要涉及财产分配、转移问题。在民间,财产的分配、转移体现为分家的习俗,这种习俗也叫"析产""析炊""分析"。旧时,"凡析炊,父母在则父母主之,或邀戚族参加;殁则遵遗嘱,并请戚族尊长主之。大率除养老、祭田、公物外,皆兄弟均分,并祭告祖先,即位前拈阄为定。女子无论已嫁未嫁,皆不得预。拈阄后则立分书或分单。若长子特除,则谓'长子份'"。[①]

从上述这则简短的资料,可以看出民间分家析产的几条原则来。第一,不分光分净,而是要留出一部分,以作公产,广东客

---

① 山东《莱阳县志》,转引自山曼等《山东民俗》,第229页。

家人称之为"公尝"。其中有田地、财物等,用途为养老、祭祖,以及扶助族中贫者,支持子弟求学,兴办公益事业。第二,女子没有财产继承权,无论已嫁、未嫁。假如女子年逾婚龄而未嫁、已婚夫殁在娘家守寡,则要为她们提供衣食住行。第三是兄弟均分财产,这是一般的原则。由于宗法社会嫡长子继承制的影响,也因为长子继嗣应酬的客观需要,有时候分给长子的财产要多一些。此外,幼子也可能分得多于兄长的财产,这纯粹是出于照顾幼小的需要。

分家并非只是权利的转移,同时也包含着义务的转移。其间义务,主要是老人的赡养、孩子的抚育,以及祭祀、婚丧庆吊、亲友来往等礼仪活动的施行。分家者获得权利的同时,也要接受这些义务。权利、义务都要在契约上写清楚,几方都要签字画押。契约的格式为:"兄弟×××、×××勤惰不一,恐生嫌隙,兄弟商议,请到亲族,将祖父所遗以及所置田产、钱财、树木、器具等项搭配均分。逐条开载明白,阄分以后,彼此照单管约,各立门户,永无争差。立分单,各存一纸为据。"

在一些贫困地区,父母在世的时候,也有分家立业的。主要民俗形式为:每当家中有子娶妇一二年后,便拟分家。所分动产、不动产都有;同样也不分光分尽,而且可能不是均分。这是分家析产的一种过渡形式。分出去的儿子儿媳自立家业,从此自己管理生计,也不承担赡养老人的义务,幼弟弱妹则仍由父母照管。这种情形多在父母尚有生活能力的时候发生,子媳想分出去另创好日子,同时也可以避免不必要的家庭纠纷。

旧时,伴随分家立业还有一定的仪俗,主要是岳家携带具有象征意义的礼物,来祝贺女婿、女儿奠基立业;有的甚至要支助一部分财物,以使新家庭能够顺利起飞。在广东客家人那里,女婿开门立户的那天,岳父家清早便在鞭炮声中挑着大米、木柴和一担水桶来了。水桶里装的是锅碗瓢盆和发糕、葱、蒜、芹菜。

他们一来帮助女儿女婿开家立业，借"芹"与"勤"、"葱"与"聪"、"蒜"与"算"的谐音，勉励他们勤劳、聪明、精打细算，使生活像发糕似的兴旺发达。至于送木柴，则是借"柴"和"财"的谐音，意在祝贺婿家八方来财、发财致富。

### 4. 家号·家世·家谱

在传统中国，家庭是一个独特的、重要的社会共同体，它不仅默默承担着众多社会职能，也高扬着自己的旗帜，在一些领域鲜亮地打出自己的招牌。它有象征标志，那就是"家号"；各家有各家的道德风范，俗称"家风"；又有世代相传的事业、学问，称"世业""家学"；家族的源头、世系以及重要人物的行迹被记录下来，成为"家谱"……国有国法，家有家规，这里的家规又被称作家仪、家范、家法等。所有这些，无不在说明家庭的独特与重要。

我国传统家庭的民俗传承中，有家号、家印、宅号、屋号等事象。这些事象，都可谓独特标志。这种种标志，固然在于区别外在的别个家族，有时候也是内部的区别标志，诸如区别本家族的各个家支，或者本姓的不同支系，而其后者甚或更为要紧。

家号是标志本家族门第的特殊名号、记号，或图记，它从不同的角度反映出家族的社会特征。大致来说，家号之源，一为先祖姓氏，《红楼梦》里的贾、史、王、薛就是如此；二为封号，《红楼》里贾家的荣府、宁府自荣国公和宁国公两个封号，曲阜孔府称"衍圣公府"；三为职业，这类家号多见于从事手工业的家庭，如剪刀王、剃刀刘之类；四为吉祥字号，除一般大家族外，从事商业的家庭更多此种家号；五为部落名、地名等，比如孔子后裔的阙里孔氏共有六十宗户，除大宗户"衍圣公府"外，其余宗户都以地名为家号，如临沂户、道沟户、藤阳户、旧县户、蔡庄户、石村户、孔屯户、鲁城户、闵山户等。

与家号相对的是家讳,即需要避讳的父祖先人之名,与避讳俗制的私讳大略相同。俗语谓"子不言父名",子孙不能道及父祖先人之名,外人与之交往,也应尽量避讳。家讳与家号相同,都是纯粹的家族象征标志。

家世是家庭、家族的固有形象,具体指社会地位、职业传统等,表现为家族的世系、世业、门第、门祚、门阀,大约相当于今天所谓的"家庭出身"。常言所说的"将门之后""官宦人家""书香门第""耕读之家""祖传名医""世代务农"等,都是指家世而言的。家世如何,对家族成员的社会地位、社会生活具有强有力的影响。社会在许多方面表现出对家世的兴趣和重视,从官吏遴选、配偶选择等重大主题,到交友、贸易等琐细事件,都是如此。在唐代以前的世族门阀时代,社会的门阀等级观念极强,世族大家之间相互交往、通婚,决不将女儿嫁给寒门庶族。那时,择偶不重钱财和官职,首重家世。建立唐王朝的李家,因为并非门阀世族,早期颇受冷遇,最后只能靠皇家权力对家世加以政治性提升。

家世的好坏会对家族的社会生活产生直接的影响。这些影响的方向如何,当然首先在于社会对家世的评价。在传统社会以至现代社会,"官"一直占据社会重要地位,因而官宦之家受到肯定、尊重,世人多愿与其成员接交,甚至建立实质性的关系。此外,"士"在传统社会也不容忽视,不只书香门第受人称赞、尊重,就是耕读之家也为人所肯定、礼待。过去,"七十二行,种田为主""天大地大,农夫为大",农家虽贫寒、艰苦,但也受到应有的尊重,勤劳、质朴、诚实的美德,往往是与这样的家世联系起来的。

此外,某一代祖先的功业、才能、学问、技艺,一如具有运动惯性,也会产生久远的影响。相反,权奸、降将、贪官、污吏、恶霸、地痞、庸医,以及"下九流"行当,也仿佛遗传病之代代相传,受到世人的否定、鄙视。

对某人家世的态度，会直接影响社会成员与他的交往。认为某人有好的家世，他便受到不言而喻的信任、重视，人们愿意与他结识、交往，提供帮助。一个好的家世，就如同现代社会的某种合格证书或荣誉证书，走到哪里都是一串"绿灯"。相反的情景，也可想而知。正因社会对不同家世截然不同的态度，那些体面家世的人们不失时机、不遗余力地宣传、张扬本族，而那些家世不好的人，则往往改名换姓、迁徙移居，以避家世之丑。

显然，家世的思想基础是家族观念以及血统观念。在这里，世代之间不仅实现了生物遗传，也实现了社会遗传。从"继承优良传统"看，家世很是要得；而它漠视个体等腐朽特色，也毋庸讳言。在现代社会，重家世、重门第的风习仍然风行不衰，可以说是我们民族观念中的一种弊端。

家学是只就学问而言的，这无疑根源于传统社会士人的特殊地位，以及人们对读书和读书人的看重。不过，作为世代相传的事业受人注目的，还有其他职业和别的兴趣、爱好及专长，统称"世业"或"家业""家传"。在旧中国，一个家族或家族联合，往往能起到现代社会某种专业协会的作用。它不仅是一时的事业协作单位，更是长期的事业继承集团。它能够将一门特殊的技艺、学问延续下去或发扬光大，我国的许多绝技、绝学，正是由这一渠道而保存下来的。

世业主要指学问、技艺上的家庭传承及其特点，与之相对，家风则指德行、操守、作风方面的家庭传承和特点。家风也称"门风"，是一个家庭在世代承续过程中逐步形成的，较为稳定的生活作风、生活方式、传统习惯、家庭道德规范和为人处世之道，等等。我国历朝历代，不论小家大族，都十分注重家风的培养和维护。北齐《颜氏家训》的整个"风操"篇，几乎都是谈论这一问题的。近人曾国藩、左宗棠等，也无不注重家风，在给子孙的家书里,屡屡强调这一问题。有时说得笼统:"一国有一国之习气,一乡有一乡之习气,一家有一家之习气。有可法者,有足为戒者。心识其是非,而去其疵以成其醇,则为一国一乡之善士、一家不可少之人矣。"(《与癸叟侄》)有时谈得具体:"在督署住家,要照住家规模,不可沾染官场习气、少爷排场,一切简约为主。"(《与孝左》)[1]

家风的培养、维护与倡导,对维护家庭、家族有着积极的影响,对形成良好的社会风气也多所裨益。传统家风中提倡的尊老爱幼、互相谦让、家庭和睦、邻里相安、勤俭持家,以及戒赌、戒嫖、戒酗酒、戒殴斗等等,在今天社会也是应该倡导的。

传统社会注重家族世系的表现和成果之一,是家谱的发生和发展。家谱本来是记录宗法大家族血缘系统的,但后世无论大家小族,大多修谱。由此,家谱遂成为我国传统家庭文化的一项重要内容。

家谱古称"家牒""家乘",俗称极多,如"族谱、祖谱、宗谱、谱书、影子、老地老母",等等。家谱以谱表、文书或二者兼有的形式,

记录家族世系及重要成员事迹。家谱的内容,最简单的是记录本家族的世系,从先祖一直到当世人,分辈记录,明确族人间的关系。成熟的家谱,其内容则远为广泛,涉及许多方面。兹举齐齐哈尔《吉林他塔喇氏家谱》为例说明。满族"他塔喇氏"汉姓为"唐",故该谱又简称《唐氏家谱》。从家谱的目录可知,它的内容主要有九个方面:

第一、序例篇,收有个人序文、原序及改修、再修、增修的序文、凡例共 13 篇。

---

[1] 《左宗棠全集·诗文 家书》,岳麓书社 1987 年版。

## 第五章　走向独立

第二、渊源，收有渊源考一篇。

第三、谱图篇。

第四、谱表篇，收有谱表释例、谱表。

第五、家训篇，共有婚姻、嗣续、丧葬、祭祀、和族五项。

第六、移驻篇，收有正文移驻考、族居记、族居表、吉林黑龙江居址总分图，以及附录"流寓"。

第七、祠宇篇。

第八、墓图篇。

第九、恩荣篇，共九项：敕命，诰命，敕书，官阶翎衔，陈设恤赠，旌表建坊，名贤谱说，谈观察跋，多太守跋。[1]

---

[1] 金启孮：《满族的历史与生活——三家子屯调查报告》第五部分之《唐氏（他塔拉氏）家谱》，黑龙江人民出版社1981年版。

# 第六章　人间重晚晴

地球上出现生命以来，自然之神便始终刻板地谨守一条严酷的法则：生命诞生、成长之后，必定走向衰老，必定走向死亡，"万物灵长"的人也不能例外。经过正午般灿烂的年华，人们逐渐迈入午后、走向黄昏，开始老年的人生。

在人类发展史上，老人的地位可谓跌宕起伏，有过不受待见的时候，有过受到尊重的时候；有过青年辛劳的时代，也有可以安享晚年的时代。特别的是，老年人不像青壮年那样必须做社会的中坚、家庭的顶梁柱，反倒应该得到更多的关照；而这种关照，往往要由人生礼仪来部分承当，一如曾经的对待同儿童、少年。

## 一、老年的人生

### 1. 人到老年

人的衰老与否，本来只应该从生理的角度界定，然而，人类创造的文化无时无刻不在反作用于自身，因而，老年的界限就出现了民族、文化、时代的差异。在人类发展的初级阶段，人的寿命普遍较短，很少有人能达到我们现在所谓"老年"的年龄，那时的老年，实在仅仅等于现在的壮年。同样，在文明进程比较缓慢的部落民族，也多显现上述状况。与人的寿命一样，人的老龄界限也随着科学文化的发展逐渐后移，我国也大体是这样的情形。

那么，有没有一个老年的明确界限呢？现代社会有，法律虽然没有像成年与未成年那样规定一个责任年龄，允许老年人逍遥法外，但劳动法则从就职的角度做出规定，离开工作岗位，开始退休生活，这无异于向你宣布：你沾了"老"的边儿。

我国古代礼制，也曾有过退休年龄的明确规定，《礼记·内则》曰："三十而有室，始理男事，博学无方，孙（逊）友视志。四十始仕，方物出谋发虑，道合则服从，不可则去。五十命为大夫，服官政。七十致事。"致事就是交差、离职，由此可知，古时的退休年龄为70岁（仅指男性而言）。而退休的年龄，也正是老龄界限。同是《礼记》，《曲礼》又云："三十曰壮，有室。四十曰强，而仕。五十曰艾，服官政。六十曰耆，指使。七十曰老，而传。"陈澔《集说》引吕氏曰："传，谓传家事于子也。"这样看来，退休年龄与老龄界限是基本统一的，老了就该退休，退休之后也就步入老年了。古礼规定七十方始步入老年，而我们今天的中年又特别长，二者和谐默契，颇耐人寻味。

我们的生理人生，从来都不能自外于自然法则，步入老年，首先表现出来的就是身心变化，这本来应该是最应注意的方面。然而，作为文化的人，年龄的变化，有时候似乎更突出地表现在社会文化方面，更重要的是社会文化意义。在实行"长老制"的社会，步入老年意味着他可以参政议政、决定国事了；而在狩猎或游牧民族那里，因为体能无法应付激烈动荡的生活，他的地位也就悲壮地衰落。在某些社会，步入老年意味着失去工作，靠退休金为生，开始有些悲凉、孤寂的生活；而在传统中国，人们并不因为不再工作而丧失一定的社会地位，相反倒可以放下修齐治平的往昔志愿，悠然自得，从心所欲，正所谓"莫道桑榆晚，为霞尚满天"。

## 2. 漫话年龄称谓

世界各民族文化都有一个基本相同的年龄计算单位,那就是"年",过一年即长一岁。不过,不同文化又都有自己独特的年龄计算习惯,比如我国传统上习惯用虚岁,生下来就是一岁,过年又添一岁;如果生在腊月,"两岁"的"孩子",来到个世界可能还不足两个月。现在城里人多用周岁,父母为了显示自家孩子聪明堪比神童,或者为淘气顽皮等小毛病开脱,往往计算得更为精细,"几岁半""几岁几个月"地告诉别人。

除了年龄计算单位、计算习惯,又有年龄的称谓,这对不同文化来说更是各具风采;而且这些称谓又多是与相应文化的年龄价值评价、人生礼仪等紧密联系的。反过来也可以说,细心地推究不同文化的年龄称谓和有关年龄的谚语等,便可以大体了解该文化有关年龄的种种观念意识。如同亲属称谓、社会角色(丈夫、妻子、媒人等)称谓等,年龄称谓也映现出所在文化特有的灿烂光华。

根据称呼对象、使用范围的不同,年龄称谓约略可分三类,一是基本称,一是概称,一是特称。

基本称是年龄最一般的称呼,适用于任何一个年龄,也就是语言理论里讲到的量词。比如汉语里的"岁",日语里的"才",等等。在中国,基本称除了"岁",还有"年""龄",比如说"年方二八""年高八十""九龄童""八十高龄"。国人以长寿为生活理想,故而旧时往往有以"寿"标示年龄的,如"寿八十""寿几何"之类,但大多用于较大的年龄。此外,古人以十年为一"秩",就如同今人称七天为一"周"。秩本身是一个基本称谓,30岁可称"三秩",70岁可称"七秩",只是同时又由此衍化出了一些概指的称谓。

概称,顾名思义,是不确定年龄的称谓。它与特称一样,具有与基本称迥异的旨趣,从根本上来说,它们才算得上称谓,才

## 第六章 人间重晚晴

更具有文化意义。比如秩，一秩等于10岁，可以说是一个"批发"的年龄数量单位，由此衍化出的概称则不同。六十以外称"开七秩"，白居易诗云："已开第七秩，饱食仍安眠。"（《思旧》）又云："年开第七秩，屈指几多人。"（《七年元日对酒五首》之二）当时诗人六十有二。依次而序，自七十以外称"开八秩"，又白诗云："行开第八秩，可谓尽天年。"（《喜老自嘲》）自注："时俗谓七十以上为开第八秩。"八十以上叫"开九秩"，司马光作《庆文潞公（文彦博）八十会致语》云："岁历行看九秩新。"由以上例子可知，概指指称的是年龄的一个段落，而不是特定的年龄；这种"笼统"，形之于文字表达，便利不少。

年龄概称不仅基于年岁，而且也着眼于体现年岁的容颜、鬓发、身体装饰等，由此创生的年龄概称更加丰富。

人之长幼的外部特征，比较清晰地体现在容颜和鬓发上，故而可从容颜、鬓发出发而创作年龄称谓。由于这种体现并不十分精确，因而又多以概称出之。比如以容颜为基准的有"朱颜"，指青少年，明王士祯诗有句云："尚书北阙霜侵鬓，开府江南雪满头。谁识朱颜两年少，王扬州与宋黄州。"（《寄荤诗》）此外有童颜，亦指少年。不过，童颜与鹤发相配，则指年高而气色尚佳的老人，又另当别论了

以鬓发为基准创造的年龄概称更多，诸如：

留头——指女童的年龄。旧时女孩子幼年剃发，年龄稍长，先蓄顶心头发，再蓄全部头发。全部蓄发叫"留头"，又叫"留满头"。《红楼梦》有："刚至院门前，只见王夫人的丫鬟金钏儿和那一个才留头的小女孩儿站在台阶儿上玩呢。"（第七回）

总角——指儿童的年龄。古人不剪发，孩子的头发长了，就紧贴着发根扎在一起，垂于脑后，叫"总发"，

如果不是把头发扎成一束，而是扎成左右两股，就叫"总角"。西晋潘岳《藉田赋》有云："垂髫总发，蹑踵侧肩"。宋方勺《泊宅编》卷一："予生浙东，世业农。总角失所天，稍从里闬儒者游。"又《红楼梦》第三回："这院门上也有几个才总角的小厮，都垂手侍立。"

髫——本指儿童头上垂下的短发，引申而指儿童、儿童的年龄，如《北史·柳遐传》："髫岁便有成人之量"。此外还有"髫龄""垂髫""髫发""髫龀"等用法，例如：《后汉书·伏湛传》："髫发厉志，白首不衰"；清王应奎《柳南随笔》卷三："陈在之（玉齐）晚年与同邑邹因仲（载锡）相遇，握手道故，因喟然曰：'吾辈垂髫相友，如昨日事，不谓一转瞬间，各已衰老若此。'"另外，这些称谓常与副词合用，如前边提到的"才留发""才总角"。又如：清钮琇《觚賸》卷一："梅村甫髫龄，亦随课王氏塾中。"又清乐钧《耳食录》卷八："老妇引二女出拜……次素云，甫垂髫，眉目明秀，衣裳如雪。"

容颜、鬓发之外，牙齿也是年龄识别标志。年龄的"龄"，本身即与牙齿有关。此外如"龆""龀"，都指儿童换牙，引申指儿童、儿童的年龄，有时单用或加副词用，《后汉书·阎皇后纪》："年皆童龆"，《列子·汤问》："邻人京城氏之孀妻有遗男，始龀，跳往助之"；有时合用，《柳南随笔》卷二："遗孤凡十有三人，或在龆龀，或居襁褓。"也有用作"髫龀"者，《觚賸》卷一："余幼从吴南邨先生于家塾，受《尚书》《左氏传》及时制义，所见著述甚富，惜在髫龀，不及抄缀成编。"

身体装饰也可以标识年龄，古代的冠、笄就是如此。笄指妇女用簪子将头发簪起来，古时女子十五行笄礼，故十五六岁称"笄年"，白居易诗："复有双幼妹，笄年未结褵。"（《对酒示行简》）"及笄"称已经成年、可以嫁人的女子。古代男子二十行冠礼，故二十又称"冠年"。《礼记·曲礼上》："二十曰弱，冠。"故有"弱冠"之称，指20岁、成年，例如："无路请缨，等终军之弱冠"（王勃《滕王阁序》）。以上这些是特称。又有概称"逾冠"，指二十出头，金刘祁《旧潜志》卷一："（李翰林纯甫）逾冠，擢高第，名声烨然。"许多年龄特称加缀副词即变为概称，如未艾、未壮、未耆、逾壮等。这是构成年龄概称常用的方法，下文讲到特称时也可举出许多例子来。

特指称谓是特定年龄的称谓，它大多来自古代典籍、诗文，兹举例如下：

花甲——由干支纪年法而来，指60岁，又称"花甲子"。宋范成大诗句："行年六十旧历日，汗脚尺三新杖藜。祝我剩周花甲子，谢人深劝玉东西。"（《丙午新正书怀》之一）

古稀——也作"古希"。杜甫诗云："酒债寻常行处有，人生七十古来稀。"（《曲江》）又苏轼诗云："令阁方当而立岁，贤夫已近古希年。"（见赵令畤《侯鲭录》卷三）

而立——指30岁，源自《论语·为政》："子曰：吾十有五而志于学，三十而立。"例见前引苏轼诗。

不惑——指40岁，语亦源自《论语·为政》。

弱冠——指20岁、成年。方勺《泊宅编》卷二："王君仪年弱冠，寓陆农师佃门下，力学工文，至忘寝食。"

壮——指30岁，《礼记》："三十曰壮"。《泊宅编》卷二："朱行中自右史带假龙出典数郡，年才逾壮。"

艾——指50岁，《礼记》："五十曰艾"。"艾老"指五十以上的老人，汉桓宽《盐铁论》云："五十已上曰艾老，杖于家，不从力役。"

耆——指60岁,《礼记》:"六十曰耆",后泛指老年。《觚賸》卷二:"先生耆年硕德,与主人为老友……",又《柳南随笔》卷三记有康熙甲戌上巳的昆山耆年之会,与会12人从50岁到80岁都有,可见耆年指称之泛。"耆"与"艾"合称指老年,《荀子·致士》:"耆艾而信,可以为师。"

老——特指指70岁,《礼记》:"七十曰老"。

耄——指80—90岁,《礼记》曰:"八十、九十曰耄"。泛指老年,《左传·隐公四年》:"老夫耄矣。"

耋——亦指年高。耄、耋又合称,指老年、年高。

期——指百岁,《礼记》:"百年曰期,颐。"陈澔《集说》解曰:"人寿以百年为期,故曰期;饮食居处动作无不待于养,故曰颐。"又"期颐"合称指百岁。

## 二、寿诞礼仪

成年礼、婚礼之后,人生进入漫长的过渡阶段,直到死丧。在这个漫长的阶段,人生礼仪稀少了,只有不同年岁的寿诞礼仪,并且显得可有可无。不过,寿诞礼仪虽说不是什么重要的礼仪,但对理解国人的人生观和宗教意识,却是不可或缺的中介;况且,上了年纪的老人并不把寿诞礼仪看得可有可无,有时候反倒视同性命,好像不过寿礼就不能长寿一般;再说,即使寿星们不在意,可受"孝"的伦理熏陶的子孙们,却不能不在这种场面上做文章。寿诞礼议就是这样,在人生礼仪的链条上焕发出了它夕阳、晚霞般的光彩。

### 1. 寿为五福之首

我国古代有所谓"五福",讲的是五种人生理想。民间的说法是福、禄、寿、喜、财,寿为其中之一。古籍的说法略有不同,寿排在五福之首。《尚书·洪范》曰："五福，一曰寿，二曰富，三曰康宁，四曰攸好德，五曰考终命。"不仅寿居首位，而且其他几福也多与此有关，比如康宁、考终命。古人解释，考终命为"皆生佼好以至老也"，与寿不无关系。可见，人之一生，寿是至关重要的。

观念上如此，行动上呢？翻翻史籍便可以知道，古人为长寿没有放不下的事情，没有没干过的事情。

远在神话传说对代，后羿的妃子嫦娥为长生不死，偷吃了奔月的仙药，撇下情人，只身飞到了月宫，寂寞凄清地活到现在。传说中还有位彭祖，很是长寿，活了 800 多岁，令人歆羡。炼丹家整日价冶炼，希图找到不死之药，据说也"真的"找到了，于是人们争相求教、仿效，连皇帝老子也都趋之若鹜，结果是许多人吞了难以消化的金石，鼓胀而死，同时也就有了中国冶金技术的较早发达。不只炼丹家，其他许多的人，都在寻找长寿之术。除了注意日常的饮食行止，一些人还想出许多绝招，无所不用其极。

人们不仅在现实生活领域千方百计寻求、实践长寿之道，也苦心孤诣地在信仰、礼仪生活里创造、应用长寿之术。首先，人们创造了祝福、庆贺长寿的礼仪——寿礼，大肆铺排，极尽所能。其次，人们依据社会价值等赋予某些行为特定意义，比如拣佛头儿上寿，对人弄刀折寿……从而趋利就福、远祸避患。再次，人们还创造了寿星这样一位吉祥人物，时常加以礼奉；"寿"字的许多变体，组成"百寿图"；择定长寿象征物，入诗入画，借以寄托长寿愿望。种种长寿象征物，有菊花、桃子、松柏、龟鹤，甚至花猫、彩蝶。

## 2. 寿诞礼仪

寿诞礼仪人们生日时举行的礼仪，终生要重复好多次的。不过，此类礼仪因年龄的不同而有所差别。虽然其中心意义都在于祝福、庆贺健康长寿，但小时候的一般不叫"寿礼"，而是俗称"过生日"。民众认为，小孩子、青年人，做寿是不妥的，要折寿；只有到了一定的年龄，才配举行寿礼。比如《红楼梦》里宝玉生日，虽然家下行走的男女（丫鬟、奴仆等），先一日给宝玉上了寿；但王夫人有言，不让年轻人受礼，恐折了福寿。

成年人的寿礼，也叫"做寿""庆寿""贺寿"等；特定年龄又有特定称谓，如"庆八十""贺六十""古稀之寿"等。旧时称77岁寿诞为"喜寿"，因"七十七"竖写与行书"喜"字近似；88岁称"米寿"，也是如此。男女寿诞也有不同称谓，比如男称"椿寿"、女称"萱寿"，因为古来以椿、萱代父、母，"椿萱并寿，兰桂（指子孙）齐芳"里的椿、萱指的就是这层意思。

寿诞礼仪古已有之，春秋时期就颇为盛行了。金文里有多种写法的"寿"字，《诗经》还记载了当时的祝寿礼仪。《诗经·周颂·七月》云："跻彼公堂，称彼兕觥，万寿无疆"；《诗经·大雅·江汉》云："虎拜稽首，天子万年。……作召公考，天子万寿"；《诗经·小雅·天保》云："如南山之寿，不骞不崩"。由此可知，《诗经》时代就已经有了比较繁复的寿诞礼仪，并为后世留下了"万寿无疆""寿比南山"这样的祝颂之词。

寿诞礼仪一般在40岁以上才开始举行，甚至更晚，各地风俗不同，没有整齐划一的年龄。有的地方则不论年龄，只要添了孙子、留了胡子，就可以庆寿了。但一致的规律是：越做越大、越隆重，整数之寿（俗称"整寿"）较零数隆重。古语云："人逢七十古来稀"，因而七十以后的寿礼很是隆重，"八十大寿"往往为寿礼之极。逢十、逢五之外，其他的零数一般不大办寿礼，要办规模也较小。

寿诞之礼有一套仪规。先要设寿堂，摆寿烛，挂寿幛，铺排陈设，张灯结彩，布置一新。届时，寿堂正中设寿翁之位，司仪

## 第六章 人间重晚晴

唱赞,亲友、晚辈上寿。辈分不同,礼数有别。平辈往往只是一揖,子侄则为四拜。有的并不设寿翁,客人只是往寿堂礼拜,儿孙辈齐集堂前还礼。

寿筵是寿礼的重要一环,主家往往大开宴席,款待来客。宴席称家庭状况而为之丰俭,但少不了面,俗称"长寿面"。富贵人家的寿筵往往十分排场阔气,《红楼梦》第七十一回写贾母八旬大寿(八月初三),从七月二十八起到八月初五止,宁、荣两府齐开筵宴;仪注也较平常为多,除上寿、唱戏之外,宝玉到几处庙里跪经,请出家人念《保安延寿经》,还要焚天地寿星纸,放生。

贺寿的来客,都要携带寿礼,诸如寿桃、寿糕、寿烛、寿屏、寿幛、寿联、寿画、寿彩、万年伞等等。这些礼品中,但凡能缀饰、点画图案的,一般都要加上有象征意义的图案等。山东掖县出嫁的女儿回娘家为父亲祝寿,一定要做祝寿饽饽一摞(五个),然后再加一个,一摞五个祝寿,另外一个供寿星。蚕乡浙江海宁,则要给老人做绸衣、绸裤、绸面鞋子,用抽不尽的蚕丝祝福老人长寿绵绵。

寿联与婚联、挽联一样,是运用于人生礼仪的文字样式,很具代表性,最能表现中国文学艺术人文性的特点。一般的寿联,不外乎写些吉祥祝福之辞,千篇一律;好的寿联,则要点出寿主与贺寿者之间的情谊,对寿主的生平业绩给予评价。此外,寿联也有男女之别、自寿他寿之分,不同年龄的寿诞也有不同的寿联。有时候,寿联也被当作逞才显艺的园地,或者用作讥讽、嘲弄的武器。

自寿的寿联,多用以抒发个人感慨、抱负,或者用以自勉,往往题作"×十自寿"。更多见的寿联,当然是贺寿者所作(或请人代笔)。至于吹得恰到好处,讽得入骨入髓,不妨略举两例:

纪晓岚学富五车,才思机敏,流传下来许多脍炙人口的故事。

他贺乾隆五十寿诞的贺联,极尽吹捧之能事,但又才华横溢,堪称妙绝:

四万里皇图,伊古以来,从无一朝一统四万里;
五十年圣寿,自今而后,尚有九千九百五十年。①

### 3. 人寿俗信

许多礼仪均基于民俗信仰,寿诞礼仪也不例外。这方面的俗信很多,诸如:

小孩10岁的生日由外婆家给做,称"爱子寿";青年20岁的生日,则由岳家做。

有的地方"男不做十,女不做九",十、九与当地方言"贼、鸠"谐音,故不做。四十不做,也缘于谐音。

百岁寿诞提前一年在99岁做,以示提前过百岁大关。

数人年龄相加,合作八十、九十、百岁大寿,以铺排张扬。

以上俗信多与寿诞礼仪的仪注结合,反映人们关于人寿的信仰。此外,与日常生活联系的此类俗信也还很多。

首先,人的寿命与人的身体紧密联系,人们认识其间的直接联系,便从身体上寻找、发现影响寿命的因素,由此形成了有关寿命的相术。比如,民间信仰认为人掌纹有生命线、爱情线、事业线等,生命线的长短与该人寿命的长短吻合。又如长如寿星的眉毛为"寿眉",是长寿的标志,不得损伤,否则要损寿。据传,末代皇帝溥仪的老师徐坊长有寿眉,小皇帝看了有趣,要摸着玩,当老头子谨遵圣命低下头来的时候,他却冷不防拔去一根。后来徐坊去世,太监们都说是被"万岁爷"拔掉寿眉的缘故。

其次,寿命与年龄联系着。其实,年龄不过是寿数的记录标志,

---

① 自今而后:又作"自前兹往"。

## 第六章　人间重晚晴

并不精确对体现人的身体状。可是,民众依据经验,通过直觉联想,把年龄与寿命绝对地联系起来,形成了许多俗信。其中有的具有经验型科学性,诸如年龄越大,活下去的日子就可能超短。许多俗谚讲的,都是这种经验型的科学:"年纪活到六十三,棺材沿上爬哇爬";"七十三,八十四,阎王叫你商量事"。有的则纯属观念的产物,是信仰所规定的。这也是中外文化共有的现象,比如日本有"厄年",中国有"劫",这些都是注定要有灾厄的年份,需要特别注意。

在这方面,我国普遍的俗信是"九",又分"明九""暗九,"前者是带有九的年岁,如五十九、六十九、九十等;后者指九的倍数,如八十一、六十三、七十二等。年岁逢九就是厄年,就是劫,注定要有凶咎祸患的。因此,需要千方百计地化解。民间的方法是穿大红色的衣服,小孩子可作外衣穿,大人则穿内衣,还要系红腰带。《红楼梦》第八十七回写到这种俗信,借贾母大丫鬟鸳鸯的口说出来:"老太太因明年八十一岁,是个'暗九',许下一场九昼夜的功德,发心要写三千六百五十零一部《金刚经》。"

民俗信仰认为,个人行为与寿数也是相关的。小孩的无意识、非社会行为,可以显示他的寿数。比如"手搬脚,活一百",是说婴儿常有以手搬脚的动作,可以长命百岁。与寿数有关的,更多是有意识的社会行为,二者联系的基本规则是:行善积德延年益寿,损人利己减岁折寿。俗说"支刀三分罪",即拿刀向人是罪过,要折寿。所以如此,是因为"支刀"乃非礼之举,违背了非礼勿动的行为规范。

行善积德,同样的道理,行善亦可致寿。然而,一个人做一件好事并不难,难的是一辈子做好事。于是,便有人试图以简单易行的手段达到长寿目的。仪俗提供了这种手段,充当了由难到易的转换媒介。这样就产生了一些可以积寿、增寿的象征性行为,诸如诵经、抄经、施舍、放生,等等。有的象征性行为形同儿戏,但人们做起来认真、虔诚，心里头又信其为真。比如拣佛头儿，据说能给人上寿，也能给自己积寿，其实不过是把什么小玩艺儿从这里拣到那里。《红楼梦》里贾母希图长寿，不仅让孙儿们抄写经文，也拣佛头儿：那天，"尤氏、凤姐二人正吃着，贾母又叫把喜鸾、四姐儿二人叫来，跟他二人吃毕，洗了手，点上香，捧过一升豆子来，两个姑子先念了佛偈，然后一个一个的拣在一个笸箩内……"（第七十一回）

人寿俗信中还有一种"借寿"的习俗。俗信认为，寿命在天，寿有定数，该活多大年纪就能活多大年纪，不会少、也不会多。因此，寿数一如个人财产，可以借贷、转让。"借寿"习俗就建基于此。凡家人有病，医治无效，人们便认为此人寿到，只能借寿给他，以图延寿。旧时代，往往有子女志愿借寿给亲人者，并以一定的仪式达成。当然，这种行为违背科学规律，只能显示儿女的孝心而已。

**4. 人寿信念的象征表现**

希图长寿作为一种社会信念，必然表现在文学、艺术以及其他领域。在我国，反映人们长寿信念的象征物（包括图案等）多而又多，难以枚举；透过它，可以窥见一个声势浩大的创造运动。相应的创造性行为，不仅来自普通民众，也来自文人墨客、官家富绅，甚至和尚道人。全民合力所造就的这个象征体系，丰富多彩，神异迷人。

首先，人们在文字上做文章。"寿（壽）"字并非多么特殊，但所表示的意义为人所重，人们便将它图案化，从而产生了许多变体，有圆寿、团寿字，有长寿字，还有100个篆书排列在一起组成的百寿字、百寿图。这些寿字图案广泛应用于画稿、文具、家具、什器、衣物、建筑等，随处皆是。北方民间土炕有炕围子，其中除专门的"寿"字外，还有寿字图案组成的"二道眉"等。

民居影壁的字画中，也多有寿字或百寿图。旧时老年人的衣物绣"寿"字，20世纪80年代，还有穿着寿字背心的人漫步街头。

其次是创设、整编神明，有专门，有兼职。专门的神明，就是众所周知的寿星，传统图绘里，老人家长头大耳，皓首白眉，长髯遮胸，手把拐杖，杖头挂一葫芦。瑶池的西王母也与人寿相关，因为她园子里的蟠桃乃长寿之果。仙女麻姑曾见三见东海变桑田，极其长寿；又有"麻姑献寿"之说，用以祝寿，特别是祝女寿。八仙也关涉人寿，传统吉祥图案中有"八仙庆寿""八仙拱寿"等。另有汉武帝时的金马门待诏东方朔，传说他因为三次偷吃西王母的仙桃，可居寿一万八千岁，因而也是祝寿的神明象征。

人作为"万物的灵长"，却往往"生年不满百"，这一点实在让人骄傲不起来，对神龟仙鹤、苍松翠柏乃至高山流水，常有羡慕之情。国人向来是平和主义的，与自然万物相处和谐、融洽如一，我为万物，万物为我，于是自然界的长寿之物便都用来做了人寿信念的象征物，广泛应用于各种场合、情境，抒发人们希冀长寿的理想、意愿。这些自然物，有的因其本身寿命的绵长而被取用，如龟鹤、松柏、梅竹、乃至泰山、寿石；有的因其传说可使人长寿而被取用，如桃子、芝草、枸杞、菊花等；有的则仅是基于名称的读音，谐音取意，如常青藤、长春花、绶带鸟、猫、蝴蝶等。

## 三、岁月与乡土的眷恋

岁月、乡土与人生，这是中国艺术永恒的主题。两千多年来，诗人吟诵它们，那样凝重、绵长、沉迷，一遍又一遍，一代又一代，从小到老，从远古到近代。直到20世纪，我们的乡亲仍然沉迷于其中，只是在很晚近的时候，在机器工业的轰鸣声中，我们才抬起头来，睁眼看世界。可以说，岁月与乡土一直是国人人生交响曲中的一个传统旋律。

### 1. 乡里社会

家乡是一个人出生、成长的地方，传统中国的广大民众，终身生活在家乡，生于斯，长于斯，老于斯，以至于无一刻离开过那片土地。因而，乡里社会对一个人的影响、模塑起着极大的作用。同时，作为社会组织之一，它担负着许多社会功能，可以说它是家庭的延展，国家的缩影。

乡里社会一般以村落为单位，扩大了的形态有乡镇。我国的传统村落，大多是因依自然环境发展而来，周围环境可以保障饮食、安全等人生最起码的需求。典型的村落，往往依山傍水，构成一幅山水画里常见的那种景观。最早兴起的是农村、渔村、林村等，以后才有矿村等。村落景观除住屋、栏圈、水井以外，还有庙宇、祠堂、墓地等。乡镇是扩大了的村落，或是几个村落的联合，在这里，除自给自足的小农经济外，还有以物易物或有货币媒介的集镇经济，乃至各种店铺等。

村落因其构成成员的不同，可以分为三种类型。一是单一家族村落，有的地区称为"独家村""孤家子"，起初是只有一家一户，但多见的是由一家一户发展起来的同姓家族村落，即所有村落成员都有共同的祖先，是一个家族的成员。这类村落在我国十分常见，地名学的研究清晰地昭示了这一点。二是亲族联合村落，即由姻亲关系联合起来的几大家族组成的村落，东北的所谓"三家子""五家子"，山东的赵王庄、潘王村、刘于家村之类，多是这类村落。在以上两类村落里，也可能有外来户，但数量极少，处于附属地位。三是杂姓聚居村落，由两个或两个以上没有亲族关系的家族组成，相互间没有主从、先后的差别。

同一村落的成员，往往拥有共同的村产，又有相互间的需要，构成一个有机的生活共同体。村产为村落全体成员所共有，使用、

## 第六章　人间重晚晴

转移等都应该由集体来决定。村产首先是聚落，即土地、山林、水源、四至八到等整个自然景观，它与人们的"村境"观念紧密联系，村上的人对此均有监护权，也需尽一份义务。这与部落社会各部落居留地、生存圈的意义近似。更实在的村产是形形色色的动产、不动产，诸如公有土地、山林、滩涂、矿产、学校、祠堂、庙宇、碾磨坊、桥梁、娱乐场所等公共设施，以及集资置办的车辆、娱乐工具等。乡社的互助，除了日常的互相照顾、礼仪活动的互相帮助，更具社会意义的是财力、劳力的互助，其形式前者如"扒会""抓借"等，后者如"变工""帮工"等等。

在社会学领域，有的学者把乡里社会称作"有机的团结"，与此相对的社会则称"机械的团结"，我国学者则使用"礼俗社会"和"法理社会"的概念。"礼俗社会"概念用来说明中国传统社会是比较恰切的。传统社会的人们生活在礼俗之中，礼俗是这个社会的社会规范、行为准则、评价标尺，社会依此来组织，社会活动依此来安排，纠纷、矛盾乃至命案都由它来评判、调解、制裁。礼俗在这个社会无所不能、无所不为。传统中国不是没有国家制度，也不是没有法律，但人们宁愿遵从礼俗，而不愿与法律打交道。这就形成了乡里社会"无讼"的特点，从而也养成了国人忍耐、中庸和平的性格。现代中国的人们，依然处在礼俗的束缚之中，情面、裙带关系、和事佬等，仍然在社会生活中起着极其重要的作用。

乡里社会的最大特点是地方性，或者径称"乡土性""土地性"。这个特点可以从两个方向解释，对外，乡里社会是封闭排外、孤立隔膜的，安土重迁，很少流动。乡里社会人们的活动范围受着地域的限制，地域与地域之间的流动多是走亲串友，但俗谚"远亲不如近邻"，却更是证实了这种地域性。与之相反，对内，乡里社会都是完全开放、熟识的。在同一个村落里，各家各户的情况相互间了如指掌，家产、子女、亲友以至家禽、家具等是如此，偶发的事情也是如此。村上的人们之间不仅彼此熟悉各自的性格脾气、音容笑貌，甚至熟识他们的朋友，知道他们的生日，彼此之间毫无隐私可言，交往时无需立约书契，谁也瞒不了谁，谁也骗不了谁，因此有"撒谎不瞒当乡人"的俗谚。乡里社会的这种地方性，造就了国人强固的"同乡观念"，由此而产生了由身居外地、外国的老乡而组成的同乡会，以及由同乡会筹建的会馆等。

乡里社会的人们并非清一色地不离乡、不离土，终老其间。少壮的男子若有条件，往往要外出试试身手，图一番事业。官宦富绅者流，也并不像老农那样"半截身子埋在土里"，他们可以离土离乡，甚至是真的离土离乡了。但是，不管仗剑远游、负笈求学，还是异地为官、他乡行商，甚或浮槎渡海、异国为客，他们都不会忘记故乡，都会由衷地说："家乡的水最甜"。

### 2. 家乡的水最甜

其实，家乡的水并非最甜，一首歌唱得好："我的故乡并不美，低矮的草房、苦涩的井水，一条时常干涸的小河，依恋在小村的周围……"那么，为什么还有人无比地眷恋故乡呢？这又并非一句"儿不嫌母丑、狗不嫌家贫"所能回答。

当然，人们对于家乡的眷恋，首先在于他与家乡形同亲子的关系，就如人们常把故乡、祖国（放大镜里的家乡）比作母亲那样。传统社会的人们大多生活于乡里社会，那里的父老乡亲、一草一木，都会在记忆中留下美好的印象。那里的土地孕育了他的生命，抚育了他，他生命的源泉、成长的动力等等都来自那里。因而，当他长成、有所成就的时候，便要为家乡做些什么，或是捐资修桥办学，或是赈灾济贫；即或在外无所成就，也要回到家乡，把心带回来，把骨头带回来。这种情感和行为，与子孙对父祖的孝如出一辙，本质无异。这种情感和行为的扩展，便是报效祖国。

对乡土的眷恋，还在于家乡是生活的避风港。生活在这里的

## 第六章　人间重晚晴

人们,对周围的一切都习惯了、适应了,离开这里到别处去,难免遇到文化的冲突,产生程度不同的不适应感,这时,人们必然想到家乡。历史上有过许多周旋于官场而感愤疾、生活于闹市而感难耐的人,他们动不动就撒手官场,原因就是"此处不留爷,自有留爷处",还有个家乡可以"采菊东篱下,悠然见南山"。更要紧的是,外出做官、求学、经商,未必尽如人意,难免失意落魄的时候。当此之时,一个人还能到哪里去?只好回家,回到故乡去。而朝廷对那些犯错误而不致判刑、流放的官儿们,也以为最好是遣归故乡。

家乡既然为人们提供了避风港,也就某种程度上助长了消极避世的风习,辅助了国人避世性格的塑造。其实,这一层的人与家乡的关系,与亲子关系类似。中国的婴幼儿受到母亲、家人以至亲戚的精心摄护,过分溺爱,凡事都由别人代劳,有事求助于人,遇到危险便藏到母亲怀里,所以有的人长大了往往胆小怕事,缺乏独立意识和冒险精神,受到一点挫折便灰心颓唐,退堂鼓敲得咚咚响,收拾行装回家乡。

家乡不仅是生活的避风港,而且是最原始的人生舞台。人从出生到成年,几乎都在家乡生活,外出一段时间以后,又要解甲归田、告老还乡。家乡往往是一个人人生的起点和归宿。即使是外出的那些人,如果真有所成就了,往往要荣归故里。这类事情,历史上比比皆是。汉高祖刘邦当了皇帝,领了一班浩浩荡荡的人马,备了全副仪仗,敲锣打鼓回家乡,惊动闾里,老幼瞻仰,可算是典型的例子。在现代社会,那些离家外出而混出点名堂的人,无论当了官还是发了财,总要荣归故里,招摇一番,明里是探访父老乡亲,实质是自我宣扬和炫耀。楚霸王项羽所谓"富贵不归故乡,如衣锦夜行"(《史记·项羽本纪》),正可谓此种心态掏心掘窍的传神写照。

一个人,不管走到哪里,家乡始终是他的人生牵挂,有的人最终要回归这里，他需要把自己的成功展现给家乡男女老幼，给那些爱自己、帮助过自己的人，更给那些瞧不起自己的人；还要把自己的成功和喜悦，告诉家乡的山山水水、一草一木，门前的枣树，屋旁的磨盘，寿数蛮大的黄狗和老牛。他这样做，倒不是因为家乡的男女更理解他，而只是因他的人生账本留在了这里，倘若不回来，就无法把自己的成功记在"账"上。这账在人们的眼里、嘴里、心里，也在山间水畔。

孜孜于在家乡这人生舞台上亮相，与国人的人生理想以及社会结构密不可分。国人的人生理想，不外乎显亲扬名、光宗耀祖，这自然要在熟人社会里实现；否则，在一个"八竿子打不着"地界儿，谁认得你是哪根葱？

此外，中国人本质上来说是欣赏田园生活的，这种生活是人们、尤其老年人的生活理想，而家乡正提供了这种生活。在这里，人们日出而作、日入而息，有心情欣赏自然风光，也有闲暇讲那些不知说过多少遍的事情，也有机会体味那些不知道搬演了多少次的仪节。"能不说俺家乡好"？

### 3. 岁月感

中国人不仅深深眷恋着乡土，对于岁月，也同样具有敏锐的感觉，怀着深深的眷恋。这种对岁月、对光阴的敏锐感觉和深切眷恋，我们称之为"岁月感"。岁月感不仅是对自然的感受，也是对人生的感受，它折射着人们的心态，折射着人们的人生观、宗教意识；它是一种个人感受，但往往能得到广泛的共鸣，说明某种程度上它也折射着集体意识。

岁月感实质上是对人生有涯、时光短暂的敏锐感受，是对衰老、死亡的警惧，是对青春、生命的眷恋。生命短暂与希图长寿的矛盾，是国人早已注意到了的，远古的人们就在思考、解决这一问题。同时，人们也很早就意识到这是一对无法调和的矛盾，

## 第六章 人间重晚晴

一个永远解决不了的难题。眼睁睁地看着白驹过隙、时光荏苒，于是，人们多情善感、忧怀无限，敏锐而深沉的岁月感笼上心头。

岁月感首先是一种人生感受，因而也首先表现在对人寿的感受方面。"生年不满百，常怀千岁忧""人生几何……譬如朝露……""神龟虽寿，犹有竟时""人生岁月如流水，客舍秋风今又起"，不管是提笔直落自身，还是荡开一笔、借物抒怀，都透露出一种对寿命的深切感触和关怀，透露出一种强烈期望又无可奈何的情绪。自古及今，许多文人骚客或者根本不以写诗作文为事的人们，都留下了感叹人生岁月的诗文，尤其是其中的"××岁××诗""××抒怀""××岁自题小像"之类最为突出。近人左宗棠而立之前写了《二十九岁自题小像八首》，表现出深深的岁月感。今举其一：

犹作儿童句读师，身平至此乍堪思。
学之为利我何有，壮不如人他可知。
蚕已过眠应作茧，鹊虽绕树未依枝。
回头廿九年间事，零落而今又一时。

这诗充满岁月身世之感，读之颇觉低沉、抑郁。叶剑英的《八十抒怀》，意气昂扬、诗意超脱，体现了对人生岁月的另一种感受：

老夫喜作黄昏颂，满目青山夕照明。

人的寿数是由岁月记载的，因而岁月感首先由人自身推及岁月、光阴，写日的朝出暮落，写月的圆缺晦朔，甚至写星移斗转，甚至创造夸父逐日的神话、拴太阳钉太阳的传说，感叹光阴似箭、日月如梭，追念逝去的岁月，设计不长的来日。因此而留下的千

215

古名句俯拾即是:"夕阳无限好,只是近黄昏""莫道桑榆晚,为霞尚满天"。

由岁月、光阴推及四时、物候,水到渠成,自然而然。古来吟咏季节的诗,大多带有人生、身世的感受抒发,尤其是写春、写秋的。春本是生长、青春的季节,朝气溢漾,生机勃勃,但对老年人来说,反差太大了,让人不免两相对比,生出喟叹;而青年人则由春之易逝联想到青春难驻,平添几许愁烦。秋实累累,乃丰收景象;霜叶秋红,为成熟标志。但秋天离肃杀的冬天太近了,转眼就是落叶飘零、雪花纷飞,它既让人感受到丰收的欣慰和成熟的满足,更让人感受到衰老与亡去的威胁、逼近,使烦恼、痛苦、不安袭上心头。如此春也不是,秋也不是,真是"春风秋雨愁煞人"。

物候是季节变换的表征,所谓布谷催春、桃李争春、春江水暖鸭先知,无不如此。百花开落有信,鸿雁来去有时,花开花落、雁来雁去,标志着时光推换、星移斗转。因此,对物候的感受,也是岁月感的一个方面。对此,诗人们写到最多的,莫过于春花、秋雁了。写春花春草,有时候写它们年复一年、常落常开,青春永在,对比人生短暂、时光逝去不再来,如辛弃疾《鹧鸪天》词句"事如芳草春长在,人似浮云影不留";更多的时候则是写春花易落、春光易逝,老年人慨叹美人迟暮,年轻人感喟人生匆匆。陈与义《虞美人》词句"吟诗日日待春风,及至桃花开后,却匆匆",似乎是二八少年的心绪;风流皇帝李煜《相见欢》词句则透露出苍凉之感:"林花谢、了春红,太匆匆。无奈朝来寒雨晚来风"。写雁的诗词文句也很常见,如范仲淹《渔家傲》词句:"塞下秋来风景异,衡阳雁去无留意。"旧时的民歌中有"雁南飞"一类的题材,电影《归心似箭》插曲《雁南飞》借用传统题材,表达女主人公盼归的情感意绪,内中亦不乏生离死别、岁月身世之感。

当然,更多的时候,物候转换、季节推移一齐跳入眼帘,岁月人生之感一起袭上心头。正是由于物候、季节、岁月、人生的

## 第六章 人间重晚晴

紧密联系，使它们常常同时出现于诗文之中，共鸣交响，奏出和谐的乐章。早在两千多年前，才奇节高但抑郁终身的屈大夫就吟道："日月忽其不淹兮，春与秋其代序。惟草木之零落兮，恐美人之迟暮。"数百年之后，诗圣杜甫在题为《可惜》的诗中吟道："花飞有底急，老去愿春迟。可惜欢娱地，都非少壮时。"

岁月感的发生，也许仅仅是人生自觉的反映，但它确确实实牢牢攫住了国人的心。岁月感影响于国人人生的方面，似乎不难例举。它影响了人们的心理，使传统中国人的心理年龄往往大于实际年龄，显出老成持重甚至老气横秋的气象来；即使年轻人，也往往不是"爱上层楼"，而是"却道天凉好个秋"。它使人们脆弱、多愁善感，虽然这也引出了"葬花"一类奇事，以及"一川烟草、满城风絮、梅子黄时雨"那样的词句来，但终是缺了些钢呀铁呀的刚劲、凌厉。它激励人们亢奋、上进，自觉把握人生的航舵，于有限中博得无限；与此相对，它引导人遁世，退回到生活中，享受生活，玩味生活，及时行乐，在身心的安逸、享受上做文章，而不是创造生活。

在这一小节的末尾，再让我们聆听、体味一下现代人岁月感的心声：

> 说秋月不如春月的，毕竟是"只解欢娱不解愁"的女孩子们的感觉，像我们男子，尤其是到了中年的我们这些男子，恐怕到得春来，总不免有许多懊恼与愁思。……而感觉最切、最普通的一种春愁，却是"生也有涯"的我们这些人类和周围大自然的对比。[1]

---

[1] 郁达夫：《闲书·春愁》，上海书店1981年版。

## 四、敬老传统与老年文化

侧重于不同的角度，对同一种文化可以做出不同的界定。对中国文化，也有人作过此类界说：从国家、社会运行的角度着眼，有人说中国文化是人治文化、伦理文化；从宗教意识和伦理思想的角度着眼，有人说中国文化是与西方罪感文化相对的耻感文化[1]；从社会评价和对待在年龄上体现出来的差别着眼，有人说中国文化是杀子的文化、老年文化……所有这些，看起来都有道理，但都不全面，只是抓住了某一方面的特点。而它们所以被人关注、研讨、界说，又确实说明这些特点比较突出，本节所要探讨的"敬老传统与老年文化"便是如此。

### 1. 弃老风习与老人价值的发现[2]

中国的敬老传统是显而易见的，然而，传说在遥远的古代，却曾流行弃老的风习。弃老也就是抛弃老人，民间又有"花甲葬""六十还仓"的俗称。这种风习的大体情形是：老人长到六十花甲子的时候，都要加以处置，或是活埋，或是垒入墙中，或是送进"自死窑"（山洞）或地下墓穴里任其自然死亡。

这种"遗弃或杀死老人"的风习，曾经是世界各地普遍存在的文化现象，中国、日本、印度都有讲述此类事实的传说故事流行于世，民族学的考察资料、研究论文也证明了这一事实的存在。普列汉诺夫《没有地址的信》的第二封《原始民族的艺术》里，就对澳洲、非洲原始民族中间颇为流行的此种风俗作过科学解释。乔治·彼得·穆达克所著《我们当代的原始民族》，是问世于20

---

[1] [日]森三树三郎：《名与耻的文化——中国伦理思想透视》，甘肃人民出版社1989年版。

[2] 刘守华：《民间故事的比较研究》，中国民间文艺出版社1986年版，第63—78页。

世纪 30 年代的民族学著作，书中也介绍说：在大洋洲塔斯马尼亚岛上生活的塔斯马尼亚人，"游荡生活的艰苦使对残废者的照顾成为不可能。因此上了年纪的人，当他衰弱以后，同伴们就只留下一点食物而把他们扔下来等死"①。

人类学家指出，"遗弃和杀死老人"的风习，大约存在于原始社会的狩猎、采集时代，或者延续到稍后的时代。其原因诚如普列汉诺夫所言："原始人杀死老人，犹如杀死孩子一样，不是由于他们性格特点，不是他们所谓的个人主义，也不是由于缺乏各个世代之间活生生的联系，而是由于野蛮人不得不为自己生存而奋斗的那些条件。"②

具体来说，在狩猎采集时代，生产力水平低下，食物缺乏，缺少剩余产品来养活不事生产的老人；社会处于蒙昧状态，人类积累的生活、生产经验甚少，老人丧失从大自然获得取现成食物的健壮体魄之后，就变成了集体的累赘；群居野处、游移不定的生活，也给供养老人造成了困难。在那时的人们看来，遗弃与杀死老人并不是什么罪恶的行径，相反，对生存下去的人和老人来说，都是负责的、道德的行为，"杀死非生产的成员对社会来说是一种合乎道德的责任"，"老人借口衰老了，自己坚持要别人把他杀死"，"这时候死于亲近的人的手中，在他们看来是所有碰到的灾难中最小的灾难了"③。

在历史发展进程中，人类逐渐从蒙昧、野蛮走向光明，形成弃老习俗的困境也获得了改变：生产力逐步发展，农业兴起，出现剩余产品，能够提供养活老人的食物；穴居野处、游移不定的

---

① [美]乔治·彼得·穆达克：《我们当代的原始民族·塔斯马尼亚人》，童恩正译，四川省民族研究所 1980 年版。
② [俄]普列汉若夫：《论艺术——没有地址的信》，三联书店 1973 年版，第 85 页。
③ [俄]普列汉诺夫：《论艺术——没有地址的信》，三联书店 1973 年版，第 87 页。

生活渐渐变为定居，生活条件改观，为养活老人提供了条件；人类生计从依靠体力获取生存材料的形态，逐渐转变为同时依靠智力的形态，体力衰弱的老人依然可以用年深日久所积累的经验型知识贡献于社会，他们不再是累赘；一夫一妻家庭出现后，血缘关系明晰起来，亲情的权重加大了，父母抚育子女、子女赡养父母成为理所当然的事情。在这种情况下，弃老风习不可避免地受到了革除。其后，由于人类社会经历了漫长的经验型认识、改造自然及社会的阶段，在经验知识方面处于优势的老人便受到了越来越高的尊重，尤其是在中国这样的以园艺型农业为基础的国度。

老人际遇的戏剧性转变，离不开经验；无论中外，讲述这种转变的那些传说故事都证明了这一点。我国湖北、山西、江浙、河北、黑龙江等地，都流传有此类故事。比如流传于鄂西北的《斗鼠记》：

很久以前，一位王公认为老人无用，规定凡是六十岁以上的老人，都要送到山上的"自死窖"里，让他们活活冻饿而死。这种习俗代代相传，没有人敢于违抗。

有一年，"外国黄毛子"送来一只像牛那样大的"犀鼠"，要同王公"斗鼠"，斗败了，就要向人家纳贡称臣。王公放出凶猛的老虎，也被犀鼠斗败了，全国上下焦急万分。

有个叫杨三的农民，不忍心让父亲在"自死窖"受罪，每天偷偷送饭供养。谈及此事，老父告诉他：找十只十多斤重的猫，关在一个笼子里，令其互相吞噬，留下最强的那只体重刚好达到十三斤半的猫，就可以斗败犀鼠。杨三报告了王公，果然大获全胜，扬了国威。

农民杨三说出真相，王公由此认识到老人是个宝，便下令废除了弃老于"自死窖"的习俗。

与《斗鼠记》类似的故事,还有《大鼠》《八斤猫》《人过花甲》《家有老是个宝》《花尾狸猫》《六十还仓》《金猫鼠》《八斤猫制服千斤鼠》,等等。这些故事有着共同的中心情节,即老人以自己丰富的经验型智慧,救国家于水火、解人民于倒悬。社会对于经验型智慧的普遍渴求,使人们发现了老人的价值,社会的天平从此便倾向老年。

## 2. 敬老礼俗漫谈

观念形态的东西一经产生,必然反映在实际生活中。既然社会价值评价的天平倾向老年,那么在实际生活中,尚齿、尊老就一定蔚然成风。事实正是如此。

尊老敬老的风尚,首先体现在家庭里。按旧日的老礼,日常居家,儿孙和他们的媳妇每天鸡叫便起床,洗漱之后,衣冠整齐地先到祖父母处请安,然后省问父母;晚上临睡之前,也要先伺候父祖安歇,这就是所谓的"晨省昏定"。一日三餐,子孙要殷勤侍奉饮食,拣长辈喜欢吃的做。平常闲居无事,要随时在父祖身旁服侍,绕膝承欢,设法娱亲。容貌要恭顺,说话要低声下气,和颜悦色。父祖不招呼坐下,不敢坐;不让退下,不敢擅自离开。坐着的时候,恰遇长辈经过,必须起身相送。受到父祖的呵斥、责骂,不论是非曲直,只能俯首默受,不能辩解。

在乡里社会,尚齿之风颇盛,以至于朝廷也有专门的礼仪、规制来养老。《礼记》两处写到了上古养老尚齿之风:"凡养老,有虞氏以燕礼,夏后氏以飨礼,殷人以食礼,周人修而兼用之。"(《王制》)"昔者,有虞氏贵德而尚齿,夏后氏贵爵而尚齿,殷人贵富而尚齿,周人贵亲而尚齿。虞、夏、商、周,天下之盛王也,未有遗年者。年之贵乎天下,久矣。"(《祭义》)

风尚如此,必然落实到具体规制、措施。《礼记》等对此记载颇为详尽,大体的规定可分作三个方面。一是老年人享有的特殊待遇，如大夫年七十退休，若被朝廷留任，要赐给几案和手杖，出门要有人搀扶，乘坐舒适的车子。又如一般人年五十在家可以用杖，其后依次为六十在乡、七十在国、八十在朝；到了九十，天子有事要问，就要亲自登门，还得带上礼物。又如年届五十不干劳神的工作，六十不必齐戒，七十不管宾客迎送；到了八十，齐衰一类的丧事，也便一概不管了。二是家属特殊的待遇，如家有年届八十老人，独生子不必为国事奔忙；家有年届九十老人，家人便都要免除赋税、徭役、兵役。三是社会、国家给老人的福利待遇，如养老送终服，六十的老人以年为单位准备，七十的以季，八十的以月，九十的则要以日计算，天天都需预备着，只有被、褥、帽、带之类在去世时才制作。

虽说《礼记》未必真实反映了先秦的有关情况，但即便以为其编撰经历了较长时间，那也意味着它所记前有继承、后有承续。而在周秦以后，朝廷的养老、敬老代有规范，在我国历史上可谓一以贯之。

两汉时期养、老敬，最为后人称道。且看《后汉书》所载当时养三老、五更之仪：事先在吉日选好德高年者的三老、五更，给他们穿戴打扮，三老柱玉杖，五更无杖。到仪典那天，三老、五更乘车进宫，天子亲自迎接、行礼。席间，三公亲自为三老摆桌子，九卿提鞋子，天子捋袖割肉，殷勤地劝吃劝喝；五更也同样享受特殊礼遇。当然，这里的三老、五更只是老人的代表。三老是国老，是国家级的老人；五更是庶老，是地方级的老人。这种礼仪旨在开通风气，以使上行下效，意义不全在三老、五更，而是广大得多；由此也可见朝廷于养老之事，可谓良苦用心。

更其重要的是，我国古代之崇尚年齿、尊老敬老，不只形诸如风如臭的礼俗，更有如石如铁的法制规定。据《汉书·武帝纪》载，汉武帝十分注重养老尚齿之事，曾颁诏倡导养老，诏文中还提及"民年九十以上，已有受鬻法"，颜师古注"受鬻"为"粟米为糜粥"，可见"受鬻法"为当时的养老规范。又有人考证说，甘肃出土的西汉竹简《王杖诏书令》，是我国最早的尊敬和赡养老人的法令。这项法令规定，对七十岁以上的老人，朝廷要授予"王杖"（即鸠杖）——一种顶端雕有斑鸠形象的特制手杖。持"王杖"的人，能享受各种社会优待，诸如：社会地位相当于年俸"六百石"的地方小官；侮辱或殴打这些老人，要以大逆不道之罪论斩，等等。

总而言之，家庭、乡社、国家、风俗、礼仪、法制，这一切都将尊敬、崇尚、礼遇献给了老年人，由此，我们国家形成了世界公认的敬老传统，同时也造就了二千年的老年文化。

### 3. 老年文化

阅读有关春秋战国时代的历史故事，一般都会读到"文王访贤姜子牙，辅佐周朝八百年"这则故事。据史载，姜子牙出来做宰相的时候，已经是年高八十的白胡子老头。有人很敏锐地注意到了这个问题，指出中国老年文化的历史从那个时候时就开始了。

依现代文化学、社会学来看，老年文化仅仅是年龄文化中的一个部分，就如同青年文化等一样。然而，许多学者所谓传统中国的老年文化，是说我们的整个传统文化是老年文化，或者说具有某种老年文化的特质。之所以这样说，恐怕有如下一些根由。

首先，中国传统文化具有老年的特性。它的历史那样悠久，说它有五千年的历史、两千年的传统，不算夸大其词。较之于仅有两百多历史的美国文化来说，它确实是两鬓皆白、银须飘拂的老爷爷了。当然，这只是形似，更要紧的是神似：中国传统文化相当稳定，虽有变化，但万变不离其宗，就像老年人形成了固定的思维模式、价值取向、行为模式一样。同时，它又具有非常强大的容摄力，任何异质文化都有可能为之受容、消解或者改造、转化，一如老人施展权威与管束之网。

其次，举凡意识形态领域的各个方面，都将砝码加在老人一边,使天平绝对地倾向老年。老年人是经验、知识、智慧的代表,也是善良、正义、真理的代表。姜是老的辣,老人像老姜一样劲力十足、一以当十,经验宏富,办事稳当。马是老的好,老马识途,老骥伏枥、志在千里,老人像老马一样足智、多谋、善断,很少差错,又不乏宏图大志、冲天干劲。老松耐寒,品格更高,老人也如此……

再次,在社会生活实践中,天平也倾向老年。家庭里,老人独尊,位尊言重。在学术领域或其他技艺领域,年高艺高,评定学术职称、授予荣誉称号,也倾向照顾年高之人。在我国的长期社会历史中,终身制统治政坛数千年,"老人政治"几成常态。

琐碎的举例并无多大必要,但它长于从现象方面揭示问题,进而因量的累积而步步逼近实质。稍作这样的罗列、概括,我们就会发现,在传统中国,无论在政治、经济生活还是在日常生活中,老年人始终处于居高临下的地位。他们见多识广、经验丰富,这些都为青少年所不及。我们民族有着尊老敬老的优良传统,老年人受到全社会的尊敬和礼遇,这是值得自豪和骄傲的。

# 第七章　生死两相依

据一个古老的非洲传说讲，人起初是不死的。有一天，上帝想看看人和蛇哪个值得永生，就让它们赛跑。赛跑的时候，那人在路上遇到一位妇女，便停了下来，抽烟、聊天。蛇先到了上帝那里，于是上帝便对那人说：蛇比你更有价值，它将不朽；而你将死去，所有的人都一样。[1]

其实，编造人不死的神话、传说，都不过等于宣讲死亡的存在和必然。人都要死去的，不管过去、现在还是将来，也不管是国王、贫民还是术士。死对所有的人来说都是一致的，不同的只是不同民族、不同文化乃至不同人对死的理解和态度，以及对死者的态度和处理方法，等等。死亡是每个人都要通过的人生"节口"，只是辅助、记录通过的仪俗不同而已。

## 一、死的意义

### 1. 死与生

死应该怎样解释和理会？死的意义何在？死者给生者留下的

---

[1] [美]D.J.恩莱特：《人的末日·观点与态度》，华进等编译，上海文化出版社1988年版。

并不是句号，而是一个个的问号。无疑，死与生一样，千百年以来一直是人类智慧不曾顷刻离开过的领域，一直是人类潜心研究的课题。哲学家思考它，宗教家探讨它，生理学家剖析它，普通人琢磨它。答案如何呢？

科学家说：死亡的作用在于使较高级的有机体组织复归到一种更简单的前生命状态。

宗教家说：死亡是对罪恶的彻底洗刷，是走向天国的起点。

哲人的概括富于思辨色彩：死亡的庄严极大地增益了生命的意义……我们对不免一死的认识，即对死亡迟早会降临，我们每个人的了解，恰恰激发了我们的行动。

老百姓不在乎死亡的价值和意义，他们看到的是死的无私与公平：眠者和死者多么相像，当末日来临时，主仆之间又有什么区别？[1]

对于传统中国人来说，生与死紧紧联系在一起，人们往往用生去说明、阐释死。当一个男子死去的时候，他的妻子对尚不更事的小孩说："你爸爸睡着了。"人们又常说："××长眠于鲜花和翠柏丛中。"这里的死，不过是睡眠，是生命的一种状态。当小孩哭着要死去的妈妈时，爸爸会告诉他："妈妈出门了，去姥姥家了。"人们又常说："××走了，永远离开了我们。"这里的死，不过是离别，是存在的一种形态。当某人死去的时候，老伴儿扶尸无泪，自言自语："你这辈子算交代了。"这里的死，不过是休息，是生活的一种形态。总之，死不过是生的一部分。

既然死是生的一部分，那么，死与生的原理就是一致的，生有等级，死同样也有差别。古时候，不仅不同等级的人死后的丧葬礼仪不同，就连对死本身的称谓也不同。《礼记·曲礼下》说：

---

[1] [美]D.J.恩莱特：《人的末日·观点与态度》，华进等编译，上海文化出版社1988年版。

"天子死曰崩,诸侯死曰薨,大夫死曰卒,士曰不禄,庶人曰死。"

除明确表示等级差别的死亡别称以外,通用的别称更多。这些别称出典、来由不同,表现的思想也不同,有的浸染着原子宇宙论的色调,如"气散""数尽";有的吹动着阴阳家的气息,如"就本""星殒";有的透露出仙道的精神,如"返真""登遐";有的折射着释氏的佛光,如"溘然""上五台山",如此等等。此外,因死亡情形的不同,也有不同的别称,英年早丧叫"夭折""夭昏",享年高寿叫"寿终正寝",死在外地叫"客死",死于水火兵刃叫"凶死",还有"死得其所""死无葬身之地""罪该万死""死有余辜"……由此可见,死确实是一个复杂的课题。

## 2. 灵与肉

灵魂观念应该是世界各民族普遍的一种文化现象。这种观念认为,肉体之外,人还有灵魂;肉体会死亡、消失,灵魂则是永生不死、永世存在的。人活着的时候,灵魂与肉体同在,只是偶尔游离;人死以后,灵魂或者处于游移不定的状态,或者寄居坟墓,或者转移去到别的地方(如天堂、地狱等)。生前,灵魂是肉体的主宰;死后,灵魂也不是消极无为的,它仍然能干预人事,给人带来吉凶休咎。

在我国,灵魂观念至迟在旧石器时代便已产生;在新石器时代,灵魂观念在丧葬习俗中便有普遍的反映。在黄河上游的马家窑文化以及较晚的齐家文化、沙井文化、辛店文化中,常可见到特殊的屈肢葬俗,学者普遍认为这种姿势似用绳子捆绑,意在防止死者灵魂危害生者。在半坡类型中,儿童死后常以陶瓮为棺,以细泥陶钵或盆做盖子,钵或盆的底部穿一小孔,意味着小孩的灵魂有通路出入。较晚的云南元谋大墩子遗址，亦有类似葬俗。①

自产生之后，灵魂观念历数千百年而不衰，不因社会发展变化而消失，也不因民族的融合、文化的交流而死亡，逐渐渗透到了人们日常生活和礼仪生活的各个方面。

我国民俗信仰认为，灵魂与肉体是一齐来到人间的，但此前它们并不在一起。因此，从母体接生胎儿的时候，还要迎接灵魂的到来，否则新生命会夭亡。常见的迎接办法，有开门开窗，把灵魂放进来；还有在门头挂弓箭，镇压邪祟，以使灵魂能安全到来，不被摄走、侵害。小孩初生到12岁之前，魂魄没有长全，不宜惊吓，否则会被吓跑；同时，幼稚的灵魂也像孩童一样，缺乏自我保护能力，极易受到伤害，或者迷失，因此需要大人的摄护。

与此相应，形成了一些巫术性行为和俗信。首先是镇魂，传统的"长命锁""百家锁"一类就是此类镇物，用来锁住小儿灵魂的，以免它自己走失，或被邪祟摄走。《红楼梦》里宝玉的那块"通灵宝玉"，也是如此。假如孩子受惊吓，无精打采，啼哭不止，便是"丢魂"了，需要"叫魂"（招魂）。

北方一些地区叫魂，其仪式是打开房门，母亲拿了小孩身上脱下的衣物，贴着墙根屋角缓缓移动，边移动边呼喊："×××，回来哇！"所喊的还有"来跟妈妈吃奶奶""回来跟妈妈睡觉觉"等招呼孩子回家的话语，旁边的大人或小孩的兄姊便应答："回来了！×××回来了！"然后，母亲抱起孩子，穿好衣服，并在腋下或肩头缝上一个裹着鞭炮的红布小包。

人们相信名字与小孩灵魂的必然联系，有时候孩子不小心摔了跤、从高处掉下来，母亲会在摔跤或掉下去的地方洒上些许水，

---

① 王明珂：《慎终追远——历代的丧礼》，见《港台及海外学者论中国文化》，上海人民出版社1988年版；又见《中国文化新论·宗教礼俗篇 敬天与亲人》，三联书店1992年影印版。

## 第七章 生死两相依

然后捋着孩子的耳朵，喊他的名字。人们也相信孩子的灵魂与醒、睡有关，睡着的时候，灵魂便离了去。因而，孩子在外边睡着了，回家时一定要叫醒，否则贪玩的灵魂没有及时赶回肉体，就要迷路找不到家了。

我们认为12岁以后，魂魄已全，具备了自我保护能力。这时，灵魂迷失或被吓掉的情形少见了，但被邪祟摄走或被其他灵异附体的情形则还可能存在。因此，暗夜行路、经过坟岗等情况下，还需要十分小心。

人死之后，灵魂不灭，它有时寄宿于尸体或墓穴，有时则外出"行走"，是不安定的。人死之后的灵魂叫"死灵"或"鬼灵"。由于它可随心所欲地作用、影响生者，因而丧葬礼仪便有一套应付、处理的办法。人初死时要"招魂"，古代叫"复"，就是在某人停止呼吸后，家人登屋而招，高叫："哟！你回来呀！"

招魂带有原始信仰的因素，实质上是人情伦理的体现。而人情伦理对待死后灵魂的根本目标，则在于尽早地把灵魂送走，并且使不安分的死灵、鬼灵安稳无害。民间传统葬礼有"醮夜"仪俗，即在出殡前一日晚上，诸孝子举哀痛哭，一起到十字路口焚纸祷祝，意在给死者以四通八达的前程。还有"引魂幡"，作用在于出殡之时，将死者的灵魂引向坟墓。

当然，死者的灵魂也并不总在那里作恶为害，它不仅可以嫁祸，也能够致福，二者辩证统一。对于祖灵的态度，人们更倾向于后者。人们认为祖灵能够庇护、保佑子孙后代，具有降福于本家本族的神秘力量。这种"善灵观念"影响了一些民族的丧葬习俗，比如把老人或长者尸体埋于屋内床下，意在让死者的灵魂暗中保佑、赐福所在家族、亲族。另外，这种祖灵信仰与亲族意识，共同构成了我国祭礼的基础。

### 3. 死后的世界

死后的世界，关联着来世观念，缺乏来世观念，也就不会有对死后世界的描绘。而我国来世观念的形成与死后世界的"完善"佛、道二教的影响、浸染，"功不可没"。

在传统信仰观念中，死后世界主要指阴曹地府，但此外还有天堂、仙境。旧时挽联多有"瑶池添座""蓬岛归真""蓬山鹤史"一类的词句，这里的"瑶池""蓬岛""蓬山"，都是仙境。

俗传瑶池是在西方昆仑山上，是西王母居住的地方；蓬岛、蓬山代指蓬莱三山，是东海的仙山，八仙常居处、行走其间。瑶池、蓬岛皆为仙人所居，人们幻想死后羽化登天、得道成仙，也便把它们当成死后的世界。天堂是玉皇大帝管辖的地方，常有凡人成仙登天，来到这里，比如奔月的嫦娥，《红楼梦》中的金陵十二钗；也常有天神被贬下凡，投胎转世，比如《西游记》里的天蓬元帅——猪八戒，还有《镜花缘》里的百花仙子。正是借助于这种升迁谪降的原理，人们设坛作醮，礼忏拜祷，希望死后升入天堂，天堂也便成了死后的世界。

显然，天堂、仙境之类死后世界，有着浓厚的道教色彩。同时，这类死后世界又比较虚幻，与土葬葬制也不和谐，因而在民众中间的影响，不如阴曹地府深入、广泛。

关于阴曹地府，我国古代的称呼颇多，诸如"阴间""冥府""幽冥""泰山""蒿里""南山""酆都"等，其中有的说法较为普遍，有的则起初局地、后趋普及。

阴曹地府观念产生较早，相关描述也较早就形诸文字了。在汉代的镇墓文中，便有"上天苍苍、地下茫茫；死人归阴，生人归阳；生人有里，死人有乡"等说法。古诗文当中还有对阴曹地府的描绘，如阮瑀诗句："冥冥九泉室，漫漫长夜台"（《七哀诗》）；李白诗句："下笑世上士，沉魂北罗酆"（《访道安陵遇盖还为余造真箓临别留赠》）。敦煌莫高窟文献《大目乾连冥间救母变文》、后来的《目连救母》戏曲，对阴曹地府也有详尽的描绘。

### 4. 说鬼

鬼并非中国文化特有的创造，世界许多民族、文化中都有它的影子，十分突出，差不多与人一样重要，远远超出了神、仙。其实，这是极其容易理解的，因为神仙不易见到，死人、棺材、墓穴、磷火则不难目睹。死一个人就有一个死人，一具死尸，一副棺材，一窟墓穴，几星磷火，一个鬼，鬼在人们意念中自然就"地位显赫"了。

在我国，大约每一个人都知道鬼那厮，每一个人都听过几则鬼故事，每一个人都跟鬼或多或少地打过交道。鬼无时不在，无处不有，睡觉时它与你的灵魂玩耍，夜里行路时它无声无息地跟你走路，离母胎时它伙同别的邪祟来抢夺魂魄，要死去时两个小鬼来拿人索命。此外，中国文化中的鬼被泛化了，咒骂人用"鬼"，夸奖人也用"鬼"；对恶人、仇雠以"鬼"相向，称自己心肝宝贝般的恋人也用"鬼"。鬼实在是太奇妙有趣了。

鬼有许多种，具体多少种，一下子并不好说。有人总结说鬼有三种：一是死鬼，即幽灵，行走自如，如风如影，不可捉摸。二是小鬼，或称"遗传神君"，索命的、跟人夜行的、给钟馗抬轿子的，大约均属此类。小鬼比较实在，不那么幽玄，甚至可相与交往，有时还颇觉质朴可亲，比人倒要好几分。三是活鬼，即僵尸，可以从墓中走到人间的，最为可怕。

三种鬼是类化了的。具体来说有吊死鬼，舌头从嘴里吐出来，伸得老长；俗说"吊死鬼穿红鞋"，为的是来世还能做新娘子。水鬼是溺死者变的，它的鞋往往留在岸上，为的是不把鞋子在水里弄丢了，免得上岸后没鞋穿光脚走路。还有所谓"丽鬼"，自然是女的，长得又很漂亮。诗鬼则是能写诗的鬼，很是文雅。索命鬼其实是鬼中的皂役，是跑腿的，阎罗、判官则是支嘴的。此外还有饿死鬼、屈死鬼、冤枉鬼、挨刀鬼、枪崩鬼、没头鬼，如此等等，不胜枚举。

鬼不仅有不同的种类，还有不同的地位，一如人间。最大的要数阎罗王，它与天上的玉皇、海里的龙王、人间的天子同级，是死后世界的最高长官。阎王以廉明刚正著称，据说唐代魏徵、宋代包拯和韩擒虎，都做过阎王。阎王以下是判官，掌管人间寿命、祸福。此外还有许多官儿，如东冢侯、西冢伯，分别统治东西墓地；魂门亭长，是掌管看守魂魄的；墓门亭长，是负责看守阴曹地府城门、宫门的长官；陌上游徼，专司在野外捉拿野鬼、恶鬼，是阴间的治安官员；主墓狱史是秘书。官之外是兵，即各种小鬼，有索命的，有把门的，有抬轿的，等等。阴间也有无业游民，那就是野鬼了。

鬼有他们自己的特点、性格。从身体上来说，相传鬼没有下巴和脚后跟，重量也极轻。鬼不像人那样十月怀胎，它是怀胎三月，一年可以生好几胎。人是日出而作、日入而息，鬼则相反，夜里才出来活动。俗说鬼不能见太阳，否则就"死"了。又说鬼不能沾人血，否则便不能回到阴间去。因此，想要见鬼，就夜游坟岗，见有黑乎乎的东西，便咬破手指滴血上去，它就静静地跟了你来，始终不去，直到把血揩掉。鬼本来是比较聪明机智的，但有时也犯傻，让人捉弄，给人抬轿子，给人干其他的活。

人们对鬼的感情，丰富且复杂。这种感情，清楚地表现在人间生活中。咒骂人用"恶鬼""枪崩鬼""挨刀鬼"；说人游手好闲、夜不归宿称"刮野鬼"；不光明正大，叫"鬼头鬼脑""鬼鬼祟祟"；耍心眼儿，叫"心中有鬼""心怀鬼胎"；天气不好，人们骂"鬼天气"；当被喜欢的人猜中了心思，点点那人脑门说："鬼精灵"；对割舍不下的恋人，人们会善意地骂："揪心鬼""牵魂鬼""要命鬼"……

然而，鬼究竟是什么东西？圣贤说是"二气之良能""阴阳之定理"，民众说是"一身之魂魄""器质之变形"。其实，鬼是人们观念信仰的产物,是人的延展,所谓"鬼后有人"。你可以说它虚无、荒诞,但鬼为生者喜惧愿望的投影则是不差的。历史告诉我们,人所寄托于鬼的实在太多了,它是现实人生中最大的悲哀、恐惧、愿望、欣悦之情不自禁地抒发或无可奈何的慰藉,否则,风流士女怎能续今生未了之缘?壮烈英雄又如何说得出"二十年后又是一条好汉"?这正是生生死死两相依,话鬼说鬼写人情。

## 二、从家园到墓地

传统中国的丧葬之礼,富有浓重的伦理色彩、人情味道。在这里,信仰观念完全被伦理人情裹挟着,它时或做某一仪俗的注脚,时或做某一用具的底色,失去了应有的光彩。传统丧礼的基本信念为"不死其亲",表现在行动上就是"事死如事生"。因此,一个人的去世以及随之而来的一系列丧葬礼仪,几乎就等于一次特殊的"离别":装点行程、话别饯行、依依不舍的惜别……

### 1. 装点行程——初终·装殓

旧日的民间习俗认为,凡人享年五十以上老、病而死,为寿终正寝。这种丧事称"老喜丧",整个丧之礼与婚之礼同样称作"喜事",只是色调一白一红而已。

对于这种正常的死亡,家人一般早有准备。寿衣寿材是早已做好的,孝子在死者临终前日夜守候,心理的、物质的准备也早有了的。弥留之际,亲属要给死者沐浴更衣,穿好衣裳,俗信认为,没有来得及穿好衣服就咽气,是"光着身子走了",亲属会感到遗憾和内疚的。

临终时的另一项仪俗是挪地方,其方式因地而异,殊为不同。福建沿海移至祠堂,安徽合肥是由正房迁至厅前,山东是移到正屋明间的灵床上,秦晋北部则是移到权充灵床的门板上。《礼记》记载的"曾子易箦",乃是缘于当时铺着别人赠送的与其身份不符的箦(竹席),于是命儿子曾元"起易箦",席子刚换好,曾子就咽气了。后来,死也就多了一个别称——易箦。

临终之前,垂危之人要对亲人嘱咐、安顿一番,或委托别人照料幼子,或希望女嫁某家、子娶谁人,历史演义中的"托孤"等也是如此而来的。民间俗信认为,若是心愿未了,死者会含泪不瞑,所谓"死不瞑目"。古代笔记记载,某郡守夫人死不瞑目,俗说以为怕丈夫续弦、儿子受苦。这不是什么好事情,于是郡守请人祷祀,祷词曰:"夫人一貌玉无暇,四十年来鬓未华。何事临终含泪眼?恐教儿子著芦花。"吟毕眼阖。(见《清代名人轶事·风趣类》)

初死之时,古礼有"属纩",就是用新蚕丝、新棉花,试看死者有无鼻息。接下来便是"复"礼,也就是"招魂"。家人到房顶或高坡,朝祖先发源地呼喊死者的名字,叫他回家。复礼是亲属希望亲人魂归的仪节,过后还要检查死者鼻息、脉搏,接着便是"初哭"。

弥留之际或初死之时,还有一些仪俗,与人们的信仰以及观念中的死后世界相关。我国大部分地区有给死者口中含物的习俗,古礼谓之"饭含"。旧时富家有含珠玉者,近现代多含钱币,俗称"口含钱"。有些地区还要在死者衣袖内放小面饼(俗称"打狗饼")、纸钱(俗称"买路钱"),饼在去冥府的路上给拦路狗吃,钱则是给拦路鬼"买路财"。另外,俗说冥府路上要渡河、过桥,都用得着钱。还有给死者扎轿马、轿夫者:

人于将死未死前,家人为之向肆中购纸扎之轿马及轿夫,焚于门前。焚后用物将灰烬遮好,免为风吹去。俟

## 第七章 生死两相依

断气时即揭去,云为死者乘之以赴阴间也。[1]

此外,人死之后,家人还要在门口持出幡,作为死丧的标志,也用来表示死者寿数,一岁一张,俗称"挑钱"。

古礼死后次日小殓、三日大殓,是与"三月而葬"相应的。后世一般家庭停丧时日较短,装殓也就比较及时,临终前穿好寿衣,次日便装殓入棺。死者的衣服穿戴、下铺上盖,无论贫家富家都比较讲究:首先要新,里外三新,旧衣不能装殓;其次要全,衣裤鞋帽都得有,并且夏穿冬衣,被褥亦复如此。为了夸财逞富、显示死者的社会地位,也有装殓更为奢华的,比如汉墓出土的"金缕玉衣""银缕玉衣"。盖棺封钉时还有"躲钉""挽发"习俗,前者指封钉时孝子边钉边喊"躲钉",以免伤及死者;后者指孝子孝妇将头发挽于钉尖,取"身体发肤受之父母,还之父母"的意思,以维系幽明、联络心性。

与装殓相关,各地有程度不同的"闹丧"习俗。这种习俗基于特定的社会关系,即死者与其监护人的关系。传统社会,每个人都有相应的"人主",比如男子与本族族长,已婚女子是他们的父兄。这种关系平常并不明显,到发生纠纷或礼仪活动时才显得比较重要。尤其是已婚女子与人主的关系,在丧礼中表现得十分突出:人死之后,必须报知人主,只有人主到来,问清死丧原因及丧葬规格等,觉得没有欺瞒,操办也算合理,才准许入殓盖棺,否则不得入棺。倘若未得同意即入殓,人主有权要求丧家开棺。在这种关系中,人主往往拿足派头,指东划西,为难丧家;有的地方甚至不分青红皂白,先闹一番再说。这种习俗带有舅权制的遗迹,也反映了买卖婚的实质——互惠性:夫家用彩礼或劳役等换来了妇女,这是平等互惠的;而妇女为夫家劳累一生,只有闹闹,

---

[1] 胡朴安:《中华全国风俗志》下篇卷五《安徽·合肥风俗记》。

争得华贵的装殓、隆重的葬礼，才能再一次达到平等互惠。

2. 话别饯行——赴告·奔吊

人死之后，孝子随即要向亲友报丧，报告死讯及丧期、葬期等有关事宜。报丧亦称"告丧""赴告""讣告"，其形式有写讣文报告亲友，有孝子穿着孝服登门赴告，现则有在报上登"讣告"一法。孝子前往多是口头的，间具讣文。旧时讣文与现代的讣告，内容大同小异，只是格式有所不同。

孔子第七十六代孙孔令贻过世时，长子年幼，由孔府当差长班发讣告，是旧式的：

民国九年
　　敬禀者　　　　　　　阳　十一　八
　　衍圣公孔讳令贻号燕庭于　历　月　日丑时薨于
　　　　　　　　　　　夏　九　十六
太仆寺街圣公府正寝
　　　　　　阳　十二　十七　　　　十八
　　兹择定　历　月　日受吊送库　日午时发引
　　　　　　夏　十　二十六　　　　二十
运柩回曲特此报闻

　　　　　　　　　　　　　　　　长班叩禀

鲁迅先生的讣告由蔡元培、宋庆龄等组成的治丧委员会发布，是新式讣告：

鲁迅（周树人）先生于一九三六年十月十九日上午五时二十五分病卒于上海寓所，享年五十六岁。即日移置万国殡仪馆，由二十日上午十时至下午五时为各界瞻仰遗容时间。依先生的遗言："不得因为丧事收受任何人的一文钱。"除祭奠和表示哀悼的挽词、花圈等以外，谢绝一切金钱上的赠送。谨此讣闻。

鲁迅先生治丧委员会<br>（人名略）

出门在外的子女及亲友，接到赴告后，要及时奔丧、吊丧。接到讣闻的子女首先要哭悼，然后问明死因等，不顾一切地上路奔丧。临到家时要"望乡而哭"，出嫁的女儿更有一路哭着走来的。到家后先到灵前跪叩、哭悼，直至有人劝慰才止。因疾病、生子等原因不能奔丧者，要寄物以吊；否则，就要被世人讥为不孝。亲友接到讣闻，要来吊丧，所携之礼不外果品点心、挽联挽幛等。秦晋北部及内蒙古西部吊丧携"大点心"，即大个儿的馍馍，至亲带整份儿，较疏的则带半份儿。整份12个，加之个头越大越好，往往要费去十来斤白面。

亲友来吊，孝子要迎接、陪同。在一些地区的丧礼上，人主等显客到来之时，孝子要出门跪叩迎接，还要跪送孝帽。其他亲友也同样可得孝帽一顶。孝帽的层数、形制不同，可以分别出亲疏、尊卑，是乡里人十分注重的，一有不合，便要争吵，故有"吵孝帽"一说。孝子贤孙则要穿孝服，孝服多不锁边，断处外露，近于古代的"斩衰"，但"五服"之制不那么严格，腰系麻丝一缕，允当腰带，这就是所谓的"披麻戴孝"了。

前来吊丧的人，也不只来来去去，也需戴孝，甚至要哭丧。哭丧是传统民间丧礼的一大特色，根据远近亲疏、男女性别的不同，各有约定俗成的限度。死者若没有人哭丧或哭丧的人较少、不卖劲，人们会认为他人缘不好，或者子孙不孝。该哭的人（多为妇女）不哭，别人会认为她不知礼、不孝顺，会讥讽她"白吃饭来了"。哭的种类也颇多，男子多不出声地"泣"，出声也不成调，没有词；妇女则不仅哭出声来，还要涕泗交流，哭出调来，哭出词来。所"哭"的词，不外称颂死者的贤良能干，以及他去世给家人、亲族带来的不幸、损失。哭声之大，声震于耳，故有"嚎丧"之说。其实，其中真悲戚、哀痛者不见得有多少，有的一离棺材便"破涕为笑"。所有的一切，大多不过是形式，诚如古希腊路吉亚诺思《论居丧》所言："丧家的感情实际上是全受着风俗习惯的指导。"[①]

没有哭丧职分的亲友，他们的责任是烧纸。一般灵柩之下放有瓦盆，旁边还有纸钱、火柴，吊丧者进门就要跪叩、烧纸；长与死者的，则不跪叩。在出殡的前一天，一些地方有"点纸"之俗，是一种有秩序地烧化纸钱的仪式。届时，男女孝子披麻戴孝，已婚儿子、儿媳还肩挎女家带来的"收头"（整匹的布），手拄哭丧棒，面向灵柩，按长幼分跪左右，司仪按拟好的礼单叫亲友依次出来点纸，并把他们所携礼品逐一端到灵前，掰一小块放到随葬的衣饭罐里。这一仪俗与婚礼上的"拜人"相同，都是亲属关系的大检阅，对青年、儿童是社会化的绝好机会。同时，这一仪俗也可以看作亲友与死者的告别聚会，而整个的吊唁、哭丧、筵宴则可视为话别、饯行，接下来的便是隆重的送别。

### 3. 隆重送别——送葬

古礼三日而殓、三月而葬，但这个时间太长了，冬天尚可，夏天则根本无法应付尸体的急速腐坏。因而，古时就有所谓"渴葬""血葬"，即七日内不卜而葬。后世的停丧日期不等，民间一般为五、七、九、十一天，出殡的日子要请阴阳先生算好。此前，墓穴、抬棺的和埋葬的人及有关用具，都已经准备就绪。

---

① 周作人：《看云集·论居丧（译文）》，岳麓书社1988年版，第72页。路吉亚诺思，今通译"朗吉努斯"。

## 第七章　生死两相依

出殡之日，人们侵晨而起，仪俗活动很早就开始了。首先是启灵，孝子背着大棺材头，其他人抬着另外的几处，一声令下，迅速抬起棺木，既要干脆利索，又要平稳踏实。绑好抬棺的杠子后，接着摔盆起杠。盆即放在灵前烧纸用的瓦盆，它由死者的长子或长孙来摔。要是由别人摔，这一特殊仪俗则将摔者与死者的关系一举拉近，甚至确定继承关系。有据为凭：《红楼梦》里的秦可卿没有生育，一个叫宝珠的丫鬟"摔丧驾灵"，做了秦氏的义女；孔府孔令贻去世，其子尚幼，便让老当差屠世奎代为摔盆、打哀杖，此人因此得了一座田庄。摔盆有个讲究，要一次摔破，越碎越好，因为这盆是死者的锅，摔得粉碎才好带到阴间去。瓦盆一摔，仿如一声号令，杠夫迅速起杠，摔盆者扛起引魂幡，驾灵而走。

出殡仪仗的顺序一般是：扛着引魂幡的孝子，灵柩，抱明器等的孝子，吹吹打打的鼓乐班子，最后是送葬的女眷。一路上，要有人撒纸钱，以买路送灵。

到达墓地，下葬之前，要先把随葬的衣饭罐、长明灯，放在墓坑壁上的龛内，扫去脚印——据说脚印留在坟墓里，会给生者带来不祥。然后将棺木徐徐放入墓坑，再由阴阳先生用罗盘仪矫正方向，填土埋葬。填土先由孝子进行，他们排成一行，沿着墓边，用手将土里一把、外一把洒向墓坑和墓外，转一圈为止，俗称"圆坟"，接着才用工具填土。

墓坑填满后，要堆坟丘，然后用抬棺的杠子将坟丘滚圆。朝南的一面要垒墓门，或用砖，或用石，下边立两块，上边平搭一块，成一门的形制。嗣后人们来祭扫上坟，纸钱都在墓门口烧化，带来的祭品也放在此处。有些地方无墓门之说，而是在墓门处立碑，写明死者的姓名、身份。引魂幡也要栽在墓中，靠棺材的小头。挂引魂幡的幡竿多是新砍的大树枝，如果土质好，季节合适，多能成活；加之人体腐化形成的养分，往往能长成大树。在北方树木较少的地方，有时候坟丘平衍、又无墓碑，却一眼望去便知

239

是坟树，造就了一种独特的景观。

### 4. 服丧丁艰

古礼三月而葬，然后反哭、行虞礼、卒哭。"虞礼"为安魂之祭，三次虞祭之后，行"卒哭"礼，献食举哀于灵座，以后早晚可以不再哭悼。卒哭之后，丧礼并未结束，仪注还很多。卒哭次日为"祔礼"，即将新神祖迎入祠堂，附于祖考或祖妣之旁，礼毕将新神主移回原处。丧后13个月、15个月，举行"小祥""大祥"礼，第27个月举行"禫"礼，意为淡然平安——丧家夙夜不安的心情言动，自此可以稍稍安宁一些。

死者安葬以后，孝子要居丧，斩衰一服的孝子要居丧三年。居丧也叫"丁忧""丁艰"，又叫"守孝"，是对父母孝心的最好体现，也是对儿女是否孝顺的考验。按照古礼，丁忧的三年间不仅不能外出做官应酬，也不能住在家里，而要在父母坟前搭个小棚子，"寝苦枕块"，即睡草席，枕砖头土块，且要粗茶淡饭，不吃肉，不喝酒，不同房，不听丝弦音乐，不洗澡、不剃头、不更衣。丁忧期间出来做官，不仅官做不成，还要受到别人的耻笑、舆论的谴责。违礼者也会自觉不安、内疚、自责。《红楼梦》里有一个很好的例子：贾赦的儿子外出归来，好心的贾母对他的媳妇尤氏笑道："你们小两口儿，今夜要团团圆圆的。"尤氏听罢红了脸，也笑道："老祖宗说得我们太不堪了。……况且孝服未满。"（第七十六回）

丁忧的社会基础是"孝"，而这里的孝又建立在这样一个基本认识上，即：小孩初生，三年不离母怀，时刻都要父母的摄护、照料，因此父母亡故后，儿子应还报三年。[①]这看来是极具人情

---

[①] 《论语·阳货》："子曰：'……子生三年，然后免于父母之怀。夫三年之丧，天下之通丧也。'"

味的。儒家的礼数,多与伦常人情结合在一起,因而往往在惨烈之中显得温情脉脉,入情入理。

不过,居丧的时候,也还可以有些权变的。《礼记》明确规定说:"居丧之礼,头有创则沐,身有疡则治,有疾则饮酒食肉,疾止复初。不胜丧,乃比于不慈不孝。五十不致毁,六十不毁,七十唯衰麻在身,饮酒食肉,处于内。"(《曲礼上》)也就是说,权变的杠杆有两个,一是有否疾病,有则可随便一些,不必拘礼;二是年龄如何,若年迈则不必拘礼,七十岁的孝子甚至只需披麻戴孝,可以饮酒食肉,也不必到父母墓旁搭草棚寝苫枕块。此外的例外是:碰到家与国的冲突,家礼服从国事,孝子可以不拘居丧之礼,出来为国效力。左宗棠《彭母王太夫人传》就说:"侍郎(彭玉麟)治水军时,方居太夫人忧,曾侯以国难起之。"[1]

### 5. 超荐、炼度

我国最早的丧葬礼仪,其信仰基础是灵魂不死和祖先崇拜,比较简单、朴素。道教发展成熟以及佛教东传以后,我国的丧葬礼仪便受到释、道二教的影响、浸染,无论观念信仰还是礼俗仪注,都或多或少增添了新的内容,变得复杂、丰富、奢华起来。

就佛教而言,它的"三界""转世再生"等观念,对民间信仰有着不可低估的影响。本来,我们本土的来世观念相对淡薄,人们看重、留恋的是现世,死者的生活也被视作现世的延续,所以人们"视死如生",隆丧厚葬。佛教的来世观以及投胎转世的观念,为民间信仰开辟了一个新的境界:既然死去的亲属还有另一个世界可去,并且可能过上更加幸福美满的生活,那么就无需隆丧厚葬,要紧的是让死者及时、顺利地投胎转世,到达那个世界。因此,佛教传入并盛行的六朝,一改汉代厚葬之风,趋于薄

---

[1] 《左宗棠全集·诗文 家书》,岳麓书社1987年版。

葬。同时，丧葬中出现了许多佛教文化的因素，比如文殊菩萨的坐骑狮子成为陵寝的镇墓兽，墓葬中雕绘了佛教色彩浓厚的莲花、忍冬、多枝莲、飞天等图纹。此外，佛教徒实行火葬、捡骨塔葬，对我国的丧葬也有一定的影响。

道教是我国的土著宗教，影响及于传统文化的各个领域。道教对现实生活持虚无的态度，追求长生不老、得道成仙，不重丧葬，主张薄葬。由于道教的理想境界是天堂、神界，是洞天壶中，所以多实行崖葬、岩葬。这种葬地有许多带有仙气的名称，如仙人跌、仙人山、升真洞、仙说岩、换骨岩、仙岩等。道教对我国阴间地府观念的形成，也起了推波助澜的作用。

佛教、道教不仅间接地影响传统丧葬，还直接地浸染丧葬礼仪。僧侣、道士直接参加民间丧葬活动，诵经礼忏，设坛作斋，炼度超荐，使旧时丧葬增添了新的仪注，也使释、道二教的信仰观念得以在礼仪活动中贯彻实施。

直接的浸染与间接的影响，如同远近距离的"火力"配置，交叉作用，相辅相成，给中国丧葬礼仪以巨大、深刻的影响。各地民间丧葬礼仪，很少没有道、佛成分的，今天的旧式丧葬仪俗仍然如此。

尽管释、道并不留恋现世而对来世抱有热望，也不主张隆丧厚葬而实行薄葬，但在中国民众强固的现世观念和亲族意识面前，这些都有了反方向的调整。僧侣、道士参加民间丧葬活动，不仅没有使厚葬之风稍减，相反却如一瓢催燃剂，将火烧得更加炽旺，以至于是否延僧作法及隆重程度如何，成为社会评价的一把标尺。《怀来县志》卷四载，当地厚葬成风，丧家"多延僧诵经，贫者亦必勉力从事，否则亲族互嘲之"[①]。延僧邀道，设坛作法，成

---

① 河北《怀来县志》，清光绪八年刻本。见《中国地方志民俗资料·华北卷》，第139页。

第七章　生死两相依

了传统丧葬不可或缺的一个部分。

释、道二教本来各有旨趣、各有规制，但民间丧葬活动取其一点、不及其余，故而往往异曲同工。在这里，释、道的界线大大混淆，有时候和尚、道士同在一家，各干各的；有时候则越俎代庖、代人行事。这里举两个例子，一南一北，一僧一道，或许可以从中体味出释、道之于民间丧葬的一些意蕴来。

（河北怀来）延僧诵经，先画地为牢狱，置灵牌于内，以新瓦覆之。孝子与诸僧绕狱飞跑，谓之"跑方"。口中喃喃有词，入狱内将瓦打碎，取出灵牌，谓之"破狱"，言由地狱救出也。①

（浙江绍兴）到了夜里，炼度的精彩节目就开始了。第一天是"上表"，大道士率领孝子背着表文，大约是请求为死者赎罪的表文吧，俯伏在坛下，约莫在个把钟头，据说这是大"入定"，神魂到天上西（面）圣去了。第二天晚上，是表演"破地狱"。……白天里光（先）拿来了一座西五尺见方的纸糊的酆都城，城门城墙都画得很整齐，放在大厅当中，临时大道士走来作法，末了将手里的七星剑戳进城门去，把它撕得粉碎，这时节像（众）多道士都扮成各色鬼魂，四散奔走……末了的一天是"炼旛"，便是炼度的正文。其法系将记着死者姓名的旛摺叠藏在里边，外边层层包裹，用耐火的包装，据说是多用盐卤，每一层里藏一种纸糊的物件，约有十层光景，扎缚得像一个莲蓬或是胡蜂窠相似。还有左右两副，是

---

① 河北《怀来县志》，清光绪八年刻本。见《中国地方志民俗资料·华北卷》，第139–140页。

243

金童玉女，也是如法炮制。这三个包好的东西，放在三堆劈柴的火里烧炼，在适宜的时间抖出外壳，将里边的彩物挥舞一会儿，复又烧却，等候第二重的彩物出现，直到最后将主幡烧炼出来，象征从火中将死者超度出了。[1]

6. 挽联、悼词

为了表示对死者的哀挽、追悼，哭丧、吊孝之外，人们还将这种情思意绪诉诸文字，于是就有了一些特殊的文字样式，诸如挽联、悼词、诔文，等等。

对联可谓我国特有实用文体，用途极其广泛。挽联专用于丧葬，是致哀者送给丧家的，用以缅怀、哀悼。其内容大体是概括死者生平、赞扬死者品行，叙戚谊关系，表哀痛之情，祝颂死者升天成仙。由于道教等的影响，挽联中往往透出仙气来，比如挽女子写"瑶池添座""驾返瑶池"一类词句，以示羽化登天；挽男子则写"蓬岛归真""蓬山鹤史""海屋添筹"一类词句，意其得道成仙。不过，仙气用滥了就变成俗气，而好的挽联却要恰如其分地叙述、评价死者的一生，点出生者与死者的关系，写尽一腔情愫。比如普通的夫挽妻联：

宝瑟无声弦柱绝；
瑶台有月镜奁空。

虽则用典，但有些空泛、平淡，不见多少真情。相传倾心于爱国将领蔡锷的艺妓小凤仙有挽蔡锷联，联语情真意切、字字血泪：

---

[1] 周作人：《知堂回想录·十三 炼度》，（香港）三育图书文具公司1980年版，第33—34页。

## 第七章　生死两相依

万里南天，鹏翼君正扶摇，那堪忧患余生，萍水姻缘成一梦；
几年北地，燕支自悲沦落，赢得英雄知己，桃花颜色亦千秋。①

何香凝挽丈夫廖仲恺联，虽然浅显质朴，但情在言外，也不失为佳联：

夫妻恩，今世未全来世再；
儿女债，两个共负一人完。

挽联除家人之间外，更多见于师生、朋友等关系，如孙中山挽秋瑾联：

江户矢丹忱，感君首赞同盟会；
轩亭洒碧血，愧我今招侠女魂。

这里，上、下联的前几个字，点出了秋瑾生平的关键事件，"江户矢丹忱"指1905年9月间，秋瑾经冯自由介绍在日本东京（旧称"江户"）黄兴寓所宣誓加入同盟会，誓词有"矢信矢忠"句；"轩亭洒碧血"则指1907年与徐锡麟分别准备皖、浙起义，失败后于7月15日在绍兴轩亭口被清廷杀害。

挽联也有集体多人敬送的，如：

为革命而奋斗，为革命而牺牲，死固无恨；

---

① 此联传为易哭庵（顺鼎）代撰。文字颇有异同，如"君正"一作"直上"；"那堪"或作"可堪"，"几年"一作"十年"，"燕支"又作"胭脂"等。

在压迫下生活，在压迫下呻吟，生者何悲！
——北京青年挽李大钊

灰撒江河，看不尽波涛，涓滴都是人民泪；
志华日月，信无际光焰，浩气长贯神州天。
——民众挽周恩来总理

与此相对，也有挽两人或多人的挽联，比如左宗棠的"挽潘吉斋先生夫妇"联：

位跻极品，年过古稀，名德更贻千载远；
生本自天，殁仍同日，唱随犹是暮春初。

挽联之外，其他种类的哀悼文字也还很多，现在统称"悼词"，古时则还有较细的分别。比如"哀词"，是"施于童弱夭折，不以寿终者"（晋挚虞《文章流别论》）的。陈思王曹植为悼念19岁不幸夭折的长女，作有《金瓠哀辞》。但后世的哀词，似乎扩大了施用范围，也用于寿终正寝者，比如左宗棠的"胡文忠公之母汤太夫人哀词"，哀悼的是享年八十四的老太太。

诔可以说是我国哀悼文字的最早形式，西周时就有"读诔定谥"制度。《周礼·春官》云："太祝作六辞，以通上下亲疏远近，……六曰诔。"郑玄注："诔者，累也，累列生时行迹，读之以作谥。"当时还规定，"贱不诔贵，幼不诔长""唯天子，称天以诔之"（《礼记·曾子问》）。不过，后来的诔文摆脱了这种限制。

诔又分公、私两种。公诔是代表国家所为，私诔则纯粹是戚友之间私义的产物，这正同于谥之有公谥、私谥。历史上优秀的诔文，有扬雄《袁后诔》，杜笃《吴汉诔》，苏顺《和帝诔》，潘岳《杨仲武诔》。曾有人因作诔而免罪的，诔文就是有名的《吴

汉诔》。史载当时大司马吴汉去世,光武帝诏令群儒作诔辞,杜笃身系囹圄,因作诔受皇帝赞赏而获免,诔文曰:

朝失鲠臣,国丧爪牙,天子愍悼,中宫咨嗟。四方残暴,公不征兹;征兹海内,公其攸平;泯泯群黎,赖公以宁。勋业既崇,持盈守虚;功成既退,挹而损诸。死而不朽,名勒丹书;功著金石,与日月俱。(《艺文类聚》四十七)

私诔中最有名的,恐怕要算曹雪芹替贾宝玉写的《芙蓉女儿诔》,所诔者当然是与宝玉情深意笃的林妹妹。这篇诔文较长,前序后歌,有人评点为"缠绵悽恻,私诔杰作"。

哀诔之外还有吊文。吊文用以凭吊、咏怀,又有吊人、吊物之别,范围较广。吊人者如贾谊《吊屈原赋》,司马相如《吊秦二世赋》,付咸《吊秦始皇赋》。吊文并非丧葬时所作,多为后世人睹物起意、览书兴情之作,其中不乏凭吊内容,更多的则是咏怀,借他人酒杯浇自家块垒。诔也有这种情形,宝玉的《芙蓉女儿诔》就是后来写的,其中也多身世之感。

### 7. 墓碑、镇墓兽

我国早先"墓而不坟",就是说只挖墓坑,不堆坟丘,地上也就没有任何标志。孔夫子就因父亲去世时自己年少,加之"墓而不坟",母亲去世时要合葬,却一时找不到父亲的墓在何处。合葬之后,考虑到自己常年外出,担心难于识记,堆了四尺高的坟。不过,志于"从周"的孔子,墓而又坟,乃不得已而为之,不免耿耿于怀。[1]

如所周知,后世不仅要筑坟丘,还要植树、立墓碑。最早的墓碑有木制的,但因木头不耐侵蚀,石墓碑也便流行起来。江苏丹阳有春秋时期吴国人季札之墓,碑文为古篆,其词为"呜呼有吴延陵君子之墓",字大径尺,相传为孔子所书。实际上,墓碑是秦汉时期才较多涌现的。

墓碑多为长条形,碑头切成圆形,或雕出檐,下置碑座。简单的墓碑没有多少装饰,碑的正面刻文也较简单,比如只刻"××之墓",或名前加籍里,或加其他文字。若是子孙为父祖立碑,则写"先祖(考、妣)××之墓"。夫妇合葬,宋朝时的墓碑写"宋故进士(或云处士)某君、夫人某氏之墓"。碑上还可以刻立碑人和立碑时间,刻在左下侧,字体要小一些。

尊贵一些的墓碑,雕饰要繁富一些,比如碑头刻蟠螭纹;碑沿刻忍冬、缠枝纹等,碑座也讲究一些,甚至雕赑屃(龙的九子之一,形似龟,性好负重)驮碑。碑文相应也较为复杂,一般的体制包括姓名、籍贯、家世、经历、著述、逝世时间,然后是某年某月葬于某地,最后是铭文,即概括性的赞语。还有更加复杂的碑文,即墓志铭,内容一般为姓名、世系、籍贯、行为事迹、年寿、逝世年月、子孙大略、葬时葬地,最后是铭文。这种墓碑文字实质上可谓"盖棺定论",含有人物品评的意思。

我国古代丧葬不仅受灵魂、风水观念的影响,也存在一定的巫术因素,其基本原理就是通过某种手段求取吉祥嘉瑞,辟除凶咎邪祟,具体表现有安放镇墓兽(物),雕镂吉祥图案,等等。

我国民众虽然视死如生,对自己逝去的亲人充满感情,但同

---

[1] 《礼记·檀弓上》:"孔子既得合葬于防,曰:'吾闻之:古也墓而不坟。今丘也,东西南北人也,不可以弗识也。'于是封之,崇四尺。孔子先反,门人后,雨甚,至,孔子问焉,曰:'尔来何迟也?'曰:'防墓崩。'孔子不应。三,孔子泫然流涕曰:'吾闻之,古不修墓。'"

## 第七章 生死两相依

时也不免对死灵存有恐惧，这样就产生了辟邪的举动。北方有的地区有"墓虎"一说，说是死者有时会变作墓虎，夜间出来作祟。俗说墓虎口如血盆，脑袋可以摘下来洗刷，很是凶恶。墓虎的形成，多为死者"反殃"。因此，若遇死者或者死后停柩不靖者，下葬后要在棺材上放个犁铧，以辟邪镇祟。

从考古发掘中可知，这种辟邪镇祟的巫术行为很早就有了。新石器时代至商周的墓葬中，常随葬玉器，有的玉器是巫觋的法器，葬入墓中，含有护主、驱鬼、辟邪的作用。奴隶制时代殉葬奴隶、猪犬，秦汉随葬兵马武士俑，都含有护主辟邪的意思。东汉墓葬画像砖石中，常可见到辟邪的符箓。中原、关中一带还流行随葬辟邪印章，如"黄神越章""黄神越天帝神之印""天帝杀鬼之印""天帝神师"等。黄越是道教传说中天帝的使者，常被派往联系、监督冥府冥吏。随葬这种印章，自然是为了"拉虎皮作大旗"，防范冥吏野鬼骚扰，等于公告"太公在此，百无禁忌"。

巫术具有消极和积极两面性，因而墓葬除消极辟邪镇祟外，也积极追求吉祥嘉瑞，诸如在墓葬中葬入吉祥的动物、器物，雕镂吉祥图案等。吉祥动物亦即所谓"神兽"，诸如麒麟、狮子、龙马、凤凰、鸾鸟、青龙、白虎、朱雀、玄武等，器物如仙山楼阁模型。吉祥图案的内容更为广阔，有动物图纹，如前述神兽的图纹；有植物图纹，如莲花、忍冬、缠枝莲花、牡丹等；有自然天象图纹，如云纹等；此外还有雕镂的仙山楼阁、玉宇琼台的图纹。所有这些吉祥的物件、图案，都意在营造一种天堂仙境、瑶池蓬山的气氛，以图死者乘鸾御凤，升天成仙，或致福子孙后代。

辟邪镇祟、追求吉祥的观念，不仅反映在墓中，也反映在墓地，那就是安放镇墓兽。镇墓兽的机制是双向的，既辟邪镇祟，又求致吉祥。镇墓兽的出现也比较早。秦始皇不仅拼命寻求长生之法，又致力于死后升天成仙，《西京杂记》卷三载，他的骊山陵前便雕刻有两只麒麟。至汉代，陵前镇墓兽多为石狮，且多两膀生翼，意在载墓主羽化登仙，或驮墓主遨游长空。此外的镇墓兽还有犀牛。到西晋，在一些大型墓葬中，开始以一只四足直立的镇墓兽和武士俑一道，担任镇墓辟邪的任务。北魏时，用两只镇堪兽卧于墓门两侧；北魏后期，两只镇墓兽又演变为一只兽面、一只人面兽身，多蹲坐；武士俑也一直保留了下来。在南方，南朝时期出现了在陵墓前以石刻神兽辟邪的习俗。当时所用的神兽除了狮子、麒麟，还有天鹿（禄）：似鹿长尾，一角；避邪：似鹿长尾，两角；扶拔：似麟，无角。唐高宗时，脚踏卧兽的天王俑基本取代了武士俑，不久又出现了脚踏俯卧式小鬼的天王俑，同时还产生了头有角、肩生翼，或面目狰狞、握蛇踏兽的镇墓兽。[1]

## 三、生死之际

### 1. 红也喜事，白也喜事

国人特别崇尚、向往"喜"，以喜为福，民间"五福"里就有喜。同时，民间把丧葬视作喜事，也并非向壁虚构。民众称老人寿终正寝为"喜丧"，相应的丧礼是"白喜事"，与婚嫁那样的"红喜事"相映成趣。丧葬与婚嫁同为喜事，本质一致，只是色调有些区别：婚嫁尚红，新人服饰以及新房铺盖等皆为红色；丧葬尚白，孝服、孝帽以及灵堂、用具等都为白色。除去这种差别，透过这层纱幔，看到的是同样的精神实质。

民众认为，是喜事，首先就应该红火、热闹，婚礼如此，丧礼亦复如此。要是某个山村里出了"白喜事"，一俟赴告过后，整个村子就要热闹起来。人们的谈资多了起来，他们谈论死者弥留之际的情形，品评他生前的为人处世，夸赞或谴责死者的儿孙，预测丧礼的规模以及可能发生的事情等等。

---

[1] 罗开玉：《中国丧葬与文化》，海南人民出版社1988年版，第24—28页。

## 第七章　生死两相依

围绕着这桩白喜事，本家、邻里都忙了起来，或是出力出工，或是资助钱物，有的操办筵席，有的帮助接待客人，有的掘土打墓。人们无不颇有些兴奋地投入到这项礼仪活动中来了。日出而作、日入而息的农人们即使是亲戚，平常也难得见面，逝者为提供了机会，他们聚到一起，说些要紧话和八竿子打不着边际的话，甚至给谁家儿子、谁家闺女介绍起对象来。孩子们昏天黑地地玩耍，跑前窜后，稍无停息。逝者的近亲自然是哀痛的，但既然老人寿终正寝，安详离世，岂不免除了疾病或其他什么造成的痛苦和烦恼？况且，对他们来说，不也少了些负担、拖累？因此，正常的死亡一定得算喜事，并且也值得庆贺。于是，他们商量着如何把丧事办得体体面面、热热闹闹。

鼓乐是少不了的。古礼孝子丁艰三年，不听丝弦音乐，想必丧礼也定不举乐的。古礼规定的丧礼大原则，是"与其哀不足而礼有余，不若礼不足而哀有余"（《礼记·檀弓上》）。而实际的情形是：随着历史的发展，丧礼的哀痛气氛未必增加多少，礼数倒是越来越周全了。一个鼓乐班子不够，便请两班，让他们唱对台戏，落得红火、热闹。历代君子对丧礼举乐多有讥评，说丧葬用鼓吹图热闹的"俗例"是"非礼"，但俗例还是占居了绝对的优势地位，死丧鼓吹的风气日盛一日，于今犹炽。

解放以后，移风易俗，隆丧厚葬的风气一度有所改观；近年则死灰复燃，愈演愈烈。在一些地区，凡有死丧，定有鼓乐，丧家为表示对逝者的孝敬、显示家道的昌盛，总是请两班鼓乐，让他们铆足了劲吹呀打呀，通宵达旦，夜以继日。吹打的曲目除了几支与举哀有关的《哭皇天》《小寡妇上坟》之类，不无时新的歌曲，像从前的《社员都是向阳花》《大海航行靠舵手》，像世纪末的《十五的月亮》《回娘家》，应有尽有。两班鼓乐对擂时，各呈奇技，各显其能，周围则人如潮涌，填街塞巷，说不出的热闹。

在西南一些地区，丧礼不仅举乐，还唱歌跳舞，一如婚礼。"民众认为，这样既吊唁了死者，又安慰了丧家，冲淡了哀伤的气氛，把丧礼办得隆重而热闹，正如民歌所唱的那样：'山中难找千年树，世间难寻百岁人。老人驾鹤归西天，我们敲鼓又跳舞。'"①

丧礼的某些仪注，也强化了喜剧色彩。这些仪注本来大多有宗教信仰的背景，但运用起来则仪式是仪式、内容是内容，有些脱节；再加上人们并不全都知晓其中含义，它就显得有趣可笑了。且看《孔府内宅轶事》对传统丧礼"方弼""方相"两个角色的描绘：

> 大门两边还站着"方比（弼）""方相"，这是两个用绸缎和木架扎成的大汉，衣冠服饰和脸谱都很像京剧中的花脸，有一丈多高。人站在大汉的身体里，可以操纵着大汉活动、走路、做出各种动作，人还可以从大汉的肚脐向外看，来了吊丧的客人，根据男客、女客或男女都有，操纵大汉伴着乐曲上前迎接。在送殡时，这"方弼""方相"，也要走在队列的前面，一直跟到墓地。②

这方弼、方相，差不多就是民间娱乐活动中的假面大头，略过它的功用不说，其形象、动作确实惹人发笑。

从以上介绍可知，我国的丧礼确实可谓喜事，不仅形式、仪注如此，就是人们对它的态度、观念也是如此。人们怀着轻松愉快的心情参加丧礼，丧家也在这种气氛的感染下破涕为笑，他们认认真真地铺排、搬演着各项礼仪活动，为了死者的长眠，也为了自己心理的平衡。丧礼在一片红火热闹的氛围中结束，人们也

---

① 丘桓兴：《中国民俗采英录·云南篇》，湖南文艺出版社1987年版。
② 孔德懋：《孔府内宅轶事——孔子后裔的回忆》，天津人民出版社1982年版，第41页。

便颇感快慰地从礼仪的境界回到现实生活中来。

## 2. 亲族关系大检阅

人生礼仪的社会化、文化化作用是显而易见的，丧葬之礼也是如此；其中最突出的一点，就是亲属关系的大检阅。

在传统社会，除地缘之外，血缘、姻缘是人际关系重要纽带，由此而组成了亲族集团。传统的亲族集团往往体量庞大，人口众多，相互间的关系七弯八拐，可谓复杂。弄清亲族成员相互间的关系及其称谓，并非易事。解决这些问题，又远非书本讲章所能胜任，最佳的途径，就是在生活中辨识和条理。然而，日常生活并不具备频繁接触的条件，尤其是孩子，可能根本没有与其他亲族成员交往的机会。

这时，礼仪生活提供了足够补充，它利用生丧、嫁娶等各种礼仪活动，将亲族成员的距离一下子拉近，将他们集中到一起，提供了彼此接触、交往的契机。这些礼仪活动仿佛浓缩剂，将时间、空间大大浓缩，创造出交流的氛围，提供了亮相的舞台。在这个舞台上，人们或是自报家门，或是由别人道出他的身份，于是大家相互熟识，进而理清了你、我、他之间的关系。大约正是因为如此吧，碰到这样的舞台，大人会有意带孩子参与其中，或者让孩子独自参加，让他们去"见世面""长见识"。

礼仪活动不只消极提供舞台，它还扮演"导演"，让人们进入"角色"，由此领会角色关系和角色期望。在这方面，突出的要算婚丧大礼。前文曾提及某些地区婚礼上的"拜人"仪俗，亲友们依照事先排好的礼单，按长幼、亲疏（民间礼仪往往是先疏后亲、先外后内）的次序，一个一个地出来亮相"放拜礼"。只消从头至尾看了这过程，或是看过贴在墙上的礼单，人们之间的关系就不难理出个头绪来。丧礼也有类似的仪俗，那就是"点纸"。它同样按一定次序排列参加丧礼的亲友，并依次在灵前点纸，清晰得如同分类明细表,随手就能指出某人和某人的关系、某人和丧家的关系。

此外,丧礼上还有另外一种亲族关系标志,那就是丧服。丧服在传统丧礼上十分紧要,丝毫马虎不得。丧服制度最基本的是"五服"制,它规定了何种关系应属哪服,此服又应穿何种丧服,服丧多长时间;相反,见到所着丧服,也就能获知服丧者与逝者关系的远近亲疏,并大略推知服丧者相互间的关系。因此可以说,丧礼是婚礼之后又一次亲族关系的大检阅。

**五服制度简表**[①]

| 五服 | 服期 | 丧服 | 关系 |
|---|---|---|---|
| 斩衰 | 3年 | 以最粗的麻布做,不缉边,断处外露,以示不饰。 | 儿子对父亲、未嫁之女对父亲,承重以后孙对祖父、妻、妾对夫。 |
| 齐摔 | 3年至3月 | 以粗麻布做,缉边。 | 儿子、未嫁女为母、为继母(3年),已嫁女为父亲(1年)、孙为祖父母(1年)、重孙为曾祖父母(5月)、孙为高祖父母(3月) |
| 大功 | 9月 | 用熟麻布做。 | 为堂兄弟、未嫁的堂姐妹、已嫁的姑、妹妹、已嫁女为母亲、伯叔父、兄弟。 |
| 小功 | 5月 | 用较细的熟麻布做。 | 本宗为曾祖父母、伯叔祖父母、堂伯叔父母、未嫁祖姑、堂姑、已嫁堂姐妹、兄弟之妻、从堂兄弟及未嫁从堂姊妹、外亲为外祖父母、母舅、母姨。 |

---

① 罗开玉:《中国丧葬与文化》,海南人民出版社1988年版,第192页。

| 五服 | 服期 | 丧服 | 关系 |
|---|---|---|---|
| 缌麻 | 3月 | 以细麻布做。 | 本宗为高祖父母、曾旧叔祖父母、族伯叔父母、族兄弟及未嫁族姐妹,外姓为中表兄弟、岳父母。 |

弄清亲族关系及其称谓固属重要,更重要的是了解约定俗成的礼俗所规定的权利、义务。假如与逝者的关系为父子或父女(未嫁)关系,属五服的"斩衰",那就要穿用粗麻布做的毛边孝服,服丧三年,同时也有继承死者遗产的权利;假如死者是已嫁的姑母,其间关系为"大功",那就要穿用熟麻布做的锁边孝服。当然,礼仪规定的不同关系亲族成员之间应有的态度、作为并不那么简单,而是复杂多变、细致而微的,比如姨表亲、舅表亲同属五服中的"缌麻",但俗谚又有"姑舅亲辈辈亲,姨表亲当辈亲"的说法,说明二者有一定的差别。所有这些,都是"世面",都是"见识",需要小孩子、年轻人学习,烂熟于心,遇事有所遵循。我们的传统社会亲情关系,正是依靠这样的机制组织和运行的。

### 3. 家·墓·仙境的同构

中国人最讲求安身立命之所,生前要盖几间房屋、修一座院落,死后要装一口棺材、置一块坟地。没有这些,仿佛生前肉体不得安宁,死后灵魂不得安宁。家产、坟地,可谓传统社会人们人生事业中最重要的部分,老百姓一生勤劳,为的是盖几间房子、挣一块坟地;中举、升官、发财的,也要在家乡大兴土木,广置田产,只不过是多盖几间,修一座大院子乃至大庄园,多买几亩田,选一块风水宝地,如此而已。死后的家园与生前的家园,同样重要;此外,它们之间是否还有别的一致之处?细心琢磨,就会发现另一个惊人的相似,那就是家与墓的同构。

实际上，棺材与墓坑或墓室，往往就是按照房屋的形制炮制的。从历史发展来看，历代的墓葬与居宅多能相互印证。在旧石器时代，人们或居于山洞，或栖于大树，也在洞中或树上安葬死者，比如山顶洞人就是实行洞葬的。古人由穴居发展到半地穴建筑，死后也由竖坑墓、不堆坟而发展到墓而堆坟。南方多雨潮湿，居宅有采用"干栏式"者，墓葬也多崖葬、木架葬，出土铜棺也有干栏式的，下设柱脚。汉代出现的洞室墓，其形制显然模仿了当时的房屋建筑。汉代以后，流行在砖墓、崖墓上雕横楣、画藻井、置瓦当、砌窗棂、设耳室等，都在模仿地上的建筑。唐代上层人家曾流行隧道形墓，特点是前边有过洞，几重天井，后面是一段隧道和墓室，本意也是模拟多重院落的宫室庭院。唐代帝王陵墓的平面布局多模仿长安城，墓室则仿皇帝内宫。1970年在成都北郊发掘的明蜀王世子墓，有大门、前庭、二门、正庭、正殿、中庭、圜殿、后殿、左右两厢和耳室，并以巨大的石材和玻璃构件砌成门殿、廊庑，与当时的王府形制基本相同。

不仅如此，房宅与墓葬的地势、环境也大体一致，显示出极大的统一性。这种统一与一致，源于传统的风水思想。无论对阳宅还是阴宅，堪舆、风水思想的基本精神大同小异，即宅地的好坏、吉凶直接关系到现实人生。墓地有风水，会给子孙后代带来运气，否则会倒运；居宅有风水，必然人丁兴旺、家道昌盛。同时，无论阳宅还是阴宅，宅地好坏的评判标准是一致，即"前有洿池，后有丘陵，东有流水，西有长道"，为"风水宝地"。

国人选择居宅和墓地的行为很早就存在。《仪礼·既夕礼》云："筮宅，冢人物土。""筮宅"即选择宅基地，"物土"即相宅、看风水。对于这种行为，后人解释说："土壤有厚薄，水泉有浅深，故必须相地之可葬与否，而后经营之也。"（胡培翚《仪礼正义》）由此可见，当时筮宅考虑的主要是自然条件，即地下水位的高低，地气的干湿，土层的厚薄，土质的砂黏，这些都关系到棺木、尸

## 第七章 生死两相依

体能否保存较长时间,并未涉及与子孙后代的关系。

到秦汉时期,原本以自然条件为主要考察对象的筮宅,逐渐加入了许多信仰的成分,堪舆、相宅之风渐盛,风水思想形成。也就是在这个时期,所谓"堪舆之学"的鼻祖——郭璞出现了,第一部系统的著作《葬经》诞生了。其后,此风愈演愈烈,阴宅也相,阳宅也相,风水思想广泛渗透。

关于风水宝地的观念及其具体情形,古来几乎始终一致。郭璞的《葬经》说左青龙、右白虎、前朱雀、后玄武是最好的墓地,谈房屋建筑的《阳宅十书》也说:"凡宅,左有流水,谓之青龙;右有长道,谓之白虎;前有汙池,谓之朱雀;后有丘陵,谓之玄武。此为最贵之地。"说简单些,就是靠山临水、枕山面水,或者背靠山峰、面临平原。然而,抛去风水观念的玄秘外衣,显现出来的却是一幅原始人类的聚落住居图:为了生存,为了安全,人们选择背山面水的冲击扇地形或其他类似地形建造住宅,背后的山阻挡北来的寒风,前面的水提供饮用和灌溉之利,较高的地势可免除洪涝之虞,一溪流水或一汪池水更可以植莲养鸭。总之,风水思想所描绘的最佳宅地之地势、景观,同形同构,大体吻合。由此,或许可以体味出一点国人生死关系的微妙之处来。

有趣的是,神话传说、稗史小说中描绘的仙境,与风水宝地也有着惊人的相似。不论进入仙境要穿过流水的石洞,还是要跨过雾霭之中的仙人桥,或是钻过葫芦腰似的窄颈,展现在眼前的仙境景观则几乎一致,仙人的住所总是背靠丘陵或山脉,面临水池或河流,山环水绕,景色宜人。这样看来,无论身前的误入仙源,还是死后的上升仙境,便都没有什么稀奇了。再有,古代山水画只要画到村寨,不论独户还是集村,不论居者是俗是雅,也都脱不了背山面水、压龙脉点龙穴的窠臼。可见,仙境不过是现实的推衍,山水画不过是现实的折射。居宅、墓地、仙境、山水画,现实、信仰、理想、艺术,四位一体,同形同构,堪称绝妙。

### 4. 人情·伦理·仪俗的融合

丧葬之礼是哀悼、安葬逝者的一系列礼仪活动，面对的是逝者，是鬼神。然而，中国丧礼的每一项仪俗都充满人情味，充满伦理色彩，等次清晰，温情脉脉。相反，宗教色彩与人情、伦理比较起来，倒显得缺乏光彩。

毫无疑问，灵魂不死的原始信仰可谓丧礼产生的重要原因，与此同时，亲族意识也起着决定性的作用。儒家认为，丧礼源始于人子的爱亲、思亲、孝亲，因为"凡生天地之间者，有血气之属必有知，有知之属莫不爱其类……有血气之属者，莫不知于人，故人于其亲也，至死不穷"（《礼记·三年问》）。人在丧亲之际难免哀痛，这是人情之常，而儒家认为"礼"的部分功能就是为了发抒人情[①]，因此哀痛之情是丧礼中最重要的部分。但是，如果孝子在丧亲之际哀毁过度，则有违人性、有悖人情，同样应该以礼节制。由此可见，丧礼的功能之一是既发抒、浚导人情，又节制、遏止淫滥，以免伤身毁行。

表现在具体仪俗上，也是如此。我国向来有"不死其亲"之说，也就是不把死去的亲属视为亡人，冷漠对待。"不死其亲"是一种信念，"事死如生"则涉及具体行动，又时时处处体现出"不死其亲"的信念来。

临终之时，亲属要给将死者穿好衣服，带上打狗饼、渡河钱、买路钱，仿佛给出远门的亲人整理行装、打点盘缠。装殓之时，给死者穿得体体面面、暖暖和和，即使夏天也要穿上冬衣，正应了"出门人夏备冬衣"的俗谚。安葬之后，每逢节日、忌辰，亲属又要上坟扫墓，烧纸送物，不仅带去点心、水果，也带去美酒、香烟，体贴周到，不啻面对逝者。

当然，同时也要顾及现实的人性人情，不能让孝子由此而伤

---

[①] 《礼记·丧服四制》："凡礼之大体，体天地，法四时，则阴阳、顺人情。"

身。因而，当孝子趴在亲人灵柩旁涕泗滂沱、哀痛欲绝之时，不多时就会有亲友前来劝慰节哀，并将他拉起来，孝子则不胜悲哀、不忍离去，如此反反复复，拉拉扯扯，人情毕肖：孝子与逝者的亲子至情表现得淋漓尽致，亲友与孝子的人情也体现得酣畅明白，整个丧礼人情融融，美轮美奂。至于鼓乐班子里吹唢呐的，直脖鼓腮吹奏"鞋儿破，帽儿破，身上的袈裟破"时，真不知在吹给逝者还是生者。俗说死生幽明、异路异途，而这丧礼上竟是生生死死、死死生生，编织得那样绵密，剪不断、拆不开……

人情之外，笼罩传统丧礼的另一层帷幔是伦理。古来中国伦理的主要规范是所谓"五伦"："君臣、父子、兄弟、夫妇、朋友"，丧礼上则集中表现为丧服制度的"五服"以及殡葬的规格，等等。

儒家主张丧礼应遵循四大原则——恩、理、节、权。"恩"指越是亲近，私恩越厚，因此要服较重的丧，譬如儿子为父亲服"斩衰三年"。"理"即公义，是社会普遍认同的价值观，尤指公私之别，居家以孝为重，出仕则以忠为重，故而丁忧期间若逢重大国事，则可"夺情起复"。"节"是要有节制，比如服丧三天可以吃东西，三月以后可以洗洗头脸；同时指不能逾礼，譬如父亲健在，只能为母亲服"齐衰一年"，以示家无二尊。"权"指权宜而行，"古也墓而不坟"，而孔子合葬父母坟"崇四尺"，便可谓之从"权"，只是后世发展为"经"而已。

此外，亲属集团服丧轻重也有六个原则，即亲亲、尊尊、名分、出入、长幼、从服。这些，都是伦理精神在丧葬礼仪中的反映，同时也有政治秩序的伦理化。"在宗法制度中，政治秩序又与伦理秩序涵义相近，儒家便在这个基础上，建立丧礼的道德架构。他们先强调伦理秩序，以道德架构建立起亲属团体的层级亲疏关系，再以此比附于丧礼的等级制度，然后由'资于事父而以事君则敬同'，又由'家无二尊'类移到'国无二君'（《礼记·丧服四制》),于是将伦理秩序与政治秩序联系起来。"[1] 总之,考察中国古代文化,其伦理特色必须予以足够重视。古代文化中的许多制度、规范、礼仪都与伦理相关,这是毋庸赘言的。同时,伦理又首先是家庭的伦理,是人情的体现,因而人们遵从伦理有着内在的驱动力。这样,人情、伦理、礼仪规制就达到了和谐默契的统一。认识了这一点,或许会有助于理解传统礼仪规制为什么那样独特,有时甚至蛮不讲理;为什么它又实实在在,多历年所却牢不可破。

---

[1] 王明珂:《慎终追远——历代的丧礼》,见《中国文化新论·宗教礼俗篇 敬天与亲人》,三联书店1992年影印版,第332页。

# 第八章　无尽的人生

在传统中国，生命的结束似乎并非人生的终结；甚至葬礼已成、服丧终了，这人生似乎还是真实的存在。逝者走了，他的音容笑貌、功业德行，还在亲友的心头、村人的口头，乃至文人的笔头，如此鲜活。何况对其后人来说，还有一宗远较肉体生命久长的仪俗——祭祀之礼，仍旧绵延着、绵延着……

## 一、生命短暂，人生不朽

庄子曰："人生天地间，若白驹过隙，忽然而已。"（《庄子·知北游》）个人的一生极其短暂，转瞬之间，此生已过。这在"万物灵长"的人来说，是莫大的痛苦、劫难，也是莫大的讥讽、羞辱。对此，人类不断发起挑战，而且取得了一些局部胜利，无数疾病战胜了，寿命渐渐延长了，但是，人仍旧难以逃过生命的劫难。

在科学挑战的同时，人类的精神活动也从未间断过进军。巫术手执盾牌和长矛进军，用盾牌抵制死神，消极规避人寿的劫难，比如逢九时扎根红腰带；同时用长矛博取寿命，比如祝寿、拣佛头、挂长命锁。想象手执画笔和调色板进军，在幻想的世界里，塑人物、模仙源、述事情，长春人物、长春仙境、复活故事，神异迷人；特别是"齐天"的大圣孙悟空，竟可以到阎罗殿里，撕碎记录人寿的鬼簿，给自己、也给猴儿们求得多些年的寿数乃至长生不老。

然而，放下巫术，离开幻想，谁都得承认：生命的终结迟早总是要到来。因而，现实的生活中，人们在追求生命不死的同时，更追求人生的永恒、不朽，在人生观和其他社会意识领域搭建通向永恒的桥梁。

传统社会观念认为，生命与人生并非等同，肉体生命的开始和结束，远远不是人生的开始和结束。一个人肉体生命尚未开始之时，他的人生早已开始；肉体生命结束以后，他的人生仍在延续。诚如所说，家庭、家族在我们的社会里占有重要地位，而这种人类集团、社会单位又是以父系血缘关系组织的，每个人（男人）都是这个纵式链条上承先启后的一环，从来都不是孤零零的、独立的。同时，我们社会里一个人的事业又从来都是家庭、家族的事业，而非个人的事业，个人人生、事业只有与家庭、家族的事业挂钩才有意义。由此，个人的人生便纳入了家庭、家族的纵式链条，超越生命，与前辈的人生连接起来，又由后辈赓续下去。

个人不仅是家庭、家族中的一员，也是社会的一员，是社会许多人组成的纵横网络中的一员；同样，个人的事业与这许多人的事业、与社会的事业，也是联系在一起的。在官场谋职，你的职位承前启后，有前任、有继任，你工作的成绩如何与前任有关，也要影响到继任者，你的人生在职位上得以延续，后人会经常谈起"第几任的××"。在研究机构工作，你从事的研究领域称作"专业"，它的结构性更强，纵式线条更为清晰，你会更多地继承前人，也更多地被后人谈起，假如你是"××学之父"，那么你的人生就要与这门专业相始终了。

在任何社会，个人的人生价值都是由社会来评定的，中国社会尤其如此。只要对社会有所贡献，或者仅仅是凭着善良的愿望尽心工作了，人生就不会随着生命消失，人们会记着这个人，他会永垂不朽，"永远活在人们的心中"。

当然，中国人人生的延续还有许多实际表现，使人们觉得一个人虽死犹生、活灵活现。首先是祭祀，它完全无视肉体生命的结束，执着地维系着逝者的人生。祭祀不仅仅注意精神、灵魂这些形而上的方面，甚至也涉及人的身体：留着门等候逝者的来到，给逝者吃肉、喝酒，和逝者聊天……其次，家族、社会对逝者的品评，也使他的人生得以延续，体现在文字上有碑铭、传赞，等等；倘若写入正史，那真是千载扬名了。

生命是短暂的，但人生可以不朽，在我们的社会尤其如此。

## 二、绵绵不尽的情思

古语云："生事毕而鬼事始。"（《礼记·檀弓下》）生前的诸多人生礼仪、生死之际的丧葬礼仪结束之后，事鬼事神的祭礼又开始了。祭祀之礼虽然并非当事者本人的行为，但这种种仪注、习俗又都是指向、围绕着他展开的。人们借助这祭礼，才得以延续肉体生命结束之后的人生。

祭礼是我国传统礼仪之一，很是重要，甚至被称作"人生第一吃紧事"。祭礼的本质基础是宗法、人伦，而宗法、人伦又是维系家庭、家族最重要的杠杆，同时也是维系依照家庭组织的国家、社会的重要机制，基于此，祭礼受到重视势所必然。

祭祀礼仪种类颇多，天地鬼神都是祭祀的对象；这里涉及的，当然主要是与人生有关的祭先、祭祖之礼。祭礼又可细分，有公祭、私祭、庙祭、墓祭、岁祭、生辰忌日祭，等等。有关祭礼，古礼典籍曾有过阐述，一是严格规定祭礼的等级次第，不许逾制；一是给定祭礼的基本原则，比如"与其敬不足而礼有余，不若礼不足而敬有余"（《礼记·檀弓上》）。除古礼的规制、原则之外，民间还形成了许多俗信，同样影响着祭祀礼俗。此外，祭礼还有一套仪注，较之婚丧之礼有过之而无不及；当然，简单朴素的则只是几叠纸钱、一壶村酒。

祭先、祭祖之礼的信仰基础，首先是所谓"祖先崇拜"；另一也许是更为重要的基础是亲族意识，说白了就是生者对先人绵绵不尽的情思。

### 1. 祖先崇拜和亲族意识

说中国人崇拜祖先，中国乃祖先崇拜的国度，长期以来，几乎众口一词。这说法，当然是基于西方宗教意识论断的，实质上难免郢书燕说。近代以来，如此西冠中戴的例子不胜枚举，其实尺码、款式、风格等，在在格格不入。此外"图腾""宗教"概念的泛用，不仅圆凿方枘、难切实际，简直令人讨嫌。实质上，我们之尊崇祖先，与其说是"崇拜"，毋宁说是"崇奉"；我们这里用到"崇拜"这词，也不过习非成是，此"崇拜"绝非彼"崇拜"。

传统中国的祭礼，建立在祖先崇拜和亲族意识的基础之上。

说到祖先崇拜，还得先从祖灵信仰说起。祖灵信仰并非中国特有，只要有灵魂崇拜的地方，就可能存在这种现象。世上的许多民族都相信灵魂的存在，也相信人死后灵魂不灭，变做鬼灵继续生存。"鬼灵"是个宽泛的概念，指所有死人的灵魂。人们依据现实生活的价值、伦理标准，把鬼灵分作善恶两类，前者有益于人，后者则专门祸害人。同时，人们还依据现实生活中的人际关系区分鬼灵，称自己家族先人的灵魂为"祖灵"。

基于现实生活中的亲情关系加以类推，可知祖灵必然是善灵。实际上，许多民族、许多文化的人们都相信，亲情关系在灵魂世界也还是起作用的，死去的先人毕竟是自家人，胳膊肘往里拐，会给后人带来幸福、吉祥；而祖灵的震怒，只有在后代出了不肖子孙或奉祭不周的情况下才会发生。基于这种信仰祖灵的原理，祖先崇拜就产生了。简单来说，祖先崇拜就是建立在祖灵信仰基

## 第八章　无尽的人生

础上的对祖先崇敬、礼奉的行为。

在我国西南地区，彝族人称他们的祖灵为"吉罗"，意为"宝贝"。人们认为凡祖先留下的东西，或祖先喜爱的某种动物，都附有祖先的神灵，可以保佑家人靖吉平安。因此大小凉山的彝族俗谚说："家中的吉罗不变心，家外的鬼怪害死人。"这是一种典型的祖灵——善灵观念，也是典型的祖灵信仰。在这种信仰的基础上，彝族人在祖先死后，要制作祖灵：先请毕摩（祭师）选定一根山竹由死者家属连根拔起，截下其中一节，外缠一点绵羊毛，按死者性别用红线或绿线扎好，放在一个小布袋里，再装入一个小篾箩里，经"毕摩"作法，认为亡灵附上后，便放置在家堂中供奉。

祖先崇拜的信仰基础是祖灵信仰，但集团意识显然浓厚了一些，崇拜的对象也不再是空泛的祖灵，而是具体的祖先，诸如氏族之祖、民族之祖、宗族之祖。侗族供奉"撒堂"，也就是先祖母。祖先神为女性，显见得这种信仰是母系氏族社会的产物。"先祖母"是民间传说中为本民族利益英勇战斗过的女英雄，侗族人民敬奉她，在寨子中央建"先祖母屋"或"先祖母殿"，举行各种祭祀活动加以奉伺。畲族有"招兵"礼仪，也是祖先崇拜的习俗。"招兵"纪念的对象是"盘瓠"，祭祀活动或五年一次，或两年一次。炎黄二帝之祭，也属这类对氏族、民族祖先的崇拜。

在我国，最典型的祖先崇拜是对始祖的崇拜。这种祖先崇拜的显著识别标志，是施、受同姓，比如孔氏之祭孔。不过，崇奉、祭祀的祖先并不只是始祖一个，还有其他的先祖，尤其是那些离自己较近的祖先。宗族先祖的崇拜，尤其是对离自己较近祖先的崇拜，有着浓厚的亲族意识，亲情在这里体现得特别明显。在这种祭祀礼仪中，家族的生者怀着思念、缅怀的亦亲切、亦敬畏的感情，拜祭先人，给他们供奉酒饭、果品、香火，与他们交通，把家族的现状、新鲜事（如受封号、中举、生子一类）报告给先人，也请先人指点迷津，引导、庇佑以后的生活。

家庭的祭祖活动，好似一席家宴，家人团聚，尊先人首座，后辈儿孙们不时地给先人斟酒上菜，让他吃好喝足，自己则以表里如一的崇敬，倾听先人嚼饭时说些有趣也没趣的闲话。又似一封家信，嘘寒问暖，敬告平安，还把身边的新鲜事儿也全写进去，告诉先人，让先人知晓家道的兴旺、子孙的出息，在请先人多多保重的同时，也请他祝福、保佑后代的平安、幸福、如意。整个祭祀活动中，视死如生，情浓意重，最为感人。

对亲族意识和亲情在我国传统社会祖先崇拜中的地位，有关藏族祭祀起源的古史记载，颇能说明问题："据说，进行祭祀，过去是没有的，自从金城公主进藏以后，见到藏人对死者如此薄情，便提议赞普应倡导人民对死者的追念，这样才开始了为死者做斋的习惯。"①

## 2. 祭祀种种

祭祖为大礼之一，又可分为几类。分类标准有三：一是祭祀的组织，一是祭祀的时间，一是祭祀的地点。依据祭祀组织者、时间、地点的不同，祭祀大体可以分成三个系列。

依据组织者的不同，可划分为公祭和私祭（家祭）。公祭由政府或社会团体组织，祭祀对象当然很不一般，多为族群始祖、人文始祖、建国英豪，以及其他显赫人物。比如汉民族国祭的，主要是炎黄二帝和孔子，前者是民族始祖，后者文化先祖。

与公祭相对的私祭，由家庭、家族自行组织，因而亦称"家祭"。家祭是比公祭更为常见的祭礼，次数也要频繁很多。比如祭孔，公祭只在孔圣诞辰（八月二十七日）等为数极少的几个时日举行，

---

① 赤烈曲扎：《西藏风土记》，西藏人民出版社1985年版，第181页。作者指出："这一段史料，在巴色的《巴协》中有记载。"

## 第八章　无尽的人生

而孔府家祭则每年要有大大小小五十余次。主要的有四大丁（也叫四大祭，在每年的春、夏、秋、冬的丁日），此外有四仲丁（大丁后的第十天）、八小祭（清明、端午、中秋、除夕、六月初一、十月初一、生日、忌日），每月初一、十五有祭拜，一年二十四节气还有二十四祭。民间的一般家祭次数也不少，有生辰、忌日的祭祀，节日的祭祀，这是恒常的，年年如斯。此外，遇到生子、娶媳、中举等喜事，以及需要报告祖先的情形——如朝廷追赠考妣官爵封号或者给予生者特殊礼遇等，也要祭祖。

　　频繁的家祭，并非平均用力，也可分出层次来。前述孔府家祭的四大丁、四仲丁、八小祭、祭拜，就是四个不同的层次。一般民间的大祭并非每年都有，往往也受寿礼所谓"零""整"的制约，通常逢先祖整十生辰或忌日时大祭。岁时年节的祭祀也分层次，一般年节、清明等较重，其他种种则轻描淡写。

　　由于层次和类别的不同，种种家祭各有特色。大祭的仪式很是繁复，比如孔府大祭，祭典仪注有十几项之多，而且祭礼前后要好几天，所用祭品、祭器极为讲究。仲丁、小祭的隆重程度则等而下之。至于祭拜谒告，仿如生时的昏定晨省，与日常活动毫无二致。福建某地生子之后，次年元宵致祭时，在祖宗祠堂挂出红灯，生男挂两盏，生女挂一盏，灯音谐"丁"，挂灯意味着"添丁"，灯的数目亦区分了性别。

　　依据时间的不同，又可将祭祀分为恒常和随机两类。恒常的祭祀，指岁时年节和生辰忌日的祭祀。岁时年节祭祀，包括元宵、清明、寒食、端午、七月半、中秋、重九、十月一、年节、二分（春分、秋分）、二至（夏至、冬至），以及每月的朔、望，等等。岁时年节之祭，有行于家庙者，也有墓祭者。不过，普遍的情形恐怕是庙、墓皆有，如"祭礼：清明、中元、初冬，具酒醴，祭于墓，又荐于主"[1]。

岁时之祭,最隆重的要数年节,正是综合了家祭和墓祭的。一般的年祭,可以分解为三个程序。首先是迎接祖先,年节来临之时,子孙们先期齐戒,除夕日间携带香火、鞭炮、酒果等上坟接年,或是夜间由家长率子弟奉香火向大门外出迎,迎接祖先回家过年。其次是奉祭祖先,或将列祖影像挂于家堂,或将祖先牌位置于神龛,香案摆设各色肴馔、时令果品等,奉茶献酒,飨祭祖先,并不时焚香烬纸以奉。家长还要率子弟行叩祭礼,正旦族人、邻里来拜年,也要先向主家祖先行礼。再次是送别祖先,或一二日之后,或元宵之后。至此,年下的祭礼才算告成。

这里,不妨采取地志,完整介绍"年祭"之俗,以见一斑：

期前扫除屋宇,洁治几筵,恭请先人神主。按昭穆位置,有供三代宗亲纸牌位者,亦有买纸画一轴,备列高曾祖考某某之位,悬诸壁间而供之者,俗谓之"家堂"。除夕,奉祀子孙至郊外焚香叩首,迎先人之神回家,复在神案前行礼,上茶奠酒,设果品,午夜备设祭席。元旦,家主率家属向神案前,以次行四叩礼,三日内每饭必祭。至上元节后,神主、纸牌位、纸家堂,均敬谨收藏。[2]

生辰忌日之祭中,忌日之祭(即周年之祭)从逝者去世一周年开始,之后年复一年,年年如斯。在居丧三年的古礼久废之后,三周年忌日的祭礼较为重要。此外,生辰忌日的祭礼若逢十、逢

---

[1] 河北《怀来县志》卷四,清光绪八年(1882年)刻本。见《中国地方志民俗资料汇编·华北卷》,第140页。
[2] 山东《东平县志》,民国二十五年(1936年)铅印本。见《中国地方志民俗资料汇编·华东卷(上)》,第284页。

五,便算是大祭,也比较隆重。祭孔无论家祭还是公祭,圣诞祭都极为隆重。1934年八月二十七日圣诞祭孔,是民国时期最隆重的一次,中央政府派叶楚伧作代表,同行的还有时任考试院代表林祥民、民政厅长李寿春、山东教育厅长何思源等,还有外地来宾一千多人。祭典也十分郑重,参加者必须长袍马褂,胸前佩有长条标志,仪注多达十一项。

上述岁时年节、生辰忌日之类时间固定的祭祀之外,还有时间不固定、随机举行的祭祀礼仪。这类特殊的祭礼多是家庭、家族发生重大事件,需要向祖先请示或报告,诸如朝廷追赠先考先妣官爵封号或生者加官进爵,以及生子、娶媳、中举等。我国各地都有"上喜坟"的习俗,就是在娶亲一段时间以后,由家中女性长辈率领新媳妇到墓地去祭奠祖先,告知祖先这一喜讯,让他们也分享家人的喜悦,并祈求他们祝福、保佑新婚夫妇幸福美满。上喜坟,坟头要压红纸。这一仪俗,似乎有古礼"庙见"的意味。

依据地点的不同,又可将祭祀分为墓祭和庙祭(祠祭)两类。墓祭指子孙到墓地去祭祀,扫墓、上年坟、上喜坟等均属此类。墓祭礼仪、祭品等较庙祭简单,最突出的是焚化纸钱,这在家庙是无法尽情施为的,否则会"走水"。墓地的情形,当然家户大不相同,墓祭排场也就不同。《红楼梦》里贾家的祖坟,不仅阔大齐整,还有出家人专职四时祭扫。孔府扫墓时的祭品及祭祀队伍也十分可观,"扫墓时由挑祭户抬着四个大方祭盒,里面有很多层,摆满祭盘,祭品有鸡头米、馍馍、肉、酒等,上的香是檀香,放在烧红的炭并上。此外还要挑着茶炉,还要有跟班的奉卫丁以及其他随从,约百多人。"[①]

与墓祭相对的是庙祭。庙即家庙,亦即祖宗祠堂。旧时,大

---

① 孔德懋:《孔府内宅轶事——孔子后裔的回忆》,天津人民出版社1982年版,第44页。

家族建造房屋时,要先建祠堂,然后才是其他房舍。祠堂正面有八个龛,龛中放椟(小柜子),内藏祖宗牌位(称"神主")。神主的一般规格是一尺二长、三寸宽,上写近祖官位、姓名字号,背面写祖先生卒年月。四龛神主依次是高祖考、妣,曾祖考、妣,祖考、妣,考、妣。远祖没有牌位,设族谱。孔府的家庙叫"报本堂",取义于"报本返始,尊祖敬宗",为孔府重要建筑之一。《红楼梦》里贾府的家庙叫"贾氏宗祠",是五间大厅、三间抱厦,内外廊檐,碧阶丹墀,富丽壮阔。

当然,家庙并非每个家庭或家族都有。家庭祭祀场所,依次排列,有独立建筑、独立院落、独立房室等。贫家小户,只能一香案或一神龛,或者仅只设祖宗牌位、影像、谱牒。家祭的场所、仪注、祭品,受到家境的严酷制约,《中华全国风俗志》载:"祭祀,缙绅大家有家庙,细民多从寝堂设龛""岁时有祭,忌日有祭,富家有庙,贫家第设主而已。祭礼之品仪,亦随家之贫富以为丰俭"(清佚名《天台风俗志》等)。

### 3. 规制·原则·俗信

古礼对祭祀有着严密的规定,不同身份的人有不同的祭品、仪注以及祭祀时间、对象的区别,必须严格遵行,不得逾制;而共同的,则是祭祀的基本原则。此外,在民间,长期以来还形成了许多有关祭祀的俗信,影响着祭祀礼仪。

据史籍记载,三千多年前的商朝,殷人已有一套比较成熟的祭祀制度。到春秋战国时期,祭祖习俗已经制度化、等级化。当时规定,天子建七庙,中间为太祖之庙,两旁三昭三穆;诸侯五庙,太祖庙与二昭二穆;大夫三庙,太祖庙与一昭一穆;庶民百姓则在家里祭祀。此外,祭器、祭品及仪注也有严格规定,不许逾制;否则就是淫祀,淫祀无福。

不过,我国先秦的古礼,后世大都淆乱、废弛了,这也就是孔夫子所谓"礼崩乐坏"，史籍所载之"礼乐征伐自诸侯出"。然而，礼仪规制尽管发生了变化，但宗旨、大原则却没有变，一直赓续下来。

从《礼记·祭义》可知，祭祀的基本原则不只一条，但最根本的一条是"敬"。"君子生则敬养，死则敬享，思终身弗辱也。"也就是说，正人君子在父祖生时尽心赡养，死后虔诚祭祀，丝毫不敢怠慢，使祖先遭受困苦、屈辱。同书《檀弓上》又云："祭礼，与其敬不足而礼有余也，不若礼不足而敬有余也。"这里，从具体实施的角度，双方向指出了敬与礼在祭祀中的权重，在比较中强调了"敬"。

敬的大原则并不是空泛的，它有一些具体的内容。首先，在祭祀的疏密程度上体现"敬"的原则。《礼记·祭义》云："祭不欲数，数则烦，烦则不敬。祭不欲疏，疏则怠，怠则忘。"就是说，祭祀的安排要疏密适宜，过多则形同儿戏，过少则显得薄情寡义。那么，如何安排才好呢？古礼指出要"合诸天道"，后世则天道、人道并重，故而除四时之祭外，还有生辰忌日以及特殊情况下的祭祀。

其次是爱敬、虔诚的心理，即所谓"齐庄之心"，"孝子将祭祀，必有齐庄之心以虑事，以具服物，以修宫室，以治百事"（《礼记·祭义》，下同）。所谓"齐庄之心"，就是视死如生、事死如生，"思其居处,思其笑语,思其志意,思其所乐,思其所嗜"，"色不忘乎目，声不绝乎耳，心志者（嗜）欲不忘乎心"；如此，"致爱则存，致悫（诚实）则著。著、存不忘乎心，夫安得不敬乎？"

再次是敬畏、谨慎的容言、行为，"及祭之日，颜色必温，行必恐，如惧不及爱然"（《礼记·祭义》），不仅要齐戒、沐浴、盛装，而且时时处处要敬畏怵惕、小心谨慎，一如拿着价值连城的玉璧或者装满了水的容器一样，仿佛不胜其重或怕打碎、丢失

第八章 无尽的人生

271

## 中国人生礼俗

一样。[①] 具体到祭仪的几个程序来说,站着的时候要谨恭,弯腰垂首;上前的时候要和颜悦色,显出高兴的样子来;供奉祭品给祖先时,要诚心诚意,显得恳切一些;退下去的时候,要像听从吩咐一样,俯首帖耳;祭仪完了,还要有敬齐之色,不能随便处之。[②]

在上述祭祀规制、原则之外,民间还形成一些有关祭祀的俗信,并有相应的行为配合。许多家族都规定,妇女不入家庙、祠堂祭祖。比如,孔府族规规定,妇女不能参加祭祀,否则有辱祖先;而且如果有妇女在场,孔庙的乐器就敲不响。据说有一次,祭孔的编钟忽然不响了,后来发现人群中有个尼姑,将她撵走后,编钟又响了起来。不论多么"无厘头",这确曾是真实的存在。

祭祀有一种特殊的形式,民间谓之"望空"。祖先远葬他乡,或子孙外出谋事,至祭扫之期不能亲临扫墓、致祭,就要"望祭",可算是墓祭的一种变通形式。其仪式,诸如到十字路口或其他适宜的场所,祝祷一番,然后将装有纸钱、写有名址的纸袋焚化,俗称"寄钱"。人们认为,只有寄钱去了,先人才能过个宽裕的年节。《红楼梦》第五十八回,写藕官在大观园里烧纸,宝玉见了忙问:"你给谁烧纸?快别在这里烧!——你或是为父母兄弟,你告诉我名姓儿,外头去叫小厮们,打了包袱写上名姓去烧。"说的就是这种习俗。

---

① 《礼记·祭义》:"孝子之有深爱者,必有和气;有和气者,必有愉色;有愉色者,必有婉容。孝子如执玉、如奉盈(满),洞洞属属然(恭敬谨慎的样子),如弗胜(承受),如将失之。"

② 《礼记·祭义》:"孝子之祭也,尽其悫而悫焉,尽其信而信焉,尽其敬而敬焉,尽其礼而不过失焉。进退必敬,如亲听命,则或使之也。孝子之祭,可知也,其立之也,敬以诎(屈);其进之也,敬以愉;其荐之也,敬以欲;退而立,如将受命;已彻而退,敬齐之色不绝于面。孝子之祭也,立而不诎,固也;进而不愉,疏也;荐而不欲,不爱也;退立而不如受命,敖也;已彻而退,无敬齐之色而忘本也。如是而祭,失之矣。"

此外，有关祭祖和祖先崇奉的俗信还很多，比如除夕守岁，有的地方说是为了陪伴回家过年的祖先；又，除夕至正月初五，不扫地、不泼水、不倒垃圾，怕冲撞了蹲坐在屋内和庭院的祖先灵魂，等等。

### 4. 祭仪

祭祀活动的核心是祭仪，也就是祭祀大典。祭祀大典的基本原则，当然是与整个祭礼统一的，也就是"必诚必敬"。其具体要求，不妨列举史上公认的合格范例来加以说明。

清人叶梦珠《阅世编》卷二"礼乐"云："祭先大典，所以致其诚也。以予所见，吾邑（清娄县，今上海松江）缙绅之家，如潘、如陆、如乔，家必立庙，设祭品，四时致祭，主人必公服，备牲牢，奏乐，子孙内外皆谒庙，自岁时以迄朔望皆然。乔氏家祠内，椅桌亦按昭穆不移易，如夫妇二人者一桌二椅相连，三人者一桌三椅相连，左右各分屏障，代不相见，虽非古礼，亦见专诚之意。其余祭器之不他用，更可知已。"由此看来，祭典的具体要求，包括祭器、祭品、祭服、仪注，等等。

古来对祭器的要求，是"专"与"洁"。专，指祭器专用，不仅专用者如此，普通器物如盘盏、桌椅一类也是如此，用过一次，仔细清洗整理后收藏起来，决不挪作他用。洁，指干净整洁，不仅事前打理，正规祭礼进行中，每一仪注结束，当事人都要盥手。

祭品的要求是新、丰。新，指新鲜，即祭品必须是新近专门准备的。丰，指丰富，主要原则乃唯丰是尚。同时，一方面与规模有关，大祭、小祭不同；另一方面，也与家境有关。古礼祭品有牲牢，即整个的牛、猪、羊，又有太牢、少牢之别。后世的祭品，不外美味佳馔、果品点心等。

祭服的要求，是要郑重其事。平民百姓要尽量盛装整洁，缙绅、官宦之家则穿"公服"，也就是出门、见客、上朝的官服、礼服之类。古时曾有专门的祭服，比如祭孔就穿这种衣服：上衣下裳，衣为绛紫色，绣团花，袖口宽大。20世纪30年代祭孔，要求祭服为长袍马褂，短打扮者一律不许进入孔庙。当时许多记者、来宾事先不晓规矩，临时抓借，颇形狼狈。

祭仪是祭祀的主要内容，虽说"与其敬不足而礼有余，不如礼不足而敬有余"，但还是马虎不得。况且，传统文化向来是礼节、心理、伦理三位一体，礼仪规制的遵行程度与态度评价紧密联系，礼不足自然敬亦不足。因此，历代人们从不敢在祭祀仪注上稍有怠慢。

从文献资料可知，历代祭礼仪注大同小异，基本遵循着同样的路线。唐代《开元礼》祭礼共15项仪注，分别为：（1）筮日；（2）斋戒；（3）设位陈器；（4）省牲视濯；（5）出主；（6）就位设馔；（7）燔炉炭；（8）拭手拭爵；（9）奠爵；（10）读祝；（11）祝以俎授，主人受福；（12）亚献终献；（13）礼毕；（14）纳主；（15）焚祝版。宋代《朱子家礼》增加了两项仪注，但并无多大变化，只有一些分解、合并，具体为：（1）卜日；（2）斋日；（3）陈设；（4）省牲涤器具馔；（5）设馔奉立就位；（6）参神；（7）降神；（8）进馔；（9）三献；（10）侑食；（11）阖门；（12）启门；（13）受胙；（14）辞神；（15）纳主；（16）彻；（17）餕。清代《大清会典》所载仪注共15项，清晰明了：（1）出主，（2）燃烛；（3）设案；（4）上香；（5）跪叩；（6）荐食；（7）侑食；（8）初献；（9）读祝；（10）再献；（11）三献；（12）焚祭文；（13）纳主；（14）撤；（15）餕。近现代，祭祀礼仪发生变异，旧式祭典仍具传统祭礼风貌，新式祭礼则更为简便、易行。这里以祭孔为中心作些具体介绍。①

---

① 孔德懋：《孔府内宅轶事——孔子后裔的回忆》，天津人民出版社1982年版，第34—40页。

## 第八章　无尽的人生

在旧时代，孔府的主要职掌就是祭孔，这是历史和国家赋予的神圣使命。孔府有专门的司乐厅，掌管祭孔的乐章、八佾舞，保存乐器舞具以及培训乐舞生。祭孔由衍圣公主祭，孔府还有祭孔官员，分献、监祭、典仪等103人；鸣赞、相礼等礼生80人；弹琴、吹箫、敲鼓、打旗、跳舞等乐舞生120人（最多时达184人）；每次大祭除上述人员参加，还有执事人员，"四氏学"（即孔、孟、颜、曾"四氏师范学堂"）师生、族人、来宾等千余人。

祭孔大型家祭的前三天，主祭要到孔庙的斋宿去沐浴，相当古礼的斋戒、斋日，还要习礼。祭孔的古祭器有爵、登、豆、尊等，祭品有牛、猪、羊，还有盐、猫血、芡米、菱角等。祭孔时用檀香，乐舞生穿古代服装奏古乐，跳八佾舞。祭祀在半夜子时开始，地点在大成殿，约一小时下殿，主要仪程（称"大成殿释典礼"）如下：

鸣[①]：乐舞生就位，执事者各司其事，陪祭官就位，分献官就位。

引[②]：就位。

鸣：瘗毛血。

引：诣盥洗所盥手，诣酌奠位跪酎酒尊，一叩三。

鸣：迎神。

（起乐）举迎神，乐奏昭平之章。

引：诣盥洗所盥手，升堂，至先师神位前跪，叩头，平身。上香，复位。

鸣：三跪礼叩。

奠帛行初献礼

---

[①] 鸣：鸣赞，相当于今之司仪。——原注
[②] 引：引赞。站在主祭身旁，引导主祭进行各项活动。——原注

（起乐）举初献乐，奏《宣平》之章。

引：诣盥洗所，盥手洗爵；诣酒樽所，司樽者举幂酌酒。诣至圣先师神位前跪，叩头。平身，献爵，复位。

鸣：行终献礼。

　　（起乐）举终献乐，奏叙平之章。

引：诣盥洗所，盥手洗爵。诣酒樽所，司樽者举幂酌酒。诣至圣先师神位前跪，叩头。平身，献爵。

鸣：赐福胙。

引：升堂诣复位，赐酒受福胙。一跪三，复位。

鸣：三跪九叩瘗馔。

　　（起乐）举瘗馔，乐奏《懿平》之章。

鸣：送神。

　　（起乐）举送神，乐奏《德平》之章。

鸣：三跪九叩，恭捧祝帛诣燎位。

引：诣亡王位，焚正位，祝一析，帛一段，复位。

鸣：礼毕。

国祭仪注较为简单，时间也不在半夜，而是在早晨七点，仪式如下：

一、典礼开始。

二、全体肃立。

三、主祭者就位。

四、陪祭者就位。

五、余祭者就位。

六、上香。

七、献花。

八、献爵。

九、读祭文。

十、全体向先师孔子行三鞠躬礼。

十一、礼成。

古来又有关涉祭祀的专门文体——祭文。呆板的祭仪，未必足够承载情意，而祭文——尤其是那些不得不发的祭文，则最能体现当事人的情感意念。从古至今，原本于礼仪的祭文，却出了许多名篇，声情并茂，感人至深。如唐代韩愈《祭十二郎文》，宋代欧阳修《祭石曼卿文》，均可为古今至文。在现代，许多并不以"祭文"题名，而冠以缅怀、告慰一类标题的文字，也多从古代祭文脱化而来，产生了不少佳作，如陶斯亮《一封终于发出的信》，等等。

不过，古来祭文虽有创格，但大多还是遵循定格。这里采录明太祖朱元璋御制的祀先祝文，此文民间通用，一直流传到清代乾隆年间。其辞曰：

维某年岁次某甲子某月某朔某日，孝孙某同阖门眷属，告于高曾祖考妣之灵曰：

昔者祖宗相继，鞠育子孙，怀抱提携，劬劳万状。每逢四时交代，随其寒暖，增减衣服，撙节饮食。或忧近于水火，或恐伤于蚊虫，或惧罹于疾病。百计调护，惟恐不安，此心悬悬，未尝暂息。使子孙成立至有今日者，皆吾祖宗劬劳之恩也。虽欲报之，莫知所以为报。兹者节届孟春（夏秋冬），天气将温（热凉寒），追感昔时，不胜永慕。谨备酒肴羹饭，率阖门眷属以献，尚享飨。（乾隆《济宁府志》）

## 三、个人·家庭·社会

个人与家庭、社会密切相联,这是不言而喻的。不过,笔者这里所说,是逝者与家庭、社会的关系。由于传统家庭观念的强固、亲族意识的浓厚,以及普遍存在的"留名后世"的人生理想,致使我们的社会、家庭与死人打得火热。三者相互交通,互相帮助,互通有无,家庭、社会给死人谥号、为死人避讳,还把许多文字堆给死人;同时,也从他们那里获得好的家声、承袭爵禄、求取庇荫,以及获得潜在或显在的社会整合力量,利用死人来影响、左右社会成员。在如此频繁的交集之中,死者俨然是有意志的存在。他的人生仍然在延续着,在社会上和他的家庭中,人们仍然可以见到他,甚至人们会觉得,他比生前更有威仪,活得更光彩。

### 1. 死人大过活人——避讳

古来俗语有云:"死人大过活人。"社会风习某一方面的特点,可谓一语道破。与此相类的社会风习、心理、意识,表现在许多方面,比如贵远贱近、向声背实、尊古卑今,等等。

早在汉代,相关社会风习就曾有人着意指出。张衡《东京赋》云:"若客所谓,末学肤受、贵耳而贱目者也。"桓谭《新论·闵友》云:"世咸尊古卑今,贵所闻,贱所见。"魏晋时期,曹丕在《典论·论文》中亦曾指摘、批判。南北朝时期,颜之推进一步指出:"世人多蔽,贵耳贱目,重遥轻近。少长周旋,如有贤哲,每相狎侮,不加礼敬;他乡异县,微藉风声,延颈企踵,甚于饥渴。校其长短,絜其精粗,或彼不能如此矣。"(《颜氏家训·慕贤》)所以,鲁国人称孔子为"东家丘",不甚理睬(除了所谓"相鲁"那段时间),害老头儿周游列国,困厄陈蔡。

时至今日,这些风习依然存在,且凝铸成一种普遍的社会心理和社会意识,渗透到国民性格之中。细加反省,现在国内外学

## 第八章　无尽的人生

者指出的我国国民性的一些特点，与此不无干系。"死人大过活人"，或许也是如此。

当然，从亲族结构来说，死人多为长者，当然大过活人。但俗谚所谓"死人大过活人"之意，远不止此。从礼仪角度来看，无论逝者年岁几何、辈分尊卑，都受生者的敬畏、礼遇，古今莫不如此。其中首屈一指的，恐怕就是避讳。

所谓"讳"，指逝者的名，避讳即在某人去世之后，忌讳再提及他的名讳，古礼所谓"卒哭乃讳"。避讳有公讳、私讳之分，公讳指举国上下避国君之讳，私讳则指子孙避父、祖之讳。

避讳是我国古代十分突出的文化事象，有一套严密的规则。《礼记·曲礼上》的规定有：双名不全讳，比如对唐太宗李世民，只要不是碰到"世民"二字或两字均音同、音近的情形，就不必避讳；写诗作文不避讳；在朝堂不避私讳，在大夫家不避公讳；在外不避家中妇人之讳；较远的大功、小功亲族成员不必避讳。后世避讳风习日盛一日，演变得十分绵密，动辄触讳，简直让人无所适从。比如贞观年间"世民"连用才需避讳，永徽之后则碰到一个字就要避讳。到了清代，文字狱泛滥，不少人因无意触讳而招致杀身之祸。

翻开中国史籍，随处可见避讳演出的一幕幕悲喜剧。史家司马迁为避父讳"谈"，《史记》里"赵孟谈"写成了"赵孟同"，以事实为生命的史书竟奈何不了死人的幽灵。诗圣杜甫为避父讳"闲"，未曾在其惊天地、泣鬼神的诗篇中用过一次"闲"字。"诗鬼"李贺为避父讳"晋"，不能以入任博取高官厚禄，终以27岁华年郁郁弃世。南朝齐人萧道先因避君讳"道成"，改名"景先"。三国时的南京本来叫建业，因避晋愍帝之讳（业），一夜之间便改成了建康。

更有趣的是，汉时因避女强人吕后之讳（雉），雉改称"野鸡"。山药蛋本来叫"薯蓣"，因避唐代宗讳（予）改名为"薯药"；

279

到宋代，宋英宗名曙，"薯"便成了禁忌，薯蓣最终有了"山药"这一名称。如此等等，俯拾即是。

### 2. 盖棺定论——谥号

谥号是加封于逝者的有褒贬意义的称号，历来主要适用于帝王、贵族、大臣等。我国历史上，生者有名有字，其中的字（俗称"表字"），生时用以表德，死后用以讳名。普通人之外的统治阶层，人死后则要加谥。

加封谥号始于周代，《礼记·檀弓上》曰："死谥，周道也。"当时，谥法民主，对死者或褒或贬，毫不留情。比如周朝，周文王、武王分谥"文""武"，均属褒奖；同时有厉王、幽王，谥法谓"杀戮无辜曰厉""动祭乱常曰幽"，可见"厉""幽"两个谥号是严厉的贬抑。不过，后世的谥号渐渐趋于一个方向，即只褒不贬、只颂不损、只扬不抑，谥号成了尊荣的象征。因此，无论帝王朝臣还是民间士庶，都希望给逝去的亲人加以美谥，从此盖棺论定，永留清名。

最初，谥号只加封给统治阶层，士庶百姓享受不到这种特殊待遇。古礼规定，诸侯死，天子赐谥；君王死，礼官议谥；高官重臣死，朝廷赐谥。也就是说，谥号总是由上级追加、赐予下级，但天子、君王至高无上，他们的谥号便由礼官议定。由周朝谥号有"幽、厉"等贬抑的内容，可见当时礼官议谥颇具批判精神。在如此严格褒贬的情形下，私谥尚不发达，但已露端倪。到了汉代，私谥渐盛。

私谥是由亲属乡邻、门人弟子以及崇敬仰慕者，给具有一定道德功业而未得朝廷封赠者所加的谥号，一般为美谥。比如柳下惠，他姓展、名禽，字季，居于柳下，颇具高风亮节。他死后，门人将诔之，其妻曰："夫子之德耶，则二三子不如妾知之也。"乃诔之，其末云："夫子之谥，宜为'惠'兮。"门人从之，谥曰"惠"。谥法"柔质慈民曰惠""爱民好与曰惠"。后世人们知道有个"坐怀不乱"的柳下惠，原名"展禽"反倒掩没无踪。

私谥起源的时代，确实是加给那些真有道德功业、声誉绝高、有口皆碑者的，但同时也反映了人们中庸和平的性格，因为并未给那些确实坏到家的家伙加以恶谥。正因如此，后世私谥之风愈刮愈猛，趋之若鹜，泛滥成灾；而在历代史料中，也不难钩沉出争谥一类的史实来。

古来谥法规定严密，并有专书论考。定谥所考察的，主要涉及受谥者的两个方面。首先当然是考察其行为、德操，由此而作结论，有德则褒，失德则贬。比如威强敌德、克定祸乱者谥"武"，慈惠爱民、愍民惠礼者谥"文"，由义而济、布义行刚者谥"景"，辟土服远、辟土兼国者谥"桓"，照临四方者谥"明"，克绍前业者谥"光"，名实不爽者谥"质"，圣闻周达谥"昭"；此外如前所述，杀戮无辜谥"厉"，动祭乱常谥"幽"。

其次是基于个人运遇、品性做出结论。可以说，这是前项考察的变通形式。这是因为，有些人一生行为、德操并无显著特点，不好由此做出结论；而从运遇、品性方面，则比较容易盖棺论定。以运遇、品性定谥，又可分作两个方向，比如好运者有：安心好静曰"夷"，宽乐令终曰"静"，弥年寿考曰"胡"（胡，久也），丰年好乐曰"康"；坏运者如：慈仁短折曰"怀"，在国逢难曰"愍"，早孤短折曰"哀"，恐惧从处曰"悼"，等等。

谥号是我国传统文化的一项独特内容，它以盖棺论定的形式，对人的一生予以总括，不无意义。尤其在谥法民主的时代，它能对统治阶层构成一定的心理约束，使其所作所为有所顾忌，这是其积极意义。不幸的是，有人生前并无嘉言懿行，死后亲属却拼命争取，为此而奔走请托，甚至反目争讼。这难免助长向声背实、重名轻实的社会风气，也会形成虚假、夸饰的土壤，消极意义不可小觑。

在尊名、重名的中国，谥号可视为一种潜在的"名"。因而从另一角度来看，谥号制度也为人们开辟了一块新的人生天地，个人的人生可以由谥号延续下去，而且泽及子孙后代。在这里，个人"名垂竹帛""留得生前身后名"的宏伟抱负得以实现。由此似乎也可以说，谥号给古来国人的人生添了一线希望和一抹亮彩。

### 3. 写给逝者的文字

在我国，写人一类的传记作品数不胜数，正史的本纪、列传之外，同一性质的还有事略、行状、遗事、墓志铭、神道碑、逸事状、诔赞、哀启等，都可归属其中。这其中的大多数是写给死人的，难怪有位现代散文家说，除诔之外，"古文中还有悼诗、挽歌、碑文、墓志、行状、吊文、祭文等等。可见，中国文学之用于死人者，在过去实在是分量太大了"[①]。

为何我国写给死人的文字如此之多呢？起码有两个因素是明显的，它们都"功不可没"。

首先是家族观念和亲族意识。众所周知，上述写给死人的文字，有许多并非作者主动或确有所感而为，其中一些是门生为师傅、故旧为老友而作的应景文字，更多的则是家属、亲属请人撰写的。在旧时代，子孙请人为父祖撰写墓志，其情形相当普遍。后代子孙为了祖宗的光彩、名誉，不惜重金礼聘名人撰写墓志、行状，而且往往希望夸大其词，把死者写得才高德劭、完美无缺。与之相应，也有人碍于情面或者为了钱财，讨好逝者（古称"谀墓"），写出言过其实的墓志、行状来。

其次是国人的人生理想。诚如我们屡次提及的那样，中国人的人生理想就是"显亲扬名""名垂青史"。要达到这样的理想，

---

① 孙犁：《书林秋草·谈柳宗元》，三联书店1983年版。

第八章　无尽的人生

只有诉诸既可传之广远、又可传之不朽的文字。如此一来，写给死人的文字就不能不受重视，也就不能不极为发达了。这些文字可以直接达到显亲的目的，对于颂扬祖先之名也很有助益。至于自己的名，自然有后代如法炮制来显扬，纵式关系链条中的国人无需为此踌躇。

在古代，写给死人的文字名目繁多、种类不一，其中碑铭已如前述，此外的行状、事略等等只是形式、甚至只是称谓的不同，内容大同小异。这些文字的特点，"总是千篇一律，人人死后，一例都是智仁皆备的完人，从没有见过一篇活生生地能把人的弱点短处都刻画出来的传神文字"[①]。

4. 前人栽树，后人乘凉

谚语"前人栽树，后人乘凉"，说的是一种普遍的社会现象；但用之于家庭，则与其结构、运行特点结合了起来。中国的家庭以纵式链条为结构特点，运转起来也是纵式连续的，前人栽树、后人乘凉就成为必然。

"后人乘凉"的大树，包括祖宗置下的家业，诸如田产、房产、金银财宝、店铺商号等，也包括荣誉性质的家声、封号、爵位等，前者可称"祖产"，后者则为"祖荫"。后代子孙不仅可以不言而喻地继承祖产，也可以顺理成章地承袭祖荫。就此来看，逝去的先人自然不应该受到冷遇，而应该像活生生的人一样对待；同时，他的人生也就自然在后代的身上得到了延续。

继承祖产，且搁过不论，这里单说祖荫之承袭。一般来说，只要后代子孙不坠家风、没有过失，祖上的封号、爵位总会世袭下来的。这种现象，史不绝书。只是"君子之泽，三世而斩"，子孙后代难得不败了家的。像圣门孔氏家族那样衍传七十多世者，

---

[①] 郁达夫：《闲书·传记文学》，上海书店1981影印版。

毕竟是凤毛麟角。

　　祖荫除爵禄外，纯粹形而上的"家声"，也是重要的内容。家声也就是家庭的社会声望，它固然与家世、社会地位等有关，更为主要的，则是指由家风、家教、家学等的严谨、有方、精湛所赢得的社会声誉。家声虽然不像家世、爵禄那样实在，可以拿出来显摆；但正因无影无踪，它才像风一样风行于世，好的家声让人望风而拜，坏的家声使人望风而避。相较来说，家声比祖产、爵禄更能长久。因此，古来有识之士更多注重家风的培养、家学的渊源，注重造就好的家声。可以说，"家声"在现代社会仍有其现实意义。

# 结语：认识我们热爱和遵从习俗的民族

在礼仪风俗的小路上蹒跚而前、探幽抉微，并不让人感到轻松自在，反而感到沉重，也感到振奋。传统的人生礼仪，反映了我们民族文化优秀的方面，它让我们亢奋、激昂，让我们为自己的传统而感到骄傲和自豪；同时，在自省的过程中，我们又时时感受到传统的沉重，感受到一种煎熬和折磨。我们会为祖先的心智而击节赞叹，赞叹之余，又不免惊出冷汗来：我们不也像先辈一样，既有人文精神的浓醇禀赋，又有人情痼疾的顽固孑遗；既信守"不欲勿施""以直报怨"的恕道，又宁愿"和稀泥"而做十足的"乡愿佬"吗？

可以说，没有哪一个民族像我们中华民族这样热爱、眷恋习俗了。这种爱别致而又神奇。这爱不那么热烈，不是狂热的、火烧火燎的那种，而如绵绵细雨、习习凉风，绵密、周到。这爱甚至都不去与所爱热吻，而只是亲亲脸蛋、捏捏耳垂。然而，这爱又那么深沉、真挚，虽然没有言之凿凿、信誓旦旦，可却是全身心的爱，忠贞不渝，百折不挠。

女人们热爱习俗，于是她们也遵从习俗。自母权制悲壮衰落、父权制确立以来，妇女便在男性中心的社会里处于从属的地位，政治、经济、家庭生活中莫不如此。风习、礼俗也规定了男女之间的区别。比如，传统习俗要求男主外、女主内，男禀阳刚之气、女赋阴柔之美。它鼓励女性要有一些女人的气质，要求她们具备一些女性的道德、品格，比如文静、柔顺、优雅、整洁、勤劳。尽管这些大都是从男性角度出发而对妇女提出的要求，但因为这是习俗规定的，"考虑到自己经济上的从属地位，考虑到自己对习俗的热爱，妇女们便接受了这些说教"（林语堂《吾土吾民》）。

男人们也同样热爱习俗，遵从习俗。他们那样地迷恋孝的习俗，父母生前尽心赡养，百般孝顺；死后寝苫枕块，服丧丁艰。

社会各界都普遍地热爱和遵从习俗。朝廷如此，出于对孝的热爱与遵从，在法律中规定父母犯法，儿子不仅不应该告发，而应该竭力庇护，以此为正常、正当。乡里社会的人们厌烦法律，厌烦冷冰冰的施法实践，他们认为牵扯上任何案子都算不得光彩。哪怕发生了天大的事情，他们都宁愿按照习俗的要求私下解决，或者诉诸同样由习俗规定着的乡村纠纷调解机制。把自己生活中的一切都用习俗规定下来，把一生中的一切也用习俗规定下来，这样，人们的生活就变得十分从容、闲适，无论碰到什么事情都不用过多地去动脑筋，也都不用过度地着急。习俗，确确实实是传统中国社会近乎全能的运行机制。

既然注意到我们的民族是一个热爱和遵从习俗的民族，那就应该认识到这样一点：要透彻地研究中国文化，对传统民俗的探究必不可少。确实，民俗研究较之于整个文化研究来说是一个不算大的题目，人生礼俗的研究更是如此。然而，大议论可做，小题目也应该做。中国传统文化博大精深，像民俗、人生礼俗这样的子题目、小题目太多了，做一些这类专题的、微观的、实证的研究，往往能够以小见大、斑窥全豹。

不妨宕开来说几句。中国乃诗书之邦，又是纸和雕版、活字印刷的发祥地，因而有关书籍的文化现象，就该是一个题目。书籍发展的科技研究自有文章可做，文化研究也是如此。版本目录，

## 结语：认识我们热爱和遵从习俗的民族

书斋书印，公私藏书，藏书人、藏书楼，书话、序跋、题记，焚书、禁书……大有内容的。就连关于书的谚语也颇有研究意味："书中自有黄金屋，书中自有颜如玉，书中自有千钟粟……"反映一种传统价值观；"学富五车，书藏二酉"，反映一种社会风习及士人评价标准，又与读书、印书有关；再如"红袖添香夜读书"、"雪夜闭门读禁书"等语句，无疑都是文化的一种镜像。假如把我们旧时的禁书令与西方的禁书规条——譬如规定任何书籍都不准谈及以尻骨为中心、以一点五尺为半径所画圆圈内的物件，除了那个盛饭的皮囊"胃"——对比来说，那给人的启发定然不少。

探究我们的传统习俗，探究这些习俗中的某个具体事象，不言而喻，也定会给理解我们的文化、我们的民族以莫大启迪。

那么，让我们潜心地体味、深入地研讨、精到地表述，认识我们热爱和遵从习俗的民族！

# 后　记

　　三十年前这本书"面世"的时候，没写过后记；这次再度"露脸"，不妨说上几句。

　　这是我动手的第一本书，却不是最早出版的。打头的那本，是一本译著：日本汉学家森三树三郎的《名与耻的文化》。几个月后，我跟本书"打照面"，又不是来自出版单位的样书，而是在千里之外的大西北街头书摊。

　　说起来，那可真是个让人怀念的时代：无论大城市、小集镇，随处都是街头书摊，平铺的，立码的，琳琅满目；新出版的书籍，不论温情、高冷，很快就可以在这里"邂逅"。更值一提的是，买书人之踊跃，简直可谓"热气腾腾"，一些畅销的书籍——并非"流量"作家的言情之作，而是颇具批判精神的学术著作，往往断货脱销，隔一两日补货又到，煞是"解馋"。我的这本书，就是在这种街头书摊不期而遇的。

　　这书的书名，也经历了一点变化。起初名为《中国人生礼俗大全》，后来再版列入国家"八五"出版规划"中国民俗丛书"，拿去了"大全"二字，与其他的几本"礼俗"撮了堆儿。后来在台湾百观纳入"中国民俗采风"丛书出版，也是这个书名。

　　这次再版，基于篇幅要求和内容考虑，删去了部分文字，

# 后 记

其中有两个小节整体删除，其余则主要是字句以及段落调整等。三十年，对于历史长河来说，不过"弹指一挥间"；可这世纪之交的三十年，又不可不谓之"沧桑巨变"。缘此，书中所论，着眼现实，有的内容未免凿圆枘方，删节、修改势在必然。不过，本书基于传统而论，倒也无需舍此就彼，"髦得合时"。

照例又要说到"惭愧"了。这是说，不仅"人生礼俗"这一课题，这些年并无进益；而且当年设计的几大"礼俗"，其中自家认领的"乡社礼俗"一种，至今尚付阙如。好在来日应当也定当方长……

又一个"照例"，一方面是对关注、指导写作的师友，以及征引文献的学者，表示衷心谢忱；另一方面，是恳请读者方家批评指摘，不吝赐教。

作者<br>庚子仲冬，京华

## 出版后记

中华文明源远流长。在漫长的历史岁月中，我们中华民族创造了辉煌灿烂的文化成就，践行着自己朴素而真诚的人生和社会理想，追寻着具有鲜明特色的伦理价值和审美境界，展示出丰富、生动、深邃的思想智慧。在很长一段时间内，中国文化在世界文明体系中居于领先地位，其影响力和感染力无比强大，从而在铸就中华民族独特灵魂的同时，也为人类文明的发展和进步作出了重要的贡献。

明清之际，由于复杂的原因，中国社会没有能够有效地完成转型，逐步走向封闭和衰落。鸦片战争的失败，更使中国面临数千年未有之变局，使中华民族沦入生死存亡的艰难境地。为了救国于危难，当时的仁人志士自觉不自觉地把目光投向西方，投向西学，并由此对中国传统文化进行了激烈的批判。从洋务运动、戊戌变法，一直到五四新文化运动，

## 出版后记

在近代中国救亡图存的历史语境中,传统文化的观念和形态,常常被贴上落后、愚昧的标签,乃至被指斥为近代中国衰落和灾难的祸根,就连汉字和中医这样与国人生命息息相关的文化形态,也受到牵连和敌视,被列入需要废除的清单。对本民族文化的这种决绝态度,在世界各民族的历史上都是罕见的,它既反映了我们中华民族创新发展的非凡勇气,也从一个重要侧面,印证了中华传统文化的顽强和深厚。

今天,历史已经走进 21 世纪,我们中华民族经过不懈的努力和奋斗,迎来了快速发展的良好机遇,国家强盛、民族复兴的曙光就在前方。在这样的时候,在这样的历史背景下,重温我们民族的辉煌、艰难历史,重新认知我们民族的优秀文化和高贵传统,不仅是一种自然的趋势,也是一项庄严的历史使命。理由很简单,我们中华民族要在全球化的背景下真正实现伟大复兴,必须具有足够的凝聚力和创造力,必须具有强烈的自尊心和自信心,而这一切,离不开对本民族优秀文化基因的认同和感念,离不开对优秀传统的继承和弘扬。从这个意义上说,中国传统文化是不绝的源泉,是清新而流动的活水。我们组织出版《中国文化经纬》系列丛书,正是为了汲取丰富的精神滋养,激发我们前行的力量。

本书系计划出版 100 卷,由著名的中国文化书院组织编写，内容涵盖中国传统文化的各个方面和层级，涉及文学、历史、艺术、科学、民俗等多个领域，力求用通俗易懂的语言，用较少的篇幅，使广大读者对中国历史文化有较为全面的认识，对中国精神和中国风格有较为深切的感受。丛书的作者均为国内知名专家，有的是学界泰斗，在国内外享有盛誉，他们的思想视野、学术底蕴和大家手笔，保证了丛书的学术品质和精神品格。

这是一套规模宏大、富有特色的中国传统文化读本，这是专家为同胞讲述的本民族的系列文明故事，我们期待您的关注和阅读，也等待您的支持和批评。

中国书籍出版社

2015 年 9 月

## 中国文化经纬·第一辑

从黄帝到崇祯：二十四史 / 徐梓 著
华夏文明的起源 / 田昌五 著
孔子和他的弟子们 / 高专诚 著
老子与道家 / 许抗生 著
墨子与墨学 / 孙中原 著
四书五经 / 张积 著
宋明理学 / 尹协理 著
唐风宋韵：中国古代诗歌 / 李庆 武蓉 著
易学今昔 / 余敦康 著
中国神话传说 / 叶名 著

## 中国文化经纬·第二辑

敦煌的历史与文化 / 宁可 郝春文 著
伏尔泰与孔子 / 孟华 著
利玛窦与徐光启 / 孙尚扬 著
神秘文化的启示：纬书与汉代文化 / 李中华 著
中国古代婚俗文化 / 向仍旦 著
中国书法艺术 / 陈玉龙 著
中国四大古典悲剧 / 周先慎 著
中国图书 / 肖东发 著
中国文房四宝 / 孙敦秀 著
中印文化交流史 / 季羡林 著

# 中国文化经纬·第三辑

先秦名家研究 / 许抗生 著
中国法家 / 许抗生 著
中国古代人才观 / 朱耀廷 著
中国吉祥物 / 乔继堂 著
中国科举考试制度 / 张希清 著
中国人的时间智慧：一本书读懂二十四节气 / 张勃 郑艳 著
中国人生礼俗 / 乔继堂 著
中国文化在朝鲜半岛 / 魏常海 著
中华理想人格 / 张耀南 著
中华水文化 / 张耀南 著